献给
亲爱的大伯与七妈

周秉德
2018.1.

我的伯父伯母

周恩来 邓颖超

周秉德 著

開明書店

1920年，覺悟社部分成員合影。後排右一為周恩來，前排右三為鄧穎超。

1926年，周恩來在任廣東東江各屬行政委員時和鄧穎超在汕頭。

▲ 1939年，
周恩來和
鄧穎超在蘇聯時的合影。

▲ 1940年，
周恩來和鄧穎超在重慶紅岩村。

▼ 1943年，
周恩來和鄧穎超
在延安窰洞前合影。

▼ 1949年10月，
周恩來和鄧穎超在頤和園。

▼ 1949 年 9 月，
周恩來、鄧穎超同身邊
工作人員和張瑞芳三姐妹
等在頤和園石舫合影。

▶ 1955 年 8 月 17 日，
周恩來、習仲勳、鄧穎超
在胡耀邦陪同下參觀少年
兒童科學技術和工藝品展覽，
並和孩子們合影。

*7

▼ 20世紀50年代，
周恩來、鄧穎超與
一位婦女及她的三
個孩子在中山公園。

兒童車

▲ 1958年8月，
周恩來和鄧穎超在北戴河。

▼ 1959年1月，周恩來和
鄧穎超在從化溫泉療養院
散步時，見女服務員蹬三
輪車送毛毯很吃力，周恩
來就騎上三輪車幫她把毛
毯送到了目的地。

▲ 20世紀50年代，
周恩來和鄧穎超
在北戴河。

▲ 1960年3月，
周恩來和鄧穎超
在北京釣魚台。

▶ 1963年1月，
周恩來和鄧穎超
在杭州汪莊賞畫。

▶ 1960年5月，
周恩來和鄧穎超
在貴陽。

▲ 1957年3月8日，周恩來、鄧穎超邀請部分電影女演員到中南海紫光閣做客，並合影留念。右起：王人美、黃宗英、岳慎、夏夢、周恩來、黎莉莉、鄧穎超、舒繡文、白楊、吳茵、宜景琳、上官雲珠、石聯星、于藍、胡明。

▲ 1963年6月1日，
周恩來抱著工作人員
的孩子與鄧穎超合影。

目 錄

第一章　初入中南海

很多人問過我，第一次進中南海一定很激動吧？按常人想法，這是皇帝老子住過的地方，也是中國共產黨頭頭腦腦居住的地方，又是去見當「大官」的伯伯，當然心頭樂開花。聽到這樣的提問，我都笑一笑不答。其實，走進中南海我不僅沒激動，相反倒有點失望。我原來渴望住的是天津那座有盛開鮮花和綠茵茵草坪的白牆紅瓦尖頂的三層小洋房嘛！

1 第一次見到伯伯

中華人民共和國成立前，我們一家住在天津。我父親周同宇開了一家小貨棧，祕密為解放區提供藥品、醫療器械與資金等，由中共地下黨員周士昌單線聯繫，屬於共產黨的外圍。母親王士琴做家務。當時，家中共有四個孩子：我、大弟秉鈞、大妹秉宜和四弟秉華。

1949 年上半年，已在北平華北人民革命大學學習的爸爸，在同大伯周恩來的一次談話中提到大女兒秉德小學畢業在即。大伯就説：把她接到北平唸中學吧。大伯知道我爸爸在華大住的是集體宿舍，帶孩子不方便，便提出讓姪女住到自己的住所。

6 月下旬的一天，剛剛小學畢業的我，在火車的汽笛聲中告別了天津，告別了媽媽與弟妹，隨爸爸前往北平。在火車上，爸爸對我講起了伯父和周家的一些往事。

我的父親周恩壽，字同宇。他有兩個哥哥，即我的大伯周恩來，二伯周恩溥。在大伯九歲、二伯八歲、爸爸三歲那年，奶奶去世了。而爺爺為人忠厚老實，在外工作多年，收入只夠自己生活，沒有能力照顧兒子們，父親兄弟三人只好在淮安跟著他們的八叔（我叫八爺爺）和八嬸（我叫八奶奶）生活。我八爺爺是個殘疾人，成天一瘸一拐行動不便，八奶奶沒有文化，他們雖有一個兒子，比大伯年紀還小些，整個家主要是我九歲的大伯撐著。家中常常無米無菜下鍋，後花園成了他們種菜的地方，能賣的、能當的都倒騰盡了，開口向人借都沒處借了。就這樣，親戚朋友家裏的紅白喜事，還得送禮、磕頭，這樣的事都得大伯去。他心裏有苦無處説。在東北的四爺爺是他們的親大伯，他沒有孩子，經常接濟家裏，家裏有點難處，大伯都是跟他商量。在大伯 12 歲時，四爺爺把他接到了東北讀書。大伯在東北讀完小學，又隨四爺爺到天津上了南開學校，後來又到日本留學，回國後參加了「五四」運動，然後又到法國勤工儉學，在法國巴黎加入了中國共產黨，選定了職業革命家的道路，經歷了許多艱險。

▶ 周恩來生母萬冬兒畫像

▶ 童年時的周恩來

▶ 在天津的姐弟四人，右起：周秉德，周秉鈞，周秉宜，周秉華

爸爸在淮安苦熬到 14 歲，實在沒法生活，便跟我二伯恩溥也到了天津投靠四爺爺，並考進了南開學校。大伯從日本留學回國時，父親曾到天津火車站接他。兩人九年未見面了，相見時特別高興。大伯參加「五四」運動，創建「覺悟社」時，父親還為他當過交通員。大伯 22 歲到法國去，後來與我的伯母鄧穎超鴻雁定情，寫信希望她經常去看自己的兩個弟弟。伯母見到我爸爸，落落大方地作了自我介紹。正好那年冬天特冷，她從包裹掏出一雙黑色毛線幫的新棉鞋，微笑著遞給他說：「黑弟，這是我為你做的一雙新棉鞋。」說著，就伸手幫我爸爸脫下腳上那雙張了嘴的舊單鞋，讓他穿上新鞋，還用指頭壓了壓前頭，說：「黑弟，我想你正長個，鞋子稍微做大了點，前頭塞了團棉花，留著明年你還能穿，暖和嗎？」「姐姐，暖和，太暖和了……」爸爸三歲喪母，從記事起，只穿過黑粗布幫鞋，從來沒穿過這樣輕巧暖和的棉鞋，脫口叫了她一聲「姐姐」，極其真切自然，沒有絲毫勉強。1924 年，大伯從歐洲回到廣州，第二年，伯母也去了廣州。他們在廣州結婚後，爸爸陪伯母的母親去了廣州，分別五年多的親兄弟終於又見面了。大伯那時是黃埔軍校的政治部主任，爸爸也投考了黃埔軍校，是第四期的學員。

我 1937 年春出生在哈爾濱，沒有見過我的親爺爺，養育我大伯和爸爸的四爺爺也已經過世。但我聽媽媽說，當天津的四奶奶知道我出世後，非常高興，寫信來說：「周家三輩沒有個姑奶奶，這下添了個女孩，也是喜事！要我起名，我看就叫個兜弟，再給老周家兜個男孩！」我媽媽是位文化人，覺得「兜弟」這名有些俗氣，於是來了個折中的辦法，叫我「兜兜」。另外，我出世後，二伯恩溥也特地發來電報表示祝賀：「周家添丁，一大喜事！」

由於我是家裏的第一個姑娘，爸爸特別興奮，而且他是 33 歲才有了我，所以就特別重視給我起名字。媽媽告訴我，我們住在哈爾濱，爸爸卻專門去長春拜見了當時的吉林教育廳長，也是我大伯的南開同學，請他給我起的名字。那位廳長根據屈原《橘頌》裏的「秉德無私，參天地兮」，選了「秉德」二字作為我的名字。如今回想自己的人生，我覺得這個名字對我是一種約束，也

▶ 在南開中學讀書時的
周恩來

▶ 在天津直隸第一女子師範
讀書時的鄧穎超

▶ 周恩來在巴黎勤工儉學時的
住所門前

▲ 1920年，鄧穎超（左二）與天津直隸
第一女子師範學校同學合影

是一種激勵，時刻提醒我一定要堅持操守。

打從呱呱墜地，我就掉進了愛的懷抱中。有外公外婆疼，有爸爸媽媽寵，真不知道什麼是痛苦。

我的外公外婆，對他們的第一個外孫女當然也是疼愛有加。直到今天想起他們，我的嘴裏都似乎能品到兒時吃過的巧克力的滋味。身材魁梧的外公當年有一份好工作，他在俄國人在中國東北辦的中東鐵路局當處長，說一口流利的俄語，為俄國人當翻譯，後來還兼任哈爾濱兩所大學的客座教授。他在哈爾濱花園街有一座帶院落的俄式小樓。聽媽媽說，外公最多時一月收入二百塊大洋。那時銀元很值錢，一塊銀元能買不少斤大米呢！日子雖寬裕，可他對子女要求嚴格，因為他是奮鬥出來的。他為孩子們請了家庭教師教俄語，一定要孩子們掌

握俄語，能有個謀生的本事。我的一個舅舅，就是由於外公管得太嚴，忍受不了，18歲時自殺了！我媽媽是女孩子，相對要求鬆點，但我媽媽不甘落後，不僅學精了俄語，日語也能講。

至於我的爸爸媽媽，那自然是天底下最愛我的人了。聽媽媽說，我是老大，剛出生時不知怎麼帶，總是抱在手上，哄我睡覺也是一邊抱著一邊走著、晃著才肯睡。好不容易睡著了，把我放在床上，爸爸和媽媽剛要往椅子上坐，我就又哭鬧起來，他們趕緊又起身抱著晃。如果我睡著了，全家就必須處於肅靜無聲的狀態，不然有點響動我就醒，要是不抱我，我就沒完沒了地哭！也可能是剛出生時就把眼淚提前「預支」了，等我會叫爸爸媽媽後，總是樂樂呵呵，性格隨和。加上我這個兜兜「盡職」，不到兩歲，媽媽就生了一個特漂亮的小弟弟。

我至今珍藏著一本棕黑色有浮雕獅頭圖案的相冊，是我爸爸1935年去日本旅遊時買的。厚厚一本，竟成了我幼年時代專門的影集。從我幼年的這些照片中也能看出爸爸而立之年喜得長女的興奮：他從同事那裏借了一個135型的照相機，竟24小時沒睡覺，對著剛出生的我，隔兩個小時拍一張，一連拍了十幾張，然後是滿月、兩個月、三個月、百日……每月一次，把我微笑、哭泣、打哈欠、伸懶腰各種神態的瞬間都變成了永恆！等我三四歲時，爸爸的同事、媽媽的朋友每逢要辦喜事，新娘披上潔白的婚紗時，我就被邀請穿上漂亮的衣裙，專門跟在新娘身後為她拉紗。於是，我又拍過許多照片。記得有一回大夥逗我，指著我爸爸媽媽的結婚照片問：兜兜，怎麼這照片上沒有你啊？我當時四歲，心裏也納悶：這不可能呀！那麼多人喜歡我，要我拉紗，我爸爸媽媽最愛我了，他們結婚不可能不讓我拉紗啊！於是我大聲嚷嚷著：我站在媽媽後面拉紗，照片沒照上我！逗得叔叔阿姨個個笑彎了腰！

在這本相冊上，還有一張相片，是我三歲時，爸爸在我們家對面一所公園（現稱兆麟公園）的鐵欄杆圍牆外拍的。50年後的1990年，我到哈爾濱出差，特地找到了那所公園，在原來的位置上拍了一張照片，了卻自己對童年時代美好的回憶。我望著公園對面那座當年叫「北京旅館」的六層樓，彷彿又看

▶ 幾個月大的周秉德與父母在一起

▶ 兩歲半的周秉德與父母在哈爾濱兆麟公園（現名）牆外

見了我的家——四樓那間寬敞明亮的大房間；又看到當年住在六樓，經常在電梯裏遇見的那個臉像滿月般白淨、名叫惠子的日本小姑娘的身影。

我們家是 1943 年從哈爾濱搬到天津四奶奶家去住的。在天津，我們與四奶奶先是住在河南路清河里一幢房子裏。那是座一樓一底的舊房子。後來又搬到義善里住。

我的小學六年都是在天津上的。開始在天申小學一年，後來就轉到離家近的教會學校聖功小學了。我上學時練毛筆字的銅墨盒，外邊套了一個黑白絲線的編織袋，是四奶奶親手鈎的。聽爸爸說，二十多年前，四奶奶為供養大伯、二伯和我爸爸上學，白天坐家門口，夜裏守在油燈下，只要得空，她手裏總拿著一個細細的鈎針飛針走線，曾經鈎出過許多隻各式各樣的小線袋，送到市場上去，換回錢來，給他們兄弟幾個買紙添墨。後來給我用的，是最後剩下的一隻。只可惜時光流逝，我現在已無法找到了。

1946 年二三月時，大伯到北平參加與國民黨及美國軍調部的三人小組會議，因為知道我爸爸在天津，就拍了電報讓他到北平去見面。（這是大伯的祕書何謙叔叔後來告訴我的。）爸爸去北平見了大伯，回來不久就被捕了，說是國民黨天津警備司令部捕的，罪名是他是共產黨大官的弟弟。大伯在南開學校的知己伉乃如老師和同學常策歐，幫著張羅保釋我爸爸。這時我才聽常策歐大爺悄悄告訴我：你伯伯在共產黨內是做大事的。他翻開我們家訂的天津《益世報》，指著報上有關周恩來的報道說：周恩來就是你爸爸的親哥哥，你的大伯！我有點不相信，追問常大爺：他怎麼叫恩來，我爸爸叫同宇呢？常大爺摸著我的頭說：同宇是你爸爸的字，你爸爸原名叫恩壽，後來你大伯擔心你爸爸受牽累，特意叮囑你爸爸用字代名的。半年後，爸爸被保釋了，只是比過去顯得更忙，總是很晚回家。

1949 年 1 月 15 日，天津街頭就響起了巷戰的槍聲。那天我趴在二樓臨街的窗口看，只見一羣人民解放軍端著槍，邊警戒地向前走動邊開槍。我心裏在叫好，真盼著解放軍快打下天津。當時我壓根不懂解放勞苦大眾的道理，但我有我自己的興奮點：伯伯既然是共產黨大官，只要一進城，我們一家肯定就

能住到牆子河邊那樣有草坪、花園，又帶尖頂的白牆紅瓦小洋樓裏去了……正想得美，只聽「啪」的一聲槍響，我耳邊一熱，一顆子彈緊貼著我耳旁直射到身後的衣櫃上，櫃面頓時留下了一個燒焦的彈坑。身旁的媽媽嚇壞了，立即把我和弟弟從窗前拉開，蹲在離窗遠遠的屋角……

在火車上，陷入回憶中的我靠在爸爸身邊，彷彿看見微笑的伯伯和伯母，正從一座寬大的白色小洋樓裏走出來迎接我。

「兜兜，想什麼心事呢？」

「爸爸，我已經 12 歲了，到北京該上中學了，你別總叫我兜兜、兜兜的，就叫我的大名秉德，不然大伯和大娘會笑話的！」

「行！」爸爸答應得爽快。

「拉鈎，拉鈎！」我伸出手，爸爸也咧嘴笑著伸出了手！從此，「兜兜」的名字留在天津，12 歲的我進了北京。

這天，在伯伯的衛士長成元功叔叔帶領下，我進了中南海。

很多人問過我，第一次進中南海一定很激動吧？按常人想法，這是皇帝老子住過的地方，也是中國共產黨頭頭腦腦居住的地方，又是去見當「大官」的伯伯，當然心頭樂開花。聽到這樣的提問，我都笑一笑不答。其實，走進中南海我不僅沒激動，相反倒有點失望。我原來渴望住的是天津那座有盛開鮮花和綠茵茵草坪的白牆紅瓦尖頂的三層小洋房嘛！

帶我的成元功叔叔是個細心人，他瞧出我表情不自然，擔心是我剛離開爸爸媽媽不習慣，是在想家，就不住地跟我講話：中南海過去是清朝皇帝的御花園，因為中海、南海在這個院，所以就叫這個大院子為「中南海」，而橋那邊的是北海，就叫「北海公園」。咱們住的這個院子是豐澤園。現在東邊的北院住著毛主席，咱們住在東邊的南院。現在你伯伯正在外邊開會，你先自己玩一會兒，等他回來我來找你。

我聽話地點點頭，自己在院子裏轉轉。豐澤園坐落在南海的北面，園內正殿是頤年殿，現在是中央領導人開會、會客的地方。進院後，向東穿過幾段走廊，便可看到由北向南排列著幾進平房小院，我們就在南邊的小院裏。剛才聽成叔叔說，北面的小院住著毛主席，我心裏抑制不住地激動起來。毛主席我已

▼ 1947 年夏，周恩壽全家在天津合影

▲ 1949 年夏，
周秉德在天津聖功小學
畢業時的照片

有印象，天津解放後，到處都掛著毛主席和朱德總司令的像。而且我還知道，毛主席是共產黨裏最高的官兒，現在能和他當鄰居，我怎麼能不興奮呢！

只一小會兒，伯伯就回來了。他見到我，親熱地把我拉到身邊，笑著說：「讓我仔細看看你長得像誰！嗯，我看又像爸爸，又像媽媽！」

「大爺好！」我照天津的習慣稱呼道。我看清了伯伯的臉，他與爸爸長得真像！伯伯也有兩道濃黑的劍眉，只不過他的眼睛比爸爸的眼睛更明亮更精神，臉盤也比爸爸豐滿紅潤，彷彿還年輕些。

聽我叫大爺，旁邊的叔叔學了句「大爺」，忍不住笑了。

「就叫我伯伯吧。」伯伯見我點點頭，又說，「你伯母去上海了，過些天才能回來。我工作忙，你的生活就由這裏的叔叔們照顧和安排。師大女附中要到 9 月 1 日才開學，已經給你報了名。過幾天你去考試，錄取了，你就可以上學了。你住的是間書房，你可以在那兒多看些書。毛澤東伯伯就住在前面。他工作忙，不要去打擾他，行嗎？」

「行！」明明是長輩，卻用商量的口吻說話，讓我感到一種自己已經是大人的快樂。但對身邊的工作人員，伯伯則永遠認為都是我的長輩，一直要求我和弟弟妹妹都叫叔叔阿姨。直到 1973 年一天傍晚，我陪伯伯在西花廳院內散步，他想到工作上的一件什麼事，就高聲招呼祕書紀東：「小紀，小紀！」我見祕書室沒動靜，擔心伯伯的聲音嘶啞裏面聽不見，就提高了聲音接著叫了兩聲：「小紀。」伯伯不滿意地瞥我一眼，語氣嚴肅地糾正道：「怎麼叫小紀？叫叔叔！」「伯伯，我比紀東大好幾歲！」伯伯這才沒說什麼。

在豐澤園，我住在一排坐南朝北的房子裏。從中間的門進去，東邊一間是伯伯的祕書楊超和羅迭夫婦的住房兼辦公室。西邊的一間書房中搭了一張小床給我住，屋裏靠西牆、南牆有兩排書櫃，擺著許多我從未見過的書。

伯父伯母一生無兒無女，多年來一直把對兒女輩的感情全部傾注在一批烈士子女身上。親侄女來到身邊，他們自然疼愛萬分，把我看成女兒一樣，我也很快適應了在中南海的生活，感受到在北京也有一個充滿親情而溫暖的家。

② 伯伯帶我登上天安門

　　1949 年 7 月 7 日，我陪伯伯剛吃完晚飯，就聽到一聲甜美的「爸爸好！」隨後，一個身材苗條的漂亮姐姐快步進門，她與伯伯親熱地握手，動作非常自然。記得剛到伯伯身邊的第二天，我就給媽媽寄了一封信，其中寫到自己有一個最特別的感受：這裏興握手禮。

　　伯伯拉過漂亮姐姐給我介紹：「秉德，這是維世姐姐，她的爸爸是孫炳文烈士，她是我和你伯母的乾女兒。從蘇聯留學回來的維世，你們認識一下，這是我弟弟同宇的大女兒秉德。現在住在我們這裏，開學就該上中學了。」

▶ 1949 年 9 月，周恩來、鄧穎超與孫炳文烈士之女孫維世在中南海

「姐姐好！」我樂樂呵呵地脫口而出。當時維世已經二十多歲了，我自然應該叫她姐姐，過去因為我是老大，從來沒有一個大姐姐，今天突然有了一個漂亮姐姐，心裏別提多高興了！

「秉德妹妹！」維世立即過來擁抱了我，連聲說道，「好亮的一雙眼睛，好甜的一對酒窩！你現在住在這兒陪爸爸媽媽，這太好了，要不他們太冷清，除了工作，就是工作，要累出病的！我太忙，管不上他們，你可要替我管好他們，不准他們太累，不准他們太晚睡覺……」

「好了！」伯伯微笑著打住維世姐姐的話，「走，今天我帶你們兩個上天安門！」

原來，為了紀念抗戰 12 周年暨新政協籌備會召開，這天晚上在天安門廣場舉行幾萬人的隆重紀念大會。

那晚廣場人山人海，十分熱鬧，而且還放了焰火。不過，12 歲的我一點不懂大人講話的內容，不理解整個活動莊嚴神聖的意義，完全沉浸在突然有了一個漂亮姐姐的興奮狀態中，寸步不離維世姐姐，她走到哪兒，我跟到哪兒。她叫伯伯，我叫伯伯。她叫阿姨，我叫阿姨。叫歸叫，全然不對號。一個晚上，我只是在人羣中鑽來鑽去，快活極了，連天安門左右是什麼建築也沒弄清楚，時間就已經過去了。

誰曾想到，這是伯伯第一次，也是最後一次帶我上天安門。等我第二次再上天安門時，已經到了 20 世紀 80 年代，整整過了三十多年，那是我花 30 元買了一張門票上的天安門。我站在天安門城樓上，面對人民英雄紀念碑，在漢白玉的欄杆旁久久佇立，耳畔不斷響起伯伯與眾位領袖打招呼的熟悉鄉音和維世姐姐清亮爽朗的笑聲……離開天安門後，我突然發現自己仍然沒有看清整個天安門廣場的所有建築——因為回憶的淚花一直蒙住了我的眼睛。

3 和毛主席共進午餐

在伯母還未回北京的一個多月裏，伯伯總是夜晚工作，上午只睡上一小會就又去外面忙。白天的十多個小時，小院裏安靜的時間比熱鬧的時間多得多。我常一個人坐在伯伯的書房裏看書，《鋼鐵是怎樣煉成的》《家》《毀滅》《李有才板話》等小說都是在這個時期看的。看書好是好，可我那時畢竟只是個12歲的孩子，也有感到煩悶的時候，常常用雙手撐著腦袋望著窗外發呆。

有一天，我身邊忽然響起一個甜甜的聲音：「你是周秉德嗎？我叫嬌嬌，就住在那邊。」她指著毛主席住的房子，我猜到了，她就是毛主席的女兒。

「你12歲對嗎，我比你大，你叫我嬌嬌姐姐吧。我們一塊出去玩好嗎？」

「太好了，嬌嬌姐姐！」我開心地叫道。有了遊戲的夥伴，而且又是個姐姐，我真是興奮極了。

在中南海，我最早認識的小朋友就是毛主席的女兒嬌嬌。那時她還沒有學名，直到9月1日之前，該上學了，毛主席才給她起了「李敏」這個學名。她因為從小跟賀子珍媽媽在蘇聯長大，前兩年剛回到哈爾濱學著說中國話，所以說話總帶著點外國腔兒。她性格活潑，愛說話，我們性格相投，一塊玩得很開心。很快，她帶我認識了住得比較近的另外幾個小朋友：有毛主席機要祕書葉子龍的兩個女兒葉燕燕和二娃子（後來的學名叫葉利亞），還有閻揆要將軍的女兒閻笑武，當時她跟著給朱老總當祕書的姐夫潘開文和姐姐閻笑文住在中南海。她們或者比我大一兩歲，或者比我小一兩歲。這樣，我們這五個小女孩兒成了形影不離的小夥伴，總是一起到南海邊玩，或者一起看書、唱歌和聊天。直到這時，我才真正愛上這片中南海。

不久，江青阿姨帶著九歲的李訥從莫斯科回來了。李訥從蘇聯回國時，帶了兩輛銀白色的兒童自行車，這種顏色和款式的自行車國內還沒見過。尤其是看見李訥穿著白底碎花連衣裙，左腳踩穩車蹬，右腳連續蹬地，然後右腿一縮一跨，平穩地騎上自行車照直前進，沿著中南海湖邊柳蔭小道飛奔，花裙隨

風舞弄，真像一隻飛起來的美麗蝴蝶，大家真是羨慕極了！圍著這兩輛小自行車，我們幾個頓時對別的都失去了興趣，躍躍欲試，都想學會騎車。

春藕齋的大廳，有時周末舉行舞會，但白天經常沒有活動，又平坦又寬闊，我們就在這個大廳裏學車。因為車輪小，我們坐在車座墊上，腳一伸就能夠著地，所以小夥伴們誰也不怕，爭先恐後地搶著蹬車。很快，大家都能熟練地蹬著自行車在大廳裏繞彎。

至今我還清楚記得，那時中南海湖裏的小魚小蝦真多。7月，天已經很熱，我們幾個女孩子脫了鞋，坐在岸邊用腳拍水玩，不知誰突然叫道：「快看，有小魚小蝦！」我們定睛一看，水草果然在不停地抖動。於是，我們歡呼著找出了舊搪瓷杯，趴在岸邊向水中一撈，一次就能撈到幾條細長的小魚和幾隻活蹦亂跳的小蝦。快到中午時，我們竟捉了大半杯。

「秉德姐姐，燕燕姐姐，今天你們都到我們家去吃飯，好嗎？」在回豐澤園的路上，李訥發出了邀請。

「我們現在去吃飯，不打擾你爸爸嗎？」我有點擔心，就是在天津自己家裏，不和媽媽爸爸打招呼就帶同學回去吃飯也是要受大人埋怨的。

「沒關係！」嬌嬌很有把握地說，「我爸爸喜歡快樂的小孩！再說我們還帶回了小魚小蝦呢！」

走進豐澤園，就遇上了毛主席的衛士長閻長林。他一看我們回來滿臉笑容：「你們都來了，快去請主席吃飯！要不他總說等會兒，到現在早餐還沒吃呢！」

果然，走進豐澤園毛主席的辦公室，他正在桌前專心地看文件。

「爸爸，吃飯吧，我們肚子餓了！」

「爸爸，我們請秉德姐姐她們一塊來吃飯。」

「好嘛！」毛主席放下書，臉上滿是慈愛的笑容，「我投贊成票！秉德你手裏捧著什麼東西？」

「毛伯伯好！您看，這是我們的『戰利品』小魚小蝦，是送給您的『貢品』。」

「喔？還給我帶了『貢品』？好嘛，大自然的免費贈送，我們來者不拒嘛！嬌嬌，你端著送到師傅那去，請他做個湯吧！」

毛主席的廚師還為我們加了菜，也

很簡單，四個菜和一個湯，當然顏色挺好看：油汪汪的紅燒肉，土豆絲炒紅辣椒，蔥白炒雞蛋，嫩綠的苦瓜絲。

毛主席自己撿起一大塊全肥的紅燒肉，放進嘴裏有滋有味地邊吃著邊招呼我：「秉德，你吃肉，撿肥的吃嘛！」

「毛伯伯，我不吃肥肉。」我搖頭說道，「我一吃就會吐的！」

「哎呀，那你太沒口福嘛！要知道，世界上最好吃的肉就是透明的肉嘞！不過，你會吐，肥肉就不勉強了。這苦瓜可一定要吃，苦瓜苦瓜，它名字苦，其實並不苦，味道好又有營養，快吃！」

我從來沒吃過苦瓜，看它顏色嫩綠可愛，毛主席又說一點不苦，我便毫無顧忌地吃了一大口。隨即，我緊皺起眉頭脫口叫出了聲：「我的老天，真苦！」

「你瞧，我吃一點也不苦嘛！」毛主席吃了一大口，用開玩笑的口吻說，

▲ 1949年，周秉德、周秉鈞與何謙夫婦、楊超夫婦在中南海豐澤園內

「秉德，不會吃辣椒，就不會幹革命；不會吃苦瓜，就不懂艱苦奮鬥，你要學會吃苦才行嘞！」話沒說完，他自己先笑了。

「嗯！」我點頭答應著，心裏卻閃過一句歇後語：啞巴吃黃連——有苦說不出。奇怪，這麼苦的東西，毛伯伯怎麼就愛吃呢！反正剛才那一口苦瓜已經把我嚇壞了，直到吃完飯，我的筷子再也沒向苦瓜盤裏伸過。不光是我，桌上的其他三個女孩子的筷子都沒伸向苦瓜，那一盤苦瓜基本是毛主席一人包圓兒的！

以後這樣以小魚小蝦當「進貢」，我還在毛主席家裏吃過好幾次飯，幾乎每次都有一盤紅燒肉或者苦瓜。可是，我是在三四十年之後才能吃肥肉和苦瓜的！

4　毛主席為我題詞「好好學習」

記得在 1949 年 7 月，一次又去毛主席家裏吃飯，毛主席剛寫過大字，書桌上擱著毛筆和研好的墨。一向不會來事的我，不知腦子裏哪根弦動了一下，「噌噌噌」地幾步跑回伯伯的南院裏，拿出我小學畢業時老師教我自己精心製作的一個紀念冊，封面是硬殼板，外面黏了一塊墨綠色的綢子布，裏面有各種顏色打字紙的頁面，這在當時是相當精美了。許多頁面已被佔用了，是我小學畢業時，老師和同學們給我寫的臨別贈言。

我翻開本子遞過去，懇求道：「毛伯伯，您給我題個詞好嗎？」

「好啊！」毛主席一點沒有推辭，爽快地答應道。他把本子放在桌上，一邊拿筆一邊說，「你是個學生，我就給你題個『好好學習』行不行？」

「當然行！」

毛主席到底氣魄大，我的小學同學

和老師都寫在本子的中部或後面，而毛主席拿起本子一翻就翻到第一頁，手起筆落，為我寫下了「好好學習」四個大字，最後落款的「毛澤東」三個字真是龍飛鳳舞，陽剛氣十足！

我知足地連聲說：「謝謝！」

幾十年後，不少聽了這段回憶的朋友埋怨我太傻，為什麼不要毛主席寫明是為我周秉德題詞？我確實沒想到這個，我始終認為題詞在我手裏，就是為我題的，我當年只想著要記住毛主席的希望，從沒想到日後要向別人顯露什麼或者吹噓什麼，至今更是如此心情。不過，這七個字確實讓我留住了豐澤園裏那段珍貴的回憶。

▶ 毛主席在紀念冊上題字

5 火車站首次見到「七媽」

1949 年 8 月 28 日，伯伯帶著我到北平的前門火車站去接伯母。此次伯母是受毛主席之命，代表我伯伯專程去上海迎請宋慶齡先生來北京，共商召開中國人民政治協商會議和建立人民共和國的大計。因為北京是孫中山先生去世的地方，宋慶齡先生有太多痛苦的回憶，她原本不願意來，是伯母鄧穎超帶著毛主席和我伯伯周恩來的親筆信，又代表毛主席和伯伯做了大量工作，她才肯來的。

那天，火車站裏鑼鼓喧天，伯伯隨毛主席同其他首長們都走上前去與宋慶齡先生握手交談。成叔叔把我領到伯母面前，還沒介紹，伯母兩眼一亮，臉上綻開了笑容，親切地握住我的手，笑著說：「這是秉德吧？」

「大娘好！」我脫口而出的還是天津的習慣稱呼。

「就叫我七媽吧！好嗎？」伯母把我攬在身邊，輕聲在我耳邊說。

那時我才 12 歲，壓根不懂伯伯在家裏的大排行是老七，車站上又人聲鼎沸，我以為伯母希望我叫她「親媽」，爸爸說過伯母是他最親最好的姐姐，叫我一定聽話，她願意我這樣叫，我就這樣叫吧！於是就點了點頭。

「七媽」和「親媽」的發音相近，我一直喊「親媽」，弟弟妹妹們也跟著這樣稱呼。我自己從來沒覺得什麼，伯母也沒有聽出什麼不妥。只是當後來與伯母通信，把「親媽」這個稱呼落在紙上時，伯母在給我的回信中提出：「你這樣稱呼我當然好，可是你的媽媽會怎麼想呢？我以前讓你喊我七媽，是因為你伯伯大排行是行七。」我這才弄清，當初她是叫我稱她七媽，而非「親媽」。

在豐澤園的日子裏，伯伯總是很忙。他動作敏捷，處事果斷，每天多是在他匆忙走出、走進時或在飯桌上才能見到他。所以，教我見到什麼人怎麼稱呼，這都是七媽的事。她告訴我：朱德是解放軍的總司令，因他年歲大，多年來孩子們都叫他爹爹；他的夫人是康克清，也是媽媽輩的，你就叫康媽媽吧；劉少奇副主席和他的夫人王光美，你叫

少奇伯伯、光美阿姨比較合適。以此類推，我對陳毅元帥和夫人張茜，也就稱陳毅伯伯、張茜阿姨。讓我印象很深的是，50年代，少奇伯伯就是雪白的頭髮，襯托得臉龐油亮紅潤；他身材高姚勻稱，喜歡站著講話。有一回，在西樓新禮堂看電影之前，他把我上小學的妹妹秉宜攬過去，讓她背靠在他的懷中，而他兩隻手撫摸著她的胖臉蛋，一邊講話，身體一邊左右輕輕搖著晃著，那一刻，妹妹的小臉笑成了盛開的牡丹花……

▲ 1951年，鄧穎超與孩子們在中南海。左起：鄧穎超、李敏、周秉德、李訥、葉利亞、賴慶來、葉燕燕

6 伯伯教導我要節儉

日子過得真快，眼見著就到了 1949 年 8 月底，我從天津來時穿的兩身小花衣裙已顯得單薄了。這天，成元功叔叔騎自行車，我坐在車橫樑上，他帶我出中南海新華門到了王府井。叔叔邊騎車邊對我說：你七媽說快開學了，北京的秋天是說冷就冷，要給你做兩套秋天穿的衣褲。在一個小門臉的上海服裝店，老師傅為我量了量身高肥瘦，對成叔叔說，過兩天就來拿。

回來的路上，我還挺不放心，老師傅只量了兩下就行了？成叔叔笑著說道：「你別小看這位上海來的老師傅，你伯伯的衣服也是找他裁剪縫製的，給你一個小姑娘做兩套衣裳還不是小菜一盤！」果然，沒兩天衣服取回來，我一看，做工真精細呀！我穿上藍色咔嘰布的一套小西裝，長短肥瘦正合適，真精神！吃飯時，我微笑著站在桌前，伯伯一眼看見了，就說了一聲：「剛做的？不錯！」過了一星期，我換上第二套衣褲，是黃色的。伯伯正從院子裏走向辦公室，一看到我就皺起眉頭說：「怎麼又一套？浪費！」

七媽說：「馬上要開學了，秉德住校，總要有兩身衣服洗換嘛。」

伯伯說：「我在南開上中學也住校嘛，夏天就一件單布長衫，冬天也只一件藏青棉袍。夏天，每次周六回到四媽家裏，第一件事就是脫下長衫洗淨晾乾，周一再帶回學校去穿，一樣乾乾淨淨嘛。」

「要是下雨衣服不乾呢？」我好奇地追問一句。

「就放在爐子上慢慢烘乾。」伯伯深深歎了口氣，接著說，「那時，你四爺爺、四奶奶撫養著我和你二伯、你爸爸還有你的堂伯四個大男孩。收入不高，家裏十分困難。現在我們剛進城，國家也十分困難，我們還是要節省，對不？」

後來我才知道，當時剛進城，伯伯和他要供養的親屬都是供給制，我這兩身衣服就是公家出錢做的，所以他不高興，說「浪費！」我那時雖然點點頭，但並不太懂，不過認定伯伯說的話

▶ 周恩來在南開中學時的
夏裝像

▲ 周恩來在南開中學時的
冬裝像

周恩來訪問亞歐十四國時穿的襯衣，領口和袖口都是磨損後換過的

一定是對的，我不用多問，照著辦，準沒錯。

我曾經在伯伯身邊多年，深知節省再節省的確是他一生的習慣。

是的，在他留給我的一些遺物中，竟沒有一件新衣服！其中一件是幾十個補丁、已經看不清原來藍白條紋的毛巾睡衣。還有一套常穿的西裝，是抗戰時期他在重慶工作時做的。新中國成立後，他人胖了，不能穿了，卻不讓做新衣服，讓工作人員拿著這套衣服去布店配布料，然後用新料做西裝的前片，用舊料打翻做了後片，這樣就算做了一件新西裝。師傅的手藝很好，但是新舊布料難免有色差，如果仔細看，這套西服，前片的顏色略深，後片的顏色略淺！伯伯剛去世的那年，我心裏壓抑時，常捧出伯伯補丁累累的睡衣和那套拼成的西裝，撫摸著它們，彷彿與無處可尋卻又無處不在的伯伯對上了話。伯伯身為一國總理，尚且如此節省克己地生活，我們有什麼困難克服不了呢？

第二章　成長在西花廳

由於爸爸的職位低，家裏住房極小，住不下
我們幾個姐弟，所以，我們住到了伯伯在西花廳家
中的東廂房。特別值得一說的是，在西花廳的歲
月裏，我們完全沒有常人那種住到親戚家而難免
生出的寄人籬下的感受，也從未想過這個。伯伯
和七媽一直把我們當自己的孩子一樣，我們也把
西花廳當作自己的家！

　　1949 年 11 月，我隨伯伯、七媽從豐澤園搬進了中南海最西北端的另一個院落——西花廳。

　　西花廳原是清朝末代皇帝溥儀的父親、攝政王載灃用來招待賓客的地方，中華人民共和國成立前是原北平市政府的所在地。西花廳的房子是年久失修的舊房子，當時並未修繕，門窗、廊柱油漆有的已經脫落，有的柱子上裂著大口子。室內鋪地的大方磚也不太平整，雖說鋪有薄薄的紅花地毯，但也只是鋪在主要地方，桌椅、沙發也都是舊的。這個狀況一直維持到伯伯去世，他也沒有允許搞維修。西花廳的大院，就那麼一直灰禿禿的。只是 1959 年，祕書何謙叔叔趁著伯伯去外地開會時，把接待客人的前客廳裝修了一下。伯伯回來後大發脾氣，自己又專門在中央工作會議上

西花廳周恩來辦公室外景

做了檢討。他還說:「只要我當總理,國務院就不能蓋樓堂館所。」

年末的一個星期六,我從北京師大女附中放假回到西花廳,剛進院門,隨著一粗一細「姐姐,姐姐」的歡叫聲,七歲的弟弟秉鈞、五歲的妹妹秉宜突然出現在我的面前!

「大駒(秉鈞小名)、小咪(秉宜小名),你們什麼時候來的?媽呢?」我高興地攬過弟弟,抱起妹妹,笑不夠,親不夠。

「我們一起來的。」媽媽笑盈盈地出現在我面前說。

「媽媽!您也來了,太好了!是不是家從天津搬過來了?新家在哪兒?小四兒呢?我什麼時候也搬過去住……」我偎到媽媽的身邊,說話像放連珠炮。因為我知道爸爸已經從華北大學畢業,在北京分配了工作,要是把家從天津搬過來,我們一家就可以團圓了!住在伯伯這裏雖然很好,可畢竟不是自己的家。人常說,金窩銀窩不如自己的草窩,孩子總是應該住在父母身邊的。

「秉德,你伯伯和你七媽已經說了,你還住在這裏,大駒和小咪也留下。如果不是小四兒太小,生活還不能

自理,你伯伯也要把他留下。」

「為什麼?爸爸不是有工作了嗎?我們的家不是搬到北京來了嗎?」我不解地反問道。遠處,弟弟妹妹正在花園裏你追我趕地捉迷藏,一臉陽光,一臉歡笑,我卻怎麼也笑不出來。

媽媽攬著我在沙發上坐下,細細給我講起了緣由。原來 1949 年 4 月,爸爸媽媽一起到北京香山看望伯伯時,伯伯太忙,直等到半夜才有空見他們。在談了時局和家庭後,伯伯問我爸爸今後怎麼打算。爸爸向伯伯表示,他今年 45 歲,雖然二十多年前離開過革命,但也一直嚮往著革命,做著共產黨的外圍工作,現在希望能從頭做起,正式參加革命工作。伯伯很嚴肅地說:你脫離革命那麼多年了,你知道怎麼才能為革命工作?我看你應該先去上華北大學,學習後由組織上安排工作。

「什麼?爸爸脫離過革命?」我不禁脫口而出。經過中學的學習,革命已經在我腦子裏佔據了極神聖的地位。我幾乎不能承受這個事實。那是個革命高於一切的時代,我心裏明白爸爸對我的愛,可我還是感到一種深深的失落。直

到我 18 歲入黨時，我甚至都想到，如果爸爸沒有離開革命，堅持和伯伯走過來，哪怕他犧牲，哪怕爸爸沒有機會認識媽媽，哪怕這個世界上沒有我，我也不覺得後悔！而如今的局面，儘管有了我，儘管我有個當總理的伯伯，但想到爸爸當年的退卻，我總覺得心裏難受。

「別看你伯伯、七媽都是大幹部，卻特能體諒人！」媽媽沒留意我神情的變化，繼續感慨，「我對他們說，同宇該怎麼安排就怎麼安排，我全沒有意見，只是我打心眼裏想工作，想了多少年了。自從 1937 年有了你，孩子一個接一個地生，我就只能留在家裏，再沒有機會工作。現在新中國成立了，我真希望有機會出來做點兒工作。那天你爸爸在旁邊直說：『不要想得不實際，孩子還小，你當媽媽的不管，誰管？』你伯伯卻說：『士琴想工作是好事嘛，她俄語很好，組建外貿部非常需要她這樣的人！至於孩子，不用發愁。同宇，你我不都是四伯養大的嗎？』說著，你伯伯看了你七媽一眼。你七媽立即意會，接著說：『新社會就是要婦女解放嘛！你們的孩子，就是我們的孩子。秉德、秉鈞過來上學，小咪到這來上幼兒園，

▶ 1955年4月，周恩壽夫婦
帶周秉和、周秉建前往西花廳
看望周恩來和鄧穎超

▶ 1955年4月，周恩來、
鄧穎超和王士琴帶著周秉和、
周秉建在西花廳散步

秉華還小，送到北海幼兒園全託。總之，我們支持士琴出來工作。』」

媽媽說著，眼睛裏放著光，臉上泛起了久違的喜氣和青春氣息，彷彿一下子年輕了十歲！

「媽，那你可以當女翻譯官了，多棒！」我高興地說。

「如果退回去十年，我一定去當翻譯！可你弟弟還小，我當真能一點不管嗎？所以，你伯伯說學校也特別缺俄語教師，我便提出去當中學俄語教師。你伯伯同意了！秉德，你知道媽媽的個性，你爸爸當官不當官，我並不怎麼看重，一切聽你伯伯安排。家裏房子大小如何，我也不太在意，『室雅何須大，花香不在多』嘛！如今，你伯伯成全了我的心願，支持我自食其力，總算能為新社會出點力了，我怎麼能不高興呢！」

爸爸從華大培訓出來後分配了工作，在鋼鐵工業局當個普通幹部。伯伯專門對父親單位的領導人交代：周同宇的工作安排，職位要低，待遇要少，因為他是我的親弟弟，我們共產黨打天下是為全國老百姓，不是為自己家人的。我們不能像國民黨那樣搞裙帶關係，也不能像封建社會那樣「一人得道，雞犬升天」，一人當官，親友們都高官厚祿。我們共產黨人幹革命不是為家人謀利益的。

由於爸爸的職位低，家裏住房極小，住不下我們幾個姐弟，所以我們住到了伯伯在西花廳家中的東廂房。特別值得一說的是，在西花廳的歲月裏，我們完全沒有常人那種住到親戚家而難免生出的寄人籬下的感受，也從未想過這個。伯伯和七媽一直把我們當自己的孩子一樣，我們也把西花廳當作自己的家！

而媽媽則到北京第四女子中學當了俄語老師。每當翻看這張 50 年代伯伯、七媽與我父母的合影，我總覺得笑得最幸福最燦爛的就數我媽媽！照片上的媽媽，沒像在哈爾濱或在天津時那樣穿旗袍、燙頭髮，只梳著一頭齊耳短髮，沒戴任何頭飾，穿的只是當年最普通的式樣——一套棕色紮腰帶的列寧裝，可是她眉眼無不洋溢著自豪和愉快之情，人顯得比以往的任何時候都更年輕，更有韻味。為什麼？當時只有我最明白，是她胸前多了那個紅色校徽。媽媽終於結束了家庭婦女的日子，有了自己的工作和事業——成為一名中學的俄語教師。

② 父親脫離革命的隱情

父母都有了工作後，爸爸的歷史問題卻成了我心裏久久不能治癒的隱痛。直到 1985 年爸爸去世後，我才漸漸地了解到爸爸脫離革命隊伍的經過。

我的父親周恩壽，字同宇，1904 年 4 月出生於淮安。在大伯周恩來九歲、父親三歲時，失去母親，他們父親在外地做小職員，只能糊口。父親自小生活清苦，性格內向，1918 年底前往天津投奔其四伯父周貽賡，隨後進入南開學校讀書，因成績好，幾次「跳級」升學。1919 年「五四」運動期間，曾為兄長周恩來領導的學生運動做過跑腿、宣傳、聯絡等工作。

1924 年春，父親加入了中國社會主義青年團，同年冬天轉為中國共產黨黨員，受黨組織派遣，以入北平宏達學院學習為掩護，做黨的地下交通和宣傳工作。1925 年 8 月 8 日，伯伯和七媽在廣州結婚，10 月爸爸送七媽的母親楊振德去廣州。後經黨組織決定，1926 年 1 月考進了黃埔軍校第四期政治科學習，同年 6 月畢業。此後

他參加了北伐，在攻打武昌城時還掛了彩。這點，伯伯見面時曾對我媽媽說：「同宇的確為革命流過血，他這點比我強。」

郭沫若先生在他的《革命春秋》一書中提到過我父親的一段經歷：

1926 年 9 月 1 日來到，（在武昌城外）敵人的炮接二連三從我們頭上的空中響過，我每聽見一次炮聲，心裏總要冷一下，頭是不知不覺地總要低一下的⋯⋯我自己便也盡力地鎮靜著，想不讓我的脖子動，但到了炮聲一響，頸部的筋肉就像是成了不隨意筋的一樣，又一齊都收縮了起來。自己太不好意思，回頭去看看德甫和德謨兩人，他們也和我一樣也在把頸子縮動。我自己暗地歎息著：「沒有實戰的經驗究竟是不行的。」

⋯⋯

結果是敢死隊走到城近處時，天已經發白，敵人已經有了準備了。有不少傷兵送到了政治部。到九點鐘，鄧演

達主任和俄國顧問都還不見回來。同他們一道去的十位宣傳員也都沒有一個影子，我便決心和宣傳大隊長胡公冕同到前線上去視察，同時也帶了一位宣傳員同路。那便是周恩來的弟弟周恩壽，是一位很敏活的短小精悍的少年，在那時在做著小隊長。

……

我走在前頭，恩壽走在中間，公冕走在後邊。走不好遠，走到了那段全無掩蔽的地面來了。從對面有一大隊夫役挑著擔子走來，是送稀飯到前線去的。那些夫役沒有軍事上的人指揮，走得異常密接。走到那段地面的中央處和他們接了頭。「轟隆」的一聲一個大炮打來了。這第一炮沒有打攏，離我們有八九尺遠的光景，落在了那乾燥著的小春地裏。起了一陣土煙，沒有爆發。

公冕在後面叫著：「大家趕快走，把隊伍空開來。每人離過五尺遠的光景。」

大家都很匆匆忙忙地搶著往前走，對於他的命令如像馬耳東風。他又更加大聲地叫出第二次時，話還沒有說完，又是轟隆的一聲飛到了。這第二炮又打過了一些，超過我們有五六尺遠的光景，在地裏又起了一陣土煙，也沒有爆發。接著，又是轟隆的一聲。這一炮正落在我背後的路上，爆發了，夫役的隊尾子混亂了一下。

公冕立在後面的一座農家外面的草墩上向著我叫：「有人受了傷，快轉來，快轉來！」

待我走到公冕所立著的地方時，看見恩壽躺在那草墩下，也在呻喚，左腳的腳背不停地在流著血。農家的人跑了好些出來圍著。

「恩壽也受了傷嗎？那邊番薯地裏還躺著一個呢。」

「我已經叫同來的夫役們去叫擔架去了。恩壽也是不能走路的，怎麼辦呢？讓我回部去叫人來抬吧。」公冕這樣說。

「用不著回去叫人，」我說，「我們就在這兒找一扇門來，不可以抬回去嗎？」

公冕贊成了我的說法，結果是在農家裏找了一張楊妃椅，四腳朝天地翻過來，在底子上敷了好些稻草，便成了一台擔架。

恩壽被移進了那架臨時擔架裏，我和公冕便把他抬回了南湖。

▲ 1926年7月，廣東各界婦女歡送國民革命軍北伐出發紀念合影，周恩來和鄧穎超都參加了送行隊伍

▲ 周恩壽在1926年是黃埔軍校第四期學員

▲ 周恩來在黃埔軍校任政治部主任時

看來，革命的確不是請客吃飯，爸爸也確實是為革命流過血。我對革命的艱苦和複雜性也多了一分了解。

爸爸在北伐軍中擔任總政治部宣傳大隊的小隊長、總政治部勞資仲裁委員會代表。1927年春，任武漢郵電檢查委員會主任。

1927年蔣介石「清黨」時，爸爸是「武漢中央軍校各期學生共同討蔣籌委會」執行委員，並在《討蔣宣言》上署名，後遭蔣介石通緝。

那時爸爸23歲，正在和一個姑娘談戀愛。然而不知為什麼，忽然有一天那個姑娘沒有和爸爸打招呼就跟著一個男人去了四川。痴心的爸爸一下子被這件事情打懵了，他不知道自己究竟做錯了什麼，一定要去找那個姑娘問個清楚，他得去一趟四川。

由於當時伯伯正在上海組織工人武裝起義，爸爸便向黨內的另一位負責人請假，得到允許後直奔四川。

爸爸在四川找到了那個姑娘，才知姑娘早已移情別戀，不肯再和他交往了。爸爸內心十分痛苦，一連幾天只能借酒消愁。正在這時，國共兩黨分裂的形勢波及四川，國民黨和四川的軍閥聯合起來大肆逮捕槍殺共產黨人。爸爸清醒起來，急急忙忙地趕回武漢去找組織報到，卻偏偏一頭撞在了伯伯的面前。原來伯伯也已經從上海趕到武漢，並且聽說了爸爸去四川的事。伯伯覺得爸爸為了一個女孩子竟一口氣追到四川去實在荒唐之極，他大發雷霆，厲聲叱責爸爸擅離職守，不請假就去四川，不配做個革命軍人。那個准許爸爸請假的領導不在場，沒有人能為爸爸作證，爸爸也沒有為自己申辯，他怕連累他人。爸爸越不說話，伯伯越生氣，最後乾脆親筆寫下文件，說爸爸擅離職守，要對他「撤職查辦」，「關禁閉」。

爸爸本來滿心的委屈，這會兒聽說伯伯要處分他，還要關他禁閉，也不禁動了氣。他不想和這個正在大發脾氣的哥哥論理了，他說：既然你認為我不配做革命軍人，那我還不做了呢。爸爸一轉身跑出了北伐軍總部的大門，搬到他在黃埔軍校結識的好朋友文強所在的湖南會館。文強勸爸爸不要和自己的哥哥鬧意見了，就去認個錯吧。怎奈爸爸正在火頭上，說什麼也不肯去認錯。哥倆兒就這麼僵持著。因為爸爸不申辯，伯伯便誤認為他是「擅離職守」，做了「撤

職查辦」的處理，並把他派到上海去做地下工作。

1927 年 11 月上旬，伯伯由香港到達上海，見了我爸爸又是一頓批評。當時我爸爸年輕氣盛，受不得親哥的嚴厲訓斥，就離開了伯伯，也離開了革命隊伍。那時我的爸爸畢竟還是年輕啊！爸爸在 20 歲入黨後，冒著生命危險為黨工作，為革命出力，在隨北伐軍攻打武昌時負了傷，要不是郭沫若、胡公冕的及時搶救，說不定就犧牲在前線了。現在突然離開了組織，他的心裏也真不是滋味呀！

爸爸孤身一人，去何處安身呢？老家淮安只還有一位嬸母楊氏在勉強度日，連她的獨生子恩碩也已離家外出謀生了，自己當年就是因為生活無著才離家出走的，萬萬不能回去；自己的父親周貽能當時在齊齊哈爾做一名小辦事員，四伯父周貽賡當時是吉林省財政廳的一個科長，也在東北謀生，已年過六旬，膝下無子，對自己和哥哥的撫養、教育都視如己出，關懷備至。就這樣，爸爸於 1928 年初到了東北吉林我四爺爺的身邊，找了一份小差事，過起了老百姓的日子。

但離開了黨組織，爸爸內心非常痛苦，更加留戀往日的鬥爭生活。不難料想，一個 20 歲出頭的年輕共產黨員，即便在蔣介石製造的「四‧一二」慘案的白色恐怖下也沒有脫黨，卻僅僅因為肩負重任的兄長對自己的不理解而感情用事離開了黨，怎能不像又一次失去了母親那樣痛苦呢！他一心想回到革命隊伍，想回到黨的懷抱。

1931 年「九‧一八」事變後，父親護送爺爺和四爺爺、四奶奶由東北回到了天津。四爺爺聯繫廣、熟人多，很快在天津民政局找到了工作，並且託人推薦爺爺去深縣縣政府做了小職員。這時爸爸感到老人們都已安置妥當了，就趕到上海去找黨組織，但一直未能找到。當時七媽鄧穎超的母親楊振德和夏之栩的母親都由組織上安頓在杭州司馬渡巷蓮如庵，爸爸就去找了在蓮如庵當醫生的楊振德老人。無奈，她與組織也失去了聯繫。爸爸在上海謀事無著，於 1933 年遺憾地回到了天津。這段艱辛的經歷證明了爸爸對黨的一片丹心。

離開黨組織這件事當然影響了爸爸一生的命運，但這能怪誰呢？誰讓

爸爸太忠厚、忍讓，不向伯伯報告實情呢？直到幾十年以後有人曾向伯伯談起這件事，伯伯知道真相後，也坦誠地說：「我那時年輕，火氣大，是我對他幫助不夠。」表現了他對弟弟的負疚和惋惜。

③ 就讀北京師大女附中

1949 年 9 月，我就要到北京師大女附中讀書了。開學前，七媽很嚴肅地和我談了一次話。其中的幾句話，讓我記了一輩子：「共產黨幹部與歷朝歷代當官的有一個最大的不同，就是全心全意為人民服務，當人民的勤務兵，而絕不允許『一人得道，雞犬升天』的封建意識抬頭！在成長的道路上，你不要想靠伯伯的任何關係，事事要靠自己的努力！現在你就是一名普通學生，將來到社會上就是普通老百姓，要自食其力。」

12 歲的我，第一次感到了點頭承諾時的那份莊重！

入學時，因為家長都是供給制，沒有能力交學費，因此我被分在幹部子弟班。那時的幹部子弟，大多是從延安等革命老區剛進城的孩子，年齡有大有小，她們說話帶有些許陝北口音或河北口音，穿著相似，都是供給制的藏青色列寧裝。聶力、劉松林、任遠志等幾位姐姐都比我高一年級。

師大女附中的住校條件比較簡陋，但在當時的條件下，已算是不錯了，吃、穿、住都不用家裏安排。吃飯都是大灶，一個月的伙食費七萬元（幣制改革後的七元）。吃的主要是清水白菜、茄子、豆角，偶爾有肉片，同學們吃得都很開心！大水房每天只供應喝的開水。一年四季洗臉洗腳都是用冷水，只有來例假時，才能憑木牌到大水房裏打點熱水洗。

我們班裏有許多從老解放區來的同學，他們更能吃苦，遵守紀律，互相關心，好學上進。在宿舍裏，誰的牙粉、肥皂用完了，旁邊的同學立即拿出自己的遞過去；誰要是生病了，不用攤派，大家都搶著去給她送病號飯。一種我從來沒有體驗過的不是姐妹卻勝似姐妹的親情，使我每每走進宿舍，都有走進自己家裏的親切感。

第一次從學校回到西花廳，我便興致勃勃地談起自己的感受。伯伯聽了笑著點頭，七媽則鼓勵我說：「她們身上有許多老區的光榮傳統。你過去缺少這

方面的學習和鍛煉，現在能發現，就是進步的開始，要努力向她們看齊！」

9月1日開學後，學校除了進行入學教育和正常課程以外，把我們的課餘時間全都安排了迎接10月1日中華人民共和國誕生的籌備活動，全校師生都學會了唱《團結就是力量》《解放區的天是明朗的天》《咱們工人有力量》等歡快、有力的歌曲，還練習學會了「紅燈舞」的步伐和手勢。為了每人手上都拿上一盞紅燈，學校給各班發了好多高粱稈兒，大家學著做成五角星的主體骨架，又發了半透明的紅紙，貼在五

▶ 周秉德（左二）在師大女附中時與同學的合影

▼ 1952年，周秉德在師大女附中時

角星骨的骨架子外面，裏面的正下方有個圓托，可托住一根小蠟燭。這樣，我們「紅燈舞」的道具就因陋就簡地做好了。

1949 年 10 月 1 日午餐後，全校師生集合，出發，我們都懷著興奮、激動和自豪的心情來到了天安門廣場，參加隆重、熱烈的開國大典。當毛澤東主席宣佈「中華人民共和國中央人民政府今天成立了」的洪亮聲音響徹全球的時候，我們在天安門廣場的幾十萬人民羣眾頓時歡快、激動得淚如泉湧，互相擁抱，慶賀新中國的誕生！廣場上一片沸騰，鑼鼓喧天，我們都不停地唱啊、跳啊⋯⋯當夜幕剛剛降臨，我們又點燃了紅燈裏的小蠟燭，幾百個女學生在廣場上自豪地表演了自己編排的「紅燈舞」，給這一盛大的慶典增添了一份歡樂！

這個場面是我有生以來第一次參加的最隆重和歡快的活動，所以我永遠都難以忘懷，並會時常回味。

在師大女附中的校園學習和生活時，中華人民共和國剛剛成立，學校十分重視學生們的理想、品格教育等。校長彭文、蘇靈揚經常親自給我們作國內國際形勢的大報告，教育我們的語言也特別生動，比如：先有國，才有家；作為新中國的主人，就要時刻關心國家的命運。這些使人開闊心胸，讓人熱血沸騰，頓生責任感、使命感的教育，是我在天津上小學時從來沒有接受過的。

4 參加義演為抗美援朝出力

1950 年抗美援朝開始後，我們學校也大張旗鼓開展了宣傳活動，有一些年齡較大的同學立即報名參加了志願軍。我由於年齡不夠，不能參軍，但在伯伯、七媽的教育和影響下，決心用其他方式力所能及地為抗美援朝出力。

▲ 周秉德在師大附中
及女附中的演出隊中

▲ 周秉德和馬靜蘭
在演出後的留影

很快，我從報紙上看到，為了支援志願軍抗美援朝，著名豫劇演員常香玉以義演的形式向志願軍捐獻了一架飛機。而在學校，我在同班同學康泠、周士琴的影響下，也已參加了由師大附中、師大女附中兩校男女同學組織的劇團，被分配在效果組，在後台為演出打鼓、敲鑼，有時也參加演出當配角。

當時，我們劇團排演了宣傳抗美援朝內容的民歌、秧歌劇、活報劇等，像《王大媽要和平》《捷報》《只要山還在》等劇目。後來，在一些農村和工廠演出時宣傳效果特別好。我們用舉辦義演捐款等活動來為抗美援朝出力，在寒假一開始就排練，過了正月初五就下到農村演出。兩個寒假，在朝陽和豐台各去七個村鎮，每次九天，都是走路往返，卻不感到勞累，而是感到責任重大，都想著要積極為國出力！

後來我才知道，伯伯雖說是國家總理，但在抗美援朝的那些年，他一直親自抓前線作戰指揮和志願軍的整個後勤保障工作，歷史和中朝人民都不會忘記他當年特殊的貢獻。也是在後來，我又知道了，伯伯和七媽在年輕的時候，目睹舊中國的內憂外患，為了救亡圖存，都曾參加過宣傳愛國精神的義演並名揚京津，也為中國的革命史留下了一段佳話。

5　七媽的「育孩」之道

妹妹秉宜進中南海那年才五歲，她胖乎乎的臉蛋上，一雙充滿靈氣的大眼睛彷彿會說話，可那張原本用來說話的嘴卻總是緊緊閉著。她見誰也不認生，見誰也不叫人，雖說不叫人，卻總會慷慨地向所有的人送上甜甜的笑容。媽媽曾戲稱是小名「小咪」起壞了：貓兒就是只會叫咪咪不說話嘛。

1949 年底，爺爺的堂哥周嵩堯來到了北京，我們叫他六爺爺。六爺爺在

西花廳第一次見到秉宜，馬上說：「這孩子長得像她奶奶。恩來，你們就要了這孩子吧。」

爸爸媽媽也看出來伯伯和七媽都很疼愛秉宜，想到過早去世的奶奶，就向伯伯提出把秉宜過繼給他。伯伯卻對他們說：「還是不要吧，把小咪過繼給我們，其他的孩子會認為我這個做伯伯的不公平。不過繼，我們也會像自己的孩子一樣對待他們。」

「過繼」在中國是有傳統的，某人無子女，其兄弟姐妹中子女多的，可將一子女過繼給他，作為他的子女。伯伯一周歲時就過繼給了生病的小叔父沖喜。而那時，大家都是普通老百姓，過繼與否差別不大。現在伯伯身為國家總理，他擔心弟弟家只過繼一個過去，其他孩子會感到不公平，伯伯想得真細。

秉宜上幼兒園時跟老師學跳舞，那位老師文化水平低些，教的舞蹈是一個老頭和一個老太婆兩個人，像散步一樣，哈著腰、背著手，往前走兩步，往後退兩步，老頭還要做出拿著長煙桿在抽煙的樣子。周末秉宜從幼兒園回來，伯伯吃過晚飯會有大約十分鐘的休息時間，七媽就說讓她給伯伯表演一個節目。她剛學了那個舞蹈，自己也想展示一下，就非常賣力地表演起來，一會兒演老頭抽煙桿，一會兒演老太婆洗衣服。表演完了，秉宜就看著伯伯，只等著他鼓掌或誇讚一下。沒想到伯伯沒有誇她，甚至沒有笑，只是若有所思地說了一句：「這個舞蹈沒有什麼意義嘛。」秉宜沒有受到表揚，心裏很受打擊。後來，幼兒園調來一個文工團的阿姨教小朋友跳舞，主要是蘇聯、東歐社會主義國家的民間舞蹈，比如匈牙利的土風舞、蘇聯小朋友的友誼舞，還有扮演小動物的舞蹈等。又到一個周末了，七媽說：「咪咪這次在幼兒園學了一個小猴子的舞蹈，給伯伯跳一個小猴子的舞吧。」可秉宜還記著上次的委屈，這次說什麼也不肯再跳了。大人們怎麼勸都不跳，她又說不出來，最後乾脆坐在地上，哭了起來，哭得很委屈。

成元功叔叔過意不去了，跑過去要拉秉宜。七媽一伸手攔住他，語氣嚴肅地說：「不要拉！秉德你也回屋去，大家都不用理她，讓她哭。等哭夠了，哭累了，她自然就不哭了！」說完，七媽帶頭先回屋，成叔叔也走開了。

別說，還真讓七媽料準了。不到五

分鐘，客廳裏起先很響的哭聲逐漸變小了。我貼在牆邊一看，秉宜捂在臉上的小手已經拿開，確定屋裏確實沒有人了，便不再哭了，自己慢慢從地上爬起來，還拍拍衣服上的灰。我忍不住笑了，心想：沒帶過孩子的七媽還挺有辦法呢。

可是之後又在大弟秉鈞身上發生了一件事，七媽的處理辦法就完全不一樣。

記得那是個星期天的傍晚，突然下起了傾盆大雨，天黑得更加厲害了。

晚飯後，上一年級的秉鈞背上書包就要去學校。七媽關心地說：「秉鈞，現在雨太大了，今天就不要到學校去了。明天再去，好嗎？」

「不行，老師說的，星期天晚上一定要回學校上晚自習。」

「今天是特殊情況，雨太大了嘛！」

「雨大我就打把傘！」

「打傘？衣服、鞋子也會淋濕啊，都濕了，到學校怎麼辦？」

「我不管，反正我要走！」秉鈞語氣十分堅決地說，眼淚都要流下來了。

「你這孩子怎麼也這樣倔！」七媽搖著頭感歎。

我站在旁邊，小聲勸秉鈞，可他就像聽不見。我猜想，七媽可能又要用對付秉宜的辦法教育他了。

沒想到七媽叫來衛士韓叔叔，交代說：「你穿件雨衣，用自行車把秉鈞送到學校去吧。雨大，千萬小心！」

這時，剛才還險些要哭的秉鈞臉上又浮起了笑容。

望著消失在雨中的秉鈞，七媽對我說：「秉德，我從你的眼神裏看出來你心中有疑問，為什麼我上次不理秉宜，而今天卻又依了秉鈞。是不是有點重男輕女？其實不是的，孩子當然不會像大人一樣成熟。當他固執發脾氣時，一定要弄清是正當的理由還是無理取鬧。秉鈞今天發脾氣，他是想當遵守紀律的好學生，這是好事，就應該支持。而小咪無理取鬧，就不能慣她，相反要制約她，讓她知道什麼是錯，什麼是對。無理取鬧是堅決不能容許的！」

聽完七媽的話，剛上中學的我點了點頭。多少年後，等我當了媽媽，又當了奶奶時，也一直用這種方式教育孩子，絕不一味地慣著孩子。

6 秉宜拉伯伯去中山公園看花

　　五歲的秉宜多數時間都很乖巧可愛，有時工作人員甚至七媽在伯伯那裏無法完成的事，派她去，一定馬到成功！

　　建國初，國家百廢待興，恢復經濟生產，建立外交關係，美國又發動了侵朝戰爭。抗美援朝的志願軍作戰方案及整個後勤供應，幾乎都由伯伯主管，他經常是一連工作十四五個小時，有時還會連軸轉，連續一兩天不睡覺，沒時間吃飯。誰叫也不聽，連七媽去勸也不行！

　　這時，秉宜便成了最有效的「武器」，她像隻小貓一樣沒點聲音地走進辦公室，一句話也不說，拉著伯伯的手就使勁往外走。伯伯非常熟悉這個「無言」小侄女的威力，她太小，講革命道理，她不懂，她微笑，你發脾氣也不忍心，唯一的出路，只有乖乖地跟著她起身。她這樣做可以說是「百戰百勝」，我聽護士王力阿姨說過，最叫絕的一次，還有這張照片為證。

　　那是 1951 年 5 月，朝鮮戰場的事十分緊急，伯伯已經連續工作了二十多個小時。天將拂曉，七媽起床來到伯伯的辦公室前，見他還沒有休息。長時間地在室內伏案工作，對已經年過半百的伯伯身體太不利了！七媽靈機一動，讓值班的王力阿姨去搬「救兵」秉宜。王阿姨走進了孩子們的房間，秉宜可是睡得正香呢！

　　「小咪，好孩子，快起床，公園裏的芍藥花開了，阿姨帶你去看花！」

　　秉宜閉著眼睛直搖頭，嘴裏嘟嚷著：「我困，我要睡！」

　　「哎呀，不光你一個人去，你伯伯也去。快醒醒，阿姨給你紮個大蝴蝶結。」

　　一聽伯伯也去，秉宜彷彿立即明白了自己還有「抓俘虜」的責任，也不再往床上賴，順從地讓阿姨給自己穿上衣服，還乖乖地讓阿姨給自己紮上一個粉紅色的綢布蝴蝶結。只是「瞌睡蟲」還黏在她的身上，眼角上還有顆白色的小眼屎。

　　秉宜一邊打著哈欠，一邊讓王阿姨

▶ 周秉宜拉著周恩來看花

▼
1951年5月，
周恩來帶周秉宜
去中山公園看花

牽著小手到了伯伯辦公室的門前。「小咪，你去跟伯伯說你要到中山公園去看花，去吧。」王力阿姨説著把秉宜推進辦公室。

秉宜進門不用敲，走路沒聲響。她走到伯伯身邊，也不看伯伯在忙什麼，拉起伯伯的手就往外走。「伯伯，咱們去中山公園看花吧。」秉宜央求道。

「小咪，我還有工作沒搞完，再等半小時。」

秉宜毫無商量餘地，執意往外拉。

伯伯瞧著穿戴整齊的秉宜，頭上紮得十分精美的蝴蝶結，卻眼泡略腫，神態木訥，直打哈欠，隨即明白事情的真相了。他走出辦公室，在迴廊裏問道：

「小咪，就在院裏走走，好嗎？」

秉宜搖搖頭，拉著伯伯直往大門口走。出了裏院大門，汽車已經發動，衛士長、護士都含笑迎了過來。伯伯伸出手輕輕點向王阿姨，帶著笑説：「小鬼，你點子真多！」

望著遠去的汽車，七媽心裏總算鬆了一口氣。

在中山公園盛開的芍藥花旁，伯伯拉著秉宜的手，一邊賞花，一邊講牡丹花和芍藥花的故事。秉宜眨著眼睛直點頭，第一次分清了牡丹花與芍藥花的不同。隨行的一位攝影師，不記得是侯波還是誰，抓住時機立即按動了快門，把這一瞬間凝固成永恆。

7 不允許公車私用

剛上師大女附中時，學校有幹部子弟班，周末放假了有些同學有車接，而我則是坐公交車回西花廳。當時我還是個小姑娘嘛，心裏多少有點不平衡，就跟伯伯提了此事。伯伯嚴肅地回答説，車是公家的不能私用，上學就應該走路、坐公交或騎單車。於是，有時我就想法子蹭西花廳工作人

員的自行車用，有了自行車就覺得很得意了。

在我讀中學的時候，二弟秉鈞、三妹秉宜都在八一學校讀小學，平時周末回家，都是乘公交車。在夏天，放學後他們想買個冰棍吃，就要步行好長一段路。平時，他們是從海淀坐 32 路公交車到動物園，再換七路公交車到家。家裏只給來回的車費，沒有多餘的錢。秉鈞為了能省出點零花錢好買零食，常常帶著妹妹步行走到中關村去乘車，這樣每一個人就可以省五分錢。再大一點了後，他們就乾脆從學校一直走到動物園。

有一年，八一學校放寒假，他們要把被褥帶回去拆洗，當時同學們都收拾好自己的行李，在各自的宿舍裏焦急地等著，廣播裏通知誰家大人來了，孩子就興高采烈提起行李衝出門。那時秉鈞上三年級，秉宜剛讀二年級。第一天在焦急的等待中過去了，第二天又過去了，只有同學減少，仍不見有人接自己，剛上學的秉宜嘟起了小嘴。

秉鈞著急了，剛十歲的他找老師要了一個信封一張紙，趴在桌上寫了一封短信：

七媽：

學校放假了，請派個車來接，因為有行李。

秉鈞

然後，他在信封上寫「中南海鄧穎超收」，貼了張郵票，往郵筒裏一扔。

那時信送得也快，當天下午，七媽就讓一位叔叔騎上自行車趕到學校接他們。在門口僱了兩輛三輪車，一個孩子一輛車，行李放在腳下，他仍騎自行車跟著。

一回到西花廳，七媽就迎了出來，她摟過秉宜，拉著秉鈞，連聲道：「上周你們回來只顧著玩，也沒說是哪天放假，好讓我安排人去接你們和行李。哎呀！孩子們，讓你們多等了兩天。不過，你口氣還挺大，要派車。我可不能給你們派汽車，汽車是國家給你們伯伯工作用的，你們小孩子不該享受，懂不懂？」聽明白了七媽的教誨，秉鈞點了點頭。

多年後，回憶起這段往事，秉鈞也覺得自己幼稚得可笑，為什麼當時不請老師幫助打個電話？為什麼也不寫信給爸爸媽媽「求救」？

8　伯伯矯正秉鈞駝背的習慣

秉鈞小的時候有個不好的習慣，總是駝著背。暑假裏，最忙的伯伯最先發現，他大聲招呼：「秉鈞，你小小的年紀怎麼就駝背了？」

「沒有啊！」秉鈞下意識地挺了挺胸。可不一會兒，他坐在那裏看書看入神了，又不知不覺地拱起了背。

「瞧，秉鈞，你又駝背了！不行，要趕緊糾正，不然等你習慣成了自然，就像種斜了的小樹苗長成大樹，再想扳

過來也辦不到了。」伯伯想了想，果斷地說，「秉鈞，我看這樣吧，每天吃飯前，你就肩端平，背靠牆，站立五分鐘再吃飯。我想只要整個暑假堅持下來，你駝背的習慣就能糾正。你說好不好？」

「好！那我現在就去。」秉鈞爽快答應，立即自己走到客廳牆邊筆直站著。

整個暑假，他一天三次，堅持靠牆

▶ 兒時的周秉鈞

▶ 青年時的周秉鈞

站立，七媽也隨時監督他。一到吃飯時間，七媽就會說：「秉鈞呀，你該去靠牆了。」秉鈞幾十年後對秉宜說：「那會兒，你跟七媽在那邊吃飯，我一個人在這兒靠牆站著，心裏饞著呢。可是沒辦法，既然答應了伯伯的事，我就得做到，忍著吧。」

結果一個多月堅持下來，等開學後，同學都發現秉鈞無論是站、是坐，腰背總是挺得筆直！

9　跟隨伯伯去頤和園看望七媽

由於長期的艱苦鬥爭和緊張工作，七媽患了不少慢性病，但她多年同疾病作著頑強的鬥爭，用樂觀主義精神對待疾病，摸索出了一套治病、養病的規律和方法，使病情在一段時間曾經有所好轉。

如果要論我去頤和園最多的一年，就是 1952 年。那一年去的次數，可以頂上後來的好幾十年。那年夏天，七媽病了，身體十分虛弱，住在頤和園聽鸝館後面的一個院落裏養病。那會兒伯伯雖然很忙，但也常常忙裏偷閒，抽空去看七媽，去時常常帶上我們三個孩子，顯然是想給七媽添點天倫之樂。當然，這一回回的探望，也得益於伯伯身邊工作人員們的催促和安排，因為去頤和園看病時，在湖邊綠蔭中走走，坐船在湖上看看，這不正是給整天忙碌的伯伯一個最好的、也是難得的休息嘛。話說回來，如果不是七媽在頤和園，大家想請伯伯去頤和園遊玩，恐怕是絕難辦到的，因為伯伯只要在西花廳，辦公室就是他最喜愛的地方。我時常想：莫不是伯伯那張寬大的辦公桌有魔力？否則為啥他往那一坐，就兩眼放光，特有精神！

許多事情我都是長大後，特別是「文革」以後才知道的：那個年代，伯

伯既要管國內經濟恢復，又要管國際交往，還實際負責著抗美援朝志願軍的作戰指揮和全部後勤保障工作。他夜以繼日地工作，一天工作十六七個小時是家常便飯，曾經累得昏倒過。可是當年我們竟一點都不知道！因為伯伯在我們面前永遠是腰背挺直，衣裝整潔，思維敏捷，目光炯炯。每回面對伯伯，當年我這個初中生的腦海中，立即浮現出的是斯大林的那句名言：共產黨人是特殊材料製成的人！現在回想起來，當時安排七媽到頤和園休息的醫生，恐怕真有「一箭雙雕」的美意呢。

當汽車停在頤和園的東門口，我們跟在伯伯身後走進公園。進門前，伯伯從不忘提醒工作人員：一定要買門票。伯伯彷彿不會漫步，他步履總是輕快有力，到公園又總是輕車簡行。他常穿著一身灰布中山裝，身邊除了幾個孩子，僅一兩個隨行的衛士，走在湖邊長廊裏，與公園裏的普通遊客沒有什麼區別。有的人迎面與伯伯擦肩而過，絲毫沒有察覺；有的人分明覺得眼熟，擦身過去後又恍然大悟，驚喜地回過頭來張望；也有少數人走到對面認了出來，就快步迎上來，欣喜地與伯伯握手，親熱地聊上幾句，一切都極為自然、和諧。

秉鈞到底是男孩子，他拉著上幼兒園大班的妹妹秉宜，又蹦又跳地跑在前邊；我上初三了，十四五歲已經有些少女的成熟，便文文靜靜地跟在伯伯身邊。這時的伯伯顯得比平時更輕鬆些，他濃眉舒展，面帶微笑，和著腳步，嘴裏很有節奏地唱著「雄赳赳，氣昂昂，跨過鴨綠江」，那隻放在胸前的右手，也有力地打著拍子，我便跟著他一起唱。伯伯唱這首歌，曲譜咬得特準，歌詞也一句不錯。有時，伯伯指著長廊上的一個個畫面，邊欣賞邊給我講解，告訴我說長廊上的這麼多畫都不重複，而且每幅畫面都是一個動人的故事。

每回我們一進院子，「七媽好」的問候聲立即給聽鸝館後面的一個安靜的小院平添了家的溫馨。伯伯在七媽屋裏坐會兒，沒說兩句話，七媽便笑著提出：「既然到了頤和園了，就別悶坐屋裏，辜負了大好的湖光山色。走，一塊到外面轉轉。」有時也說：「我天天到湖邊散步，今天就不陪你們。恩來，你帶孩子們一塊去划划船吧。」那時我只是順著七媽的意思辦了，直到以後長大了，才體會出七媽的良苦用心：她體質

▲ 1952年，周恩來、鄧穎超和
周秉德、周秉鈞、周秉宜在頤和
園

▲ 2013年，周秉德和周秉鈞、
周秉宜在頤和園

很弱，照理希望丈夫在屋裏陪她坐坐，她出去陪著走那麼多路，其實是很辛苦的；可是，她更心疼丈夫太忙太累，她寧可自己累點，也要陪丈夫在湖邊走走；自己實在吃不消時，寧可丈夫少陪自己一會兒，也要讓丈夫在大自然裏活動活動，換換腦子。

我每每回憶起伯伯和七媽的這些往事，就能品味到「相濡以沫」的滋味。

整整 61 年之後，2013 年春夏之交，我又邀請弟弟妹妹們再遊頤和園，並到留下美好記憶的諧趣園拍照留念，倍感滋味濃濃。

⑩ 七媽帶我到中海遊湖

20 世紀 50 年代，在我上中學的時候，放暑假了就住在西花廳。有時吃完晚飯，天氣特別熱，七媽會帶上我去中海划船，還有衞士隨行。

到中海後，由衞士負責划船，我見了也想學。就在那裏，我學會了划船，知道要背靠著船頭，把槳從後朝前划，這樣船就往前走了。七媽曾帶我去過幾次中海划船，有時我會划上一兩圈，然後天也黑了，我們就回去。

當然，七媽也帶過我的弟妹們坐船，大妹秉宜就在文章中回憶過七媽

她在頤和園坐船遊湖的情景：

飯後，伯父又帶大家一起去頤和園遊船。在頤和園，大家都上了船，船要開了，我卻要上廁所。伯母沒辦法，只好留下宮叔叔和另一個馮叔叔在岸邊等我，然後再帶我划小船去對岸趕大船。那天是個陰天，昆明湖裏種了大一片荷花，荷花已經不多了，只有綠色的荷葉在湖面上連成了一大片，我們的小船就這樣在綠色的荷葉中穿行向前。船走到一半，下起了濛濛細雨。宮叔叔人很機

靈，一看下雨了，順手就摘下一片荷葉頂在了自己頭上。其實當時那個雨很小，還不至於打傘，宮叔叔就是淘氣，他們都才20歲出頭，是很年輕的小戰士。但划船的馮叔叔不高興了，他批評宮叔叔說：「你忘了咱們解放軍三大紀律八項注意了，不拿群眾的一針一線。你摘荷葉，要是讓總理知道了，非關你禁閉不可。」宮叔叔一聽這個，趕快就把荷葉扔進了水裏。我在一邊好奇地問什麼是關禁閉，宮叔叔逗我說：「就是關小黑屋。」兩年後，宮叔叔因為另有任務，調離了西花廳。

這次是衞士划船，還發生了上面說的要遵守紀律的小插曲。在伯伯和七媽的嚴格要求和潛移默化下，尤其是他們的以身作則，讓西花廳的工作人員和我們這些孩子都養成了嚴守紀律的習慣。

11 融入到廣大群眾中去

在西花廳生活的日子裏，我印象中伯伯平時總是通宵達旦地工作。有一天清晨，忙了一夜的伯伯還沒睡，可能是手頭的工作初步告一段落，可以休息一下了，他就從辦公室出來到院子裏透透新鮮空氣。讀初中的我正放暑假，已經起床在院子裏看書，伯伯的一些警衛戰士在打掃庭院。伯伯走到我跟前，看見我在看書，立刻厲聲訓斥道：「秉德，你怎麼還在這看書？」我就挺不理解的，坐在那兒就揚著頭也沒出聲，意思是怎麼了。

伯伯接著說道：「你沒看見那些叔叔們都在打掃院子嗎？你怎麼可以一人在這裏看書？」

這下我明白了，伯伯的話是在提醒我，我雖然只是初中學生，但也必須承擔力所能及的勞動；我雖然是國家總理

1952年，周恩來與周秉德的合影

的侄女，但與這些普通戰士是平等的，不能有任何特殊。我至今都清楚地記得，伯伯經常教育我說：「你必須時刻牢記，你就是一名普通學生，長大了就是普通老百姓。我當總理是為全國人民服務的，不能為周家服務。」

伯伯是這麼說的，更是這麼做的。他永遠都是同廣大人民羣眾打成一片，從來沒有因為自己位高權重就覺得高人一等。甚至在他看來，羣眾的生命比他更重要！伯伯的原衛士魏玉秀接受採訪時說到了這樣一件事：

1947年1月，胡宗南部隊大舉進犯延安，保衛延安的戰鬥打響了。一天下午，天空飛來黑壓壓一羣飛機，一陣轟鳴聲後扔下一批炸彈，並伴有雨點般的機槍掃射。炸彈在延河邊炸開，河岸的樹也被連根拔起。這時，站在防空洞口上的周（恩來）副主席看見對面山坡上跑下來一輛馬車，車上坐著兩個婦女和一個老漢，就高喊著衝出去：「老

鄉,快臥倒！」我一個激靈,急步跟了上去。爆炸聲驚了馬,牠拉著車一路狂奔。敵機發現後又扔下一束炸彈,幾聲轟響後,馬車被炸翻滾入溝裏。我跟周副主席上前一看,車輪朝天,馬車的一半已經被土埋住。我倆趕忙跳下溝去,用雙手扒開泥土,用力把人給拖出來。我見周副主席的雙手都磨出了血,正要給他包紮時,一架敵機又俯衝下來。周副主席猛地把老鄉推到車下,用自己的身體擋住了他們。我見狀立即撲上去,用自己的身體擋住了周副主席。炸彈在不遠處炸響,我的右胳膊和左腿都被炸傷,鮮血直往外流。周副主席的腿也受了傷,他艱難地站起來,一邊讓老鄉趕緊轉移,一邊關切地照看著我。這時,其他幾名戰士從防空洞衝出來,迅速把他們背了回去。他們剛進洞口,又是一聲巨響,那輛馬車被炸得飛上了天。

12　矢志成為鄉村女教師

1952 年春夏之交,我初中快畢業了,在全家孩子中,我第一個面臨職業選擇。本來,我那時成績很好,每學期都能拿到「學習優良獎章」,在教師和同學眼裏,憑我的成績和水平考上本校高中是不成問題的,至於高中畢業考大學或去蘇聯留學也不成什麼問題。剛巧這時上映了一部蘇聯電影《鄉村女教師》,女主人公瓦爾娃娜置身鄉村,為小學教育嘔心瀝血的情節使我深受感動。尤其是演到她晚年,來看望她的學生們已經成為工程師、飛行員、醫生、農藝師、演員、作家等國家建設所需的各種人才時,我全身熱血沸騰。多年來伯伯、七媽教育我,任何時候,做任何事情,都要以國家利益為重、人民利益為重,不應考慮個人利益與前途。想到當時全國人口 70% 以上是文盲,兒童

缺少讀書機會，我更加感到當一名鄉村小學教師是多麼的神聖和光榮。

星期六我回到西花廳，坐在飯桌旁，再也忍不住激動的心情：「伯伯、七媽，我有一個事情要宣佈，我也很想聽聽你們的意見。我不準備考高中，我想報名上師範學校。」

「好啊！和我一樣啊！」七媽眼睛一亮，臉上現出特別欣慰的笑容，「我原來也是做老師的，我 16 歲就當老師了。做老師非常有意義，何況現在國家剛剛搞建設又這麼需要各種人才。」說完，她轉過頭向正埋頭吃飯的伯伯說：「我已經說同意了，你怎麼不說話啊？」伯伯放下手中的筷子，望了望我，對七媽說：「有你一個人說就夠了，她得有點獨立思考嘛。你也說，我也說，不是對她壓力太大了嗎？將來她要後悔起來都沒辦法。況且，秉德還應該聽聽自己爸爸媽媽的意見。」

果然不出伯伯所料，我回到家，一講自己的理想，爸爸沒開口，媽媽反應特快：「秉德，你學習成績很好，應該繼續讀高中、讀大學，女孩子一定要學有專長，有自己的本領才行呀！」

「媽媽，你也是老師，你為什麼反對我當老師呢？」

「我不是反對你當老師，我是不理解你放棄現在繼續升學的機會，你高中畢業去上師範大學，出來不也是老師嘛！」

「媽媽，現在我們國家還很窮，很落後，尤其是農村，太多的孩子沒有學上，將來長大了就是文盲，太需要小學老師了。我願意學習蘇聯那位鄉村女教師，把一個個農村孩子培養成國家的棟樑之才。我相信，成千上萬學生發揮的作用，一定遠遠超過我一個人的貢獻，這樣我也就心滿意足了！」

「講到蘇聯，媽媽正要提醒你冷靜想一想。媽媽是有切身體會的，女人一定要有一技之長。如果不是當年你外公強迫我學習俄語，我這樣一個有六個孩子的媽媽，就是有為國家出力的願望，也不可能從一個家庭婦女當上中學的外語老師吧！你看你們師大女附中，高中畢業去蘇聯留學的機會真不算少。你的成績好，又是優秀學生，高中畢業，不用讓伯伯說話，也極有可能去蘇聯留學的。難道這樣好的學習機會，你也不珍惜，情願白白放棄嗎？」

「媽媽，你勸我的這些話，我的班

▶ 周秉德在師大女附中團小組
的畢業合影

▶ 北京師範學校畢業時，
周秉德與同學趙素勤在
學校大門口留影

主任和同學也都勸過我。他們也提到我成績好，各方面突出，等高中畢業後出國留學不成問題，希望我慎重考慮。媽媽，這些天我確實也經過了認真考慮，現在是新社會了，我們每個人考慮問題的出發點，一定要以國家的需要為第一需要，不該從個人的發展出發！反正我還是想上師範學校，當一名鄉村女教師！」

「既然你已經拿定主意，我和媽媽都支持你。」爸爸的話不多，但一錘定音。

1952年我如願以償，被保送進北京師範學校。北京師範學校已有70年的歷史，而且著名作家老舍先生幾十年前也是在這個學校讀書的，教師的教學水平、思想水平都很高。

那時候，我偶爾還會到中南海找之前的玩伴嬌嬌。有一次在海邊看到了毛主席，他坐在一個石頭凳子上：「秉德，你來啦？」我說：「我來找嬌嬌玩。」「你現在上的什麼學校啊？」「北京師範學校。」毛主席的反應和七媽一樣：「那好啊，我也是學師範出身的。女孩子幹嘛非得學工業呢，學師範、學醫挺好麼！以後我讓李敏、李訥也去學師範。」後來，李敏和我說，主席對她講過：「你怎麼不和秉德學呀，你也應該去學師範。」幾年以後，李敏果真考入了北京師範大學。

我在北京師範學校學習三年後，被分配到北京東郊區第三中心小學當老師。記得畢業前，學校通知我們說，可以有四分之一的人報名上師範大學。許多同學踴躍報名。而我卻在作文上表態說：現在我們國家文盲還很多，許多學齡兒童不能入學，一個主要原因是師資不夠，況且現在還有不少小學老師，本身只有小學畢業程度，有學習的機會，應該先培養他們。國家培養我們三年，我們應趕快加入到教師行列，讓更多該入學的兒童有機會入學。

學校黨支部認為我思想覺悟高，考慮問題先從社會現實需要出發，在畢業前積極發展我加入了中國共產黨，這時我剛滿18歲。

13 西花廳賞海棠

　　每年 4 月中旬，西花廳院內的幾株海棠樹，都有粉花、白花開滿枝頭，甚是茂密，生機盎然。一到這時，伯伯、七媽看到鮮花滿枝的盛況，都很愉快、欣喜，也會抽空在院內散步賞花。

　　1956 年 4 月的一個星期天，伯伯祕書讓我們母親帶幾個孩子過來看望伯伯，陪他賞花。這是他在緊張、繁重工作間歇中難得的放鬆機會。

　　但不巧的是，那天七媽正在為過幾天就要在北京召開的國際民主婦聯理事會擴大會進行緊張的籌備工作，不在家。

　　父親又正在外地養病，秉鈞也因同學聚會而沒能來。

▶ 1956 年 4 月，西花廳，右起：周秉德、王士琴、周秉建（拉手者）、周恩來、周秉和（拉手者）、周秉華、周秉宜

1959年春節前，七媽因病離京到南方休養。春節期間，伯伯的生活祕書何謙為了給工作繁忙的總理生活上增加一點兒活躍氣氛和天倫之樂，特意通知了我們一家人和維世、新世等人，來與伯伯共度春節。大家有說有笑，都很開心。同時，伯伯還讓每個孩子在電話裏向在南方休養的七媽拜年，祝她春節愉快，早日痊癒，早日回京。

遺憾的是我當時還在密雲水庫的修建隊伍中過著革命化的春節，未能參加這次溫馨的聚會。

▶ 1961年春節，周恩來、鄧穎超和周恩壽夫婦與親屬們在西花廳共迎新春

▶ 1961年春節，
周恩來和親屬們在西花廳院內

▶ 周恩來帶著孩子們

▶ 前排：孫小蘭、何麗（何謙女兒）、
周秉建、何濱（何謙兒子）、周秉和。
後排左起：周秉宜、孫維世、周恩來、
孫新世、王士琴、周秉鈞（第三排）、
林玉華（何謙夫人）、周恩壽、周秉華

▶ 在西花廳前廳的大客廳，周恩來成了「孩子王」。
左起：周秉建、何濱、龍小瑜（後排左一）、
何麗、周秉宜（後排左二）、周恩來、孫小蘭、
周秉和、周秉華（後排右一）、李小波（祕書陳
浩之子）

15 與七媽同遊陶然亭

1960 年 4 月 13 日，剛好是個周末。為即將出訪的伯伯送行之後，七媽帶領西花廳的十來個人，共同去了陶然亭公園。同行人中有一位是伯伯衛士趙行傑的夫人張彬，她是新華社的攝影記者，於是就給我們留下了精彩的照片。

記得二十世紀五六十年代，七媽帶我們去陶然亭，不下四次。伯伯、七媽之所以對陶然亭有著特殊的感情，是因為這裏有中國共產黨早期革命活動家高君宇與女友石評梅的墓碑。在第一次國共合作期間，高君宇曾作為孫中山的祕書，活躍在廣州、北京等地，1925 年 1 月在上海出席中國共產黨第四次全國代表大會上認識了周恩來，兩人一見如故，談革命，談志向，談友情，又談愛情。會後，他受伯伯之託，在返回北京途經天津時帶信給鄧穎超，讓她根據組織決定調往廣州，與周恩來共同戰鬥，並結為夫妻。伯伯和七媽一直認為高君宇是他們的牽線紅娘，對這段情誼念念不忘。

當時，高君宇與女作家、同鄉石評梅女士因志趣相投，亦在熱戀中，但高君宇因病英年早逝。他去世後，石評梅將高君宇生前最有力的詩句刻在高君宇墓碑上，詩曰：

> 我是寶劍，我是火花，
> 我願生如閃電之耀亮，
> 我願死如彗星之迅忽。

幾個月後，石評梅女士也因感傷過度而逝世，被友人埋在了高君宇墓旁。人們被他們崇高而純潔的愛情所感動，幾十年來，都不斷有青年學生們前去憑弔。

伯伯和七媽對他們的早逝深為悲傷、關切與同情，有機會時總要親自到墓地去憑弔，並給隨行的我們講述他們的事跡，還要把高君宇的詩句唸上幾遍。1965 年 6 月，伯伯在審批北京城市規劃總圖時，特別強調要保存「高石之墓」，他說：「革命與戀愛沒有矛盾，留著它對青年人也有教育。」

前些年，在朋友推薦下，我將幾次陪同七媽同去陶然亭的照片電子版捐贈給了公園管理處。

▲ 20世紀50年代初，過去的東單、西單、東四、西四的牌樓，移建至陶然亭公園內

▲ 1960 年 4 月 13 日，在陶然亭公園內高
君宇、石評梅墓碑前。左起：林玉華、
周秉德、鄧穎超、賴祖烈、孔原、

第三章　深情厚誼

直到伯伯去世後，從衛士的回憶
中，我才知道伯伯對我們家的經濟補
助，佔到了他工資收入的三分之一，有
時甚至二分之一！他對我們一家，恩重
如山！這個生活補助費，我不在北京
時，因為弟弟妹妹還小，就由他的衛士
送到我家。伯伯對我們的生活、撫育，
是多麼的體貼入微啊。

1 七媽的短箋

　　說實話，經過幾十年的交往與了解，我和許多與伯伯、七媽接觸多的叔叔阿姨有同樣的感覺：七媽在家庭中更講原則性，而伯伯與人的心靈更貼近一些，更重感情一些。但就我本身來說，我接觸七媽的時間比伯伯多得多，我心目中七媽對爸爸媽媽及我們姐弟六人生活學習關心的具體和周到，遠遠超過了伯伯，因為伯伯更多是屬於「公家」的、「大家」的。而七媽卻要代伯伯照顧我們和經常找上門來的周家親屬，對此她從沒有吝惜過自己的時間和金錢。

　　我母親生前一直留存著許多張20世紀50年代七媽給她寫的短箋。翻開這些便箋，望著那熟悉的字體，讀著那一行行暖心的話語，她總會百感交集：

士琴妹：

　　小六的病好些嗎？你兩天來都沒打電話告我，我時常在惦念著！茲特派謝

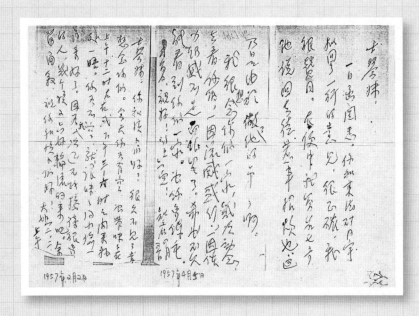

▸ 鄧穎超給王士琴的部分便箋

廉珍同志來問訊。

望將小六病況告他。我為可愛的小六祝福！望你注意保重身體為盼！

另鹹魚兩條送你們佐餐。

祝好！

大姐

十二月三日

今晨寫好此信後，值班同志才來告我，你昨晚已來電話，小六已漸好，甚欣慰。

又及

（編注：1953 年 12 月剛剛一周歲的小六妹秉建生肺炎住院）

同宇：

你回來後，今、明日何時方便，請你打電話給我，打到 3882 即可通話。

今天來看你們，不在家的不在家，睡覺的睡覺，我參觀了你們的居室庭院回去了。

超留

四月十八日下午四時

士琴妹：

送上明晚芭蕾舞劇票一張，請你去看，我也要去看的。祝你們一家晚安！

大姐

十月二十四日

士琴妹：

由國盛帶上一些廣柑給你和孩子們。上次送給你們的酒，請送一些給姥姥（編注：指我外婆），作為對於長老退休的慰問。近日我的身體情況又有進步，請釋念。在每日上午九點至十點半或下午四到五時之間，你只要有空，可在任何一天來我處會晤，略談此。祝你和孩子們春節好！

大姐

二月十五日

上次咪咪來時交她帶回 105 元，想已收到。同宇有信來否，休養的成績如何？念了！

又及

士琴妹：

一日函閱悉。你和秉德對同宇擬回淮安老家一行的意見，很正確，我很贊同。在便中我曾問七哥，他說回去徒惹事招煩也，這乃是由於做了他的弟弟啊。

我很想念你們一家，幾次動念，去

看你們，一因流感盛行，一因體力仍感不足而作罷了。希望不久能看到你們一家。望你多保重。

專覆，祝好！吻五、六兒！

知名

四月五日

士琴妹：

你和孩子們好？很久不見了，常想念你們。今天你如有空，望帶咪咪在上午十二時左右或下午三—六時之間來我處一晤。你如不空，就讓咪咪同小瑜一同來好了。因為我一次還不能接待很多的人，幾個孩子只好輪流的來吧。餘留面敍。祝你和孩子們好！

大姐

二月三日上午

士琴妹：

請你今晚六時半到我們家來。可能有一張票請你一人去看舞劇。

大姐

六日中午

士琴妹：

十月革命節的次日，收讀孩子們的信，我很喜慰！

今天接你的信。知你惦記著我的病況。近日已好些，只是仍不能多動，更不能看書報，睡眠時好時差，常常出汗，所以我還須安心靜養，繼續服藥，才能爭取身體徹底健好。希望你也注意身體，努力工作，孩子們已夠你操勞了，請不要常念著我的病。過一段會健好起來的。

附覆同宇弟的信，你寫信時轉去吧。

送去你改皮大衣的工資20元，請收，另外我還給咪咪一條頭巾，免她冬天放學回家時受涼；給秉鈞一把小梳子（捷克產品）；小葡萄乾及豆子一盒（阿富汗）給孩子們和你及二老娘吃。

願你們

全家安好！

二位老娘好！

大姐

1957年11月16日

補給孩子們用費105元，請查收。

2 伯伯讓我父親提前退休

我在師大女附中上學時，每次周六我先回中南海西花廳看伯伯、七媽，向他們談談學校裏的事。第二天早飯後，就去東城遂安伯胡同和後來的西城區機織衛胡同自己的家看望爸爸媽媽。1955 年工作以後，我還是這個習慣。可能由於我最大，父母之間的一些談話常常也不避諱我。

那是 1959 年的一個星期天。我跟爸爸前後腳回到家裏，立即發現爸爸平常緊皺著的眉頭舒展了，滿臉春風喜氣。我忍不住問道：「爸，一定有什麼事讓你高興？」

「到底是我的大女兒，一眼看穿了爸爸的心！」爸爸笑著說，「我剛想告訴你媽媽呢！我調動工作的命令已經下了，下周就去內務部上班！」

「好呀！」媽媽也顯得挺高興，可我依然一頭霧水。

「秉德，你爸爸身體不太好，當那個倉庫管理科科長又太忙，他也吃不消。現在調到內務部機關，離家近些，工作輕鬆，這不好嗎？」媽媽一邊整理手邊學生的作業本一邊說。

「內務部是管什麼的？」我奇怪地問，「爸爸你能幹什麼工作呢？」

「這是你陳賡伯伯出的點子！」爸爸一邊翻著報紙一邊解釋，「他找了內務部的曾山部長，説，周同宇對革命是有過貢獻的，身體又不太好，把他調到內務部，你給他安排個合適的工作吧。」

「爸爸，你不是 1927 年就脫離了革命嘛，還有什麼貢獻可言？」我那時還不了解爸爸當年脫離革命的真實情況，且剛剛入黨，一腔熱情，話説得不客氣。

「秉德，你怎麼這樣和爸爸説話？」媽媽提高了聲音，「你陳賡伯伯都説，不是只有在黨內才能對革命做貢獻的。1928 年，你伯伯和七媽去莫斯科參加黨的六大，乘輪船到青島、大連被特務跟蹤，是你爸爸在吉林和哈爾濱掩護，才脫險的。能保護住你伯伯，保住中國共產黨的重要領導人，就如同保護了革命的靈魂和火種，這

◀ 王士琴在機織衛
胡同庭院內

▶ 王士琴帶周秉宜、周秉華、周秉和、
周秉建在機織衛胡同庭院內

不是對革命的很大貢獻嗎？再説，在天津時，你爸爸開的那家貨棧，是葉劍英元帥讓地下黨撥給的經費，由你爸爸經營，專門為地下黨採購藥品貨物的。為此，你爸爸還被國民黨抓去關了半年牢，他除了承認是周恩來的弟弟，沒有出賣過一個地下黨員。因為敵人抓不到證據，又有你伯伯的同學常策歐等人奔走營救，你爸爸才被放出來。出來後，他沒有猶豫，立即又找地下黨接上關係……」

其實，只要伯伯不干預，我相信按爸爸的資歷和能力，在內務部安排個好一點的職務，幹一些輕鬆的工作，恐怕不會有什麼問題。但是伯伯決不會容許這樣的事發生。伯伯去世後，一位知情人告訴我，當時伯伯對曾山部長再三明確交代：「周同宇的工作，要安排得職務盡量低，待遇盡量低，因為他是我親弟弟。」

於是，換到內務部工作的爸爸，職務仍然是很一般的。

20 世紀 60 年代初，爸爸胃潰瘍越來越厲害，伯伯和七媽都勸他開刀，他就是不敢。因為胃痛時常發作，爸爸經常請假在家休息，伯伯安排他到外地療養了幾次，還請我七媽聯繫當時協和醫院的外科名醫吳蔚然大夫為他開刀，希望他的病盡快好起來，但他因病仍不能正常上班。當然，像他這樣身體不好需要治療休息的也大有人在，但是在伯伯那裏，只有他成了問題。1963 年一次開會後，伯伯留下了曾山部長，向他交代説：我弟弟身體不好，請你讓他提前退休，不能拿著全額工資，還不能堅持正常上班！

曾山部長開始只是口頭答應著，並沒有去辦。因為按照正常情況，退休後，工資要減少，而且再沒有機會調整，許多在職時的待遇都會取消，一般人都不願意退休；有些到了退休年齡的尚且希望推遲辦理手續，何況爸爸還沒到退休年齡。他猜想著伯伯工作忙，一定不會老記住這件事。

然而，只要爸爸與伯伯是親兄弟的關係不變，伯伯就不會忘記這件事。還是在伯伯的辦公室裏，伯伯的表情十分嚴肅，語氣十分認真地問曾山：「曾山同志，我弟弟退休手續的事，我已經交代你幾次了。為什麼還不辦？」

「總理，最近比較忙……」

「不要找理由！你回去立即辦，你再拖著不辦，我就要給你處分了。他是我的弟弟，怎麼能拿著全工資不上班呢？！」

於是，1963 年 6 月，爸爸在五十九歲零兩個月時就提前辦理了退休手續。

③ 伯伯每月從自己工資中給我們家補助

提前退休以後，爸爸的工資明顯地減少。家中六個孩子，除了我和當飛行學員的秉鈞外，四個都上學，負擔很重。

那是個星期天的中午，我回到西花廳。工作了一夜的伯伯正好起床，在客廳他對我說：「秉德，你爸爸退休手續辦了嗎？」

見我點點頭，伯伯又繼續問：「我堅持讓他提前退休，你爸爸想得通嗎？」

對伯伯，我歷來是實話實說：「爸爸還好，倒是媽媽有點想法。」

伯伯「喔」了一聲道：「説給我聽聽。」

「反正，爸爸的一貫態度就是這樣：『我一切聽哥哥的，哥哥怎麼説，我就照辦。』媽媽卻想到實際問題，她說，如果徵求她的意見，她就要説説自己的想法，現在四個孩子讀書，正是需要用錢的時候。」

「秉德，你有沒有補貼你媽媽？」

「我每月 62 塊錢，交給媽媽 20 塊。這不是你和七媽交代我這樣做的嘛！」

「你這樣做是對的，兒女應該從小懂得為爸爸媽媽分憂。我讓你爸爸退休，你想得通嗎？」

「當然想得通。你不是常說，封建主義時代是一人做官，全家享福，一人得道，雞犬升天。我們是共產黨，是人民的勤務員，是人民的公僕，決不能延

續封建主義的那一套。正因為爸爸是你的親弟弟，所以應該更嚴格，不能堅持正常工作，就不應該從人民那裏拿全額工資。你是總理，如果連自己的親弟弟都管不了，又怎麼能去管理別人！爸爸退休後工資是減少了，可是這麼多年來，不都是伯伯供給我們學費的嘛。如果沒有伯伯的幫助，就是爸爸工作，我們六姐弟上學早就要向學校申請助學金了。伯伯幫了我們這麼大忙，媽媽真不該有什麼想不通了！」

「話不能這樣說。」伯伯搖搖頭，若有所思地說，「秉德，你現在已經是共產黨員了，我們共產黨人，應該凡事都要站在黨性的立場上考慮問題，越是親近的人，要求越嚴格。尤其我當總理，只有人正，才不怕影子斜！不過，從一個家庭來說，你媽媽有看法，這也是正常的、合乎情理的。她是個很自立、很自尊的女性。你爸爸就不一樣了，他是我弟弟，我們從小也是依靠伯伯養大，當然他從我這兒拿錢去養你們，他不會覺得心裏有什麼不安。而你媽媽卻不同，從她的角度上看，當然應該你爸爸自立，頂家過日子，總拿我的錢，她心裏就覺得不踏實、不自在。」

伯伯説著，表情有些激動起來：「秉德，你給你爸爸媽媽帶個信，下星期天，讓他們一起來吃飯，我再和他們談談我的心裏話。其實，我讓你爸爸退休還有一層想法。我們原本兄弟三人，你二伯伯早逝，現在只剩下我們兩個。你奶奶去世那年，我九歲，你二伯八歲，你爸爸只有三歲。你奶奶臨去世前，握著我的手，喘著粗氣，斷斷續續地叮囑我：你的兩個弟弟還小，答應娘，一定好好照顧他們……我當時淚流滿面，一句話也説不出來，只是拚命點頭。我答應你奶奶的話，從來也沒有忘記。你奶奶去世後，我突然感到自己長大了，還想到了一句古話『長兄如父』。當時父親在外謀生，顧不上我們，我就承擔起了對兩個弟弟的撫養責任。我們相依為命兩年多，直到我去東北。如今，我自己選定了這條路，就只能向前，不能退卻，只能鞠躬盡瘁，死而後已。而你爸爸不同，他身體不好，早點退休也能平安地度過下半生，也算我對你奶奶的承諾有個交代。」

我真沒想到奶奶在伯伯的心裏有這麼重要的位置，也沒想到伯伯除了講原則，對爸爸還有如海深的兄弟之情，而

且對他的弟媳的心境也那麼體諒，那麼尊重！

「秉德，我會交代成元功他們從現在起，每月從我工資裏拿出 200 元，還是由你拿回去給爸爸媽媽。」

「伯伯，不要給那麼多！我和秉鈞都工作了嘛！」

「多給你們一些，是讓你爸爸吃些補養品。他胃不好，體質也太弱了。」

「不要那麼多！」

「怎麼？我這伯伯的錢不要，你準備讓你爸爸媽媽向組織申請補助嗎？如果是這樣，我心裏能安嗎？用我的錢就可以少花人民的錢啊。」伯伯彷彿看穿了我的心思，「秉德，你千萬不要覺得用我的錢心裏愧疚，你要記住，我和你二伯、你爸爸都是你們的四爺爺養大的，我養你們也只是在盡我應盡的責任，這是我們周家上輩的好傳統。希望你們這一輩、下一輩和後世子孫們，也都能這樣有困難互相幫助，而不給國家增添負擔。好不好？」

我除了點頭，還能説什麼呢？

從 1954 年到 1968 年，幾乎每個月都是由我從衛士長成元功叔叔那兒簽字領錢，每個孩子 20 元，後期還有給爸爸的營養費。從每月 105 元到 120 元，再到每月 200 元，一直到 1968 年，我們六個孩子全部參加工作為止。

我每每拿著這些錢送回家，心裏總覺著是捧著伯伯沉甸甸的愛！日久天長，伯伯這份真摯的親情，對親人盡責的用心良苦，像陽光，溫暖著我的心扉。

直到伯伯去世後，從衛士的回憶中，我才知道伯伯對我們家的經濟補助，佔到了他工資收入的三分之一，有時甚至二分之一！他對我們一家，恩重如山！這個生活補助費，我不在北京時，因為弟弟妹妹還小，就由他的衛士送到我家。後來，衛士回憶説，總理有一次在辦公室工作時，忽然抬起頭來問了一句：「秉德不在北京，同宇家這個月的生活費，你們別忘了送過去。」伯伯對我們的生活、撫育，是多麼的體貼入微啊。

但是，他們自己生活簡樸之極！我們看他著裝總是整潔、筆挺，哪知他的內衣、睡衣是補了又補啊！作為紀念，我分到了這樣的衣服，拿在手裏，心靈受到極大的震撼：一方面懊悔自己家不該接受他們那麼大的恩惠，心疼他穿了

那麼舊的衣服；另一方面，更加深了對伯伯的崇敬之情。不難想像，以他那麼高的權位，為親兄弟安排個美差，應該是很簡單的事；就是他不去阻攔，總理親兄弟的工作，由組織上安排，職位、收入也都不會差。他自己在生活上也不必那麼簡樸，甚至窘迫！但他沒有，他要自己和親屬們，與全國老百姓一道過簡樸的日子。這就是我的伯伯、我們共和國的總理！什麼叫「廉潔奉公」？什麼叫「廉政」？伯伯就是榜樣。

我年輕時不懂事，以為他們是國家領導人，收入一定多得很（當然我從來不問他們的收入是多少）。我都工作了，想買冰鞋，向他開口；想買自行車，又向他開口。伯伯從不拒絕，但又不完全滿足我，他出一半，讓我自己也得出一半。我接受了，但當時並不理解。成年之後，才慢慢琢磨出伯伯當年的良苦用心：既不讓我失望，又使我逐步克服對家庭的依賴，同時讓我拿出自己的勞動所得去購買物品，就會懂得愛惜這物品。他對孩子的教育，就是這樣潛移默化，潤物細無聲。

可惜的是，伯伯贊助我買的冰鞋和自行車等後來都沒了。當時都沒有把這些東西當回事，只覺得是很家常的，丟了也就丟了。

4 伯伯七媽對其他親屬和身邊工作人員的補助

20 世紀 50 年代，有一次，周家有親戚從外地到北京探親，按「家規」住招待所。伯伯在建國後給自己的親屬定了個「家規」：來北京一律住機關招待所，在食堂排隊買飯菜，沒工作的由他代付伙食費；不許用公家汽車；在任何場合，都不要說出與總理的關係；不謀私利，不搞特殊化。這位親屬按「家規」住下來，但他返回時，通過衛士長成元功向國務院機關互助會借錢買了車

票。當伯伯遇問:「車票是怎麼買的?」成元功說是向機關借錢的。伯伯說:「公家的錢怎麼可以隨便借!職工有了困難怎麼辦?」等到成元功解釋是向機關職工互助基金會借來時,伯伯才說:「這就好!」

1959年初秋,我的堂兄周華章和他的母親來北京。伯伯聽說後,便約了時間請他們到西花廳做客。吃的二米飯,席間上了一道紅燒肘子,是淮安菜。伯伯看到,臉上露出驚訝的表情:「喔,今天還有燒肘子!」七媽連忙說:「四嫂難得來,今天的菜差不多用了我們一個月肉食定量。」當時正是困難時期,為了招待一位故鄉來的親戚,兩位老人竟然把他們一個月的肉食定量都貢獻出來了。

伯伯吃著飯,又忽然想起什麼,對七媽說:「華章剛有了小孩子,還有四嫂來,家裏一下多了三口人,給華章點錢吧。」七媽答應著,回過頭來問華章哥有沒有存款。他說:「我有90元儲蓄。」隨後,七媽去書房拿出100元交給華章哥哥,對他說:「這100元你拿去用,你自己的錢就不要動了,平時還是應當有點儲蓄的。」華章哥哥看看伯伯,又望望七媽,心裏感動,但有些嘴拙,不知說什麼,只答應著收下了錢。

吃過飯,伯伯有事,和大家打個招呼,匆匆走了。這時,華章哥哥看七媽還在向工作人員交代:「這吃剩下的菜晚上還可以接著吃。」

1963年,華章哥哥有了第二個孩子,正巧我們的堂哥榮慶到北京出差,伯伯特意讓他去看望華章一家,又給帶去了40元錢。榮慶哥還對華章哥傳達了伯伯的囑咐:「你告訴華章,兩個孩子可以了,不准再要了。」

其實,伯伯、七媽幫過的不止親屬,還有許多身邊工作人員以及舊部舊識。

王海青是伯伯辦公室的一位祕書。1954年,國家為了培養提高幹部的文化素質和科學技術水平,決定通過全國統考錄取部分在職人員上大學。這時王海青的妻子侯真已經是兩個孩子的媽媽,但在七媽鼓勵和支持下,她考取了天津醫學院醫療系。1955年11月,在學校讀書的她突然接到父親病故的消息。正在她悲痛之時,接到七媽委託她的祕書張元寫來的信,信中轉達了七媽的話:「聽說你的父親去世,希望你不

要太難過，把哀痛化為力量，用在學業上去。你在學習期間，經濟不寬裕，現託海青轉去我的工作費伍拾元，作為給你這次回家往返路費的補助，請收用，並望保重。」侯真阿姨熱淚奪眶而出，她把錢寄回老家，自己全身心地投入期末考試。七媽那封充滿真情的信，她一直珍藏在身邊。

1956年8月的一天，王海青一家剛吃完午飯，七媽敲門進來說，聽說你們的寶寶要進幼兒園，要花費一些錢，

我給準備一下。隨後，七媽從口袋裏掏出80元交給侯真。王海青和侯真眼含熱淚目送七媽遠去的身影。後來她深情地回憶說，沒有伯伯和七媽的鼓勵和支持，整整五年大學她是無法堅持讀下來的。

伯伯、七媽幫助過的工作人員又何止這一對？

可是對自己呢，伯伯、七媽節省了再節省，幾乎到了自虐的程度！

1960年，伯伯洗臉用的是最普通

的 505 綠色彩條毛巾，一條毛巾洗一年，中間破了四個大洞。成元功給伯伯又買了一條 505，只不過是紅條條，早晨伯伯從辦公室出來，準備洗臉去睡覺時發現了：「我那條毛巾呢？」

「中間破了四個大洞了，該換條新的了。」成元功在旁邊說。

「兩頭還是好的嘛！毛巾嘛又不是外衣，只要能用就行！快給我拿回來。」

「總理，那天韓大夫不是說了嗎，您臉上毛囊之所以不斷發炎，就是因為洗臉毛巾太破、太硬，不斷摩擦引起的！」成元功叔叔以為搬出了醫生的「明確診斷」，一向尊重科學的伯伯就會服從的。

「有道理。」果然，伯伯點點頭。只是成元功還沒來得及「得勝還朝」，伯伯一揚眉一眨眼反問道，「成元功，你說紗布軟不軟？」

「紗布當然軟。」

「好。你去請霍愛梅同志（當時七媽身邊的工作人員）找點紗布把毛巾中間的大洞補一補，這樣毛巾又能繼續用，而且紗布洗臉軟和又不傷皮膚，既節約又保護皮膚，兩全其美。對不？」

「對！」剛剛起身的七媽正好進來，「等紗布再用破，還可以當擦腳布，不能擦腳了，還可以當抹布嘛！咱們國家還很窮，就是以後富裕了，也要節約呢！」

於是，那條用紗布補了中間，已經看不清顏色的 505 毛巾，又繼續「親吻」著伯伯的臉……

如果不是親眼見到那條毛巾，誰能相信他的主人竟是掌管一個大國經濟大權的總理！

從伯伯身邊工作人員做的一個統計中，我才知道經我手拿去補貼我們家用的那些錢的分量：伯伯的工資是 400.80元，七媽的工資是 347.50 元。從 1958年算起，到伯伯去世的 1976 年中，工資累積不足 17 萬元，伯伯、七媽拿出他們兩個人工資近四分之一，即四萬多元用來補助親屬和身邊工作人員。這四萬多元，由我送到爸爸媽媽手中的恐怕是其中的大頭！我記得特清楚，伯伯、七媽在世時經常講，他們之所以用自己的工資來補助親屬和部下，是不願他們因困難向國家申請補助，是為了減輕國家的負擔！

伯伯對自己生活上的衣食住行都不

在意，不追求講究，更反對奢侈，自己的工資還經常用在公事上。中國乒乓球隊在國際比賽上所有項目全部取得了冠軍，伯伯為表示鼓勵，自費宴請他們。電影《霓虹燈下的哨兵》宣傳部隊艱苦樸素的作風，在社會上影響很好，伯伯招待劇組的人，在院子裏散步時，兩手抱肩高興地與他們邊走邊說：「我請你們吃飯。」七媽在旁提醒說：「恩來，這月你只剩下幾毛錢了，還請客？」伯伯立即改口：「是鄧大姐請你們吃飯！」類似這樣的情況，數不勝數啊！

像伯伯這樣把自己的工資既用來補助親友和身邊工作人員，又用於公事，平心而論有哪個妻子能夠接受得了呢？但七媽就接受了，並且自己也拿出工資來像伯伯一樣做貢獻。可以說，七媽對伯伯的理解與支持，無與倫比！

▶ 周恩來、鄧穎超與工作人員
在西花廳合影

當然，作為伯伯親弟弟的爸爸，為了哥哥嚴格律己的精神，他也心甘情願地做出了自己感情上的一些犧牲，留下了無法補償的遺憾。

樹高千尺，葉落歸根。爸爸也是個十分懷念家鄉的人，尤其是到了老年，特別是退休以後，經常聽他在唸叨：14歲離開淮安老家，轉眼已經四五十年了，真想回家看看！中華人民共和國成立後，他也不止一次地向伯伯提出回家看看的願望。有一回，那是個西花廳海棠花盛開的日子，我們一家被伯伯叫到西花廳看花。那天，春風拂面，陽光燦爛，伯伯興致很高。一家人在院子裏合影後，媽媽和七媽在廊前說話。伯伯和爸爸在前庭的花間散步，我牽著小妹妹秉建的手緊隨其後。

「哥哥，聽爾輝來信說，駙馬巷老

▶ 周恩壽夫婦，攝於1961年

家的房子太破舊了，尤其是你住過的房子，再不修就要倒塌了。淮安縣委已經說了，要幫著把房子修葺一次，先把住在裏面的幾戶人家搬出來，要不要我回去一次，看看怎麼修？」

「不用了，淮安縣委來人，我已經給他們講過了。院子裏的住戶不許搬遷，我們的房子，尤其是我出生和住過的房子，要塌就讓他塌掉，塌平了最好，不得翻蓋維修，更不允許搞什麼紀念館組織羣眾參觀。我平生最不贊成的就是封建主義的那一套：衣錦還鄉，光宗耀祖。只要我活著，就不許搞。」伯伯講得十分堅決，毫無商量的餘地。

「哎，人生苦短。屈指一算，我 14 歲離開老家，到今天已經快 40 年了，哥哥你比我早離開八年，沒回故土已近 50 年了。你難道一點不想家嗎？」爸爸的聲音有些發顫，聽得出，他有些動情了。

「故土難離。我也是人，我也有感情，怎麼會不想老家！那裏還埋著我們的爺爺、奶奶、娘和十一嬸。幾十年沒回去了，也不知墳頭的那幾棵樹長得多高了！」

「哥哥，那你就不打算回家看看？」

「沒打算！」伯伯的回答依然斬釘截鐵，「一個是忙，再一個是不願打擾地方的同志。前些天淮安縣委書記來，我們談了好久。他告訴我，老家前面的文渠還在，現在還能划船呢！」

「哥哥，你是總理，你回去有光宗耀祖之嫌，我平民百姓一個，難道也不能回家去看看嗎？」爸爸的聲音已經有點哽咽。

「就因為你是周恩來的弟弟！」伯伯的語氣十分肯定，「你想想，如果你回去，縣委能不派人接待你、陪同你嗎？明擺著要給地方同志增加負擔，添麻煩的事，你又何必去做呢？」

爸爸點點頭，深深地歎了口氣，話語無奈且有些淒涼，「可能真是老了，我總是想起老家，總愛回憶當年我們兄弟三人一塊苦熬的日子，也真想給媽媽墳上添把土。唉，看來，只有等我死了以後，把骨灰送回去，埋在我們老家後院小時候種過菜的地方，以了卻思鄉之情了……」

伯伯沒有再接茬，爸爸也沒再堅持。現在回憶起來，若說遺憾，爸爸最大的遺憾之一，就是有生之年沒能回淮安老家看看。伯伯在時，是伯伯不准；

伯伯去世後，在「文革」中坐牢八年的爸爸身體不好，也無法再回淮安。爸爸臨終前曾動情地對媽媽說：「我死以後，你們要把我的骨灰送回淮安去，在我老家的後院小時種過菜的地方深埋，讓我回到家鄉去看看……」

可以說，爸爸對童年時的故鄉故土真是魂牽夢縈啊！

⑥ 有情有義又念舊的伯伯

伯伯雖然身為國家總理，卻很念舊，講情義。五六十年代時，儘管他工作繁忙，日理萬機，仍經常抽空約見一些過去的老戰友、老部下，以及他們的子女。還有幾次，他將在天津南開學校讀書時的一些老同學如李福景、潘述庵、李愚如、張鴻誥等請到西花廳相聚，並由我父母作陪，共同敘舊又談新。

1960 年，伯伯在南開學校讀書時的多年同窗好友，並在同一寢室住了兩年多的張鴻誥，剛從東北調到北京，在水電部電科院任高級工程師。伯伯請他和幾位老同學聚餐，這也是幾十年後伯伯第一次見到張鴻誥。席間，伯伯舉筷為張鴻誥佈菜時，手一停，問道：「綸扉（張鴻誥之號），士琴（我母親名為王士琴）叫你大姨夫，我可怎麼稱呼你呀？」

「各論各叫吧，你還叫我大哥，同宇可得隨士琴叫我大姨夫了！」張鴻誥似乎事先有了準備，隨即答道。

原來，1917 年伯伯在南開學校畢業後，與一些同學同去日本留學。伯伯在 1919 年四、五月間回國並參加了「五四」運動，而張鴻誥仍留在日本學電機，學成回國後在哈爾濱電業局做工程師。30 年代我父親在哈爾濱謀生，就常常去看望這位張大哥。而張鴻誥還是我媽媽的大姨夫。我爸和我媽相識

► 1960 年春節前，周恩來請 40 年前南開的老同學相聚，由周恩壽作陪。左起：李子克、李愚如、潘琪華（潘述安之女）及女兒、周恩來、潘述安、李福景、周恩壽

▶
周恩來 1919 年所寫
《大江歌罷掉頭東》手跡

後，才知道了這層關係，雙方都因張鴻誥而加深了彼此的信任和感情，這也促成了他們的婚姻。從此，我爸當然要隨著我媽對張大哥改口稱為大姨夫了。

在多年的交往中，有時張鴻誥會對我爸媽談到他與我伯伯在南開學校讀書時的情形，我媽至今記憶猶新：

「恩來的學習非常勤奮、努力。家中清貧，他就想出為學校刻蠟版的辦法，解決自己的經濟問題。一年後，因他的學習成績好，人品好，校長很賞識他。

「恩來在學校還積極參加社會活動，16歲時與兩個同學發起組織了敬業樂群會，創辦了會刊，組織會員閱讀進步書籍、報刊，開時事討論會、講演會等。他不願當頭，讓別人做會長，可大量的實事都是他幹。他從來不計名分，同學關係、師生關係都處得很好。」

這次席間，張鴻誥還對我伯伯說：「你離開日本前寫給我的詩，我還保存著，將來我要拿出來交給博物館。」

「我那首詩交到博物館？不夠格，不夠格！」伯伯立即想到40年前的那首詩，忙真誠且謙虛地說。

聚會臨別時，伯伯送給每家一包花生米。這在當時的經濟困難時期，可真是一份極受歡迎的禮物呢！

1977年初，為了悼念伯伯去世一

周年，也為了慰藉七媽，張鴻誥把我媽媽找到他家中，給我媽看這件他歷經戰亂、精心珍藏了 58 年的詩作，請她轉交給我伯母。我媽打開這幅字體嫻熟的詩，詩中寫道：

> 大江歌罷掉頭東，
> 邃密羣科濟世窮。
> 面壁十年圖破壁，
> 難酬蹈海亦英雄。

當時張老先生回憶説：「1919 年初，恩來在日本要回國前，我們幾個同學為他餞行，事前準備好了筆墨紙張，席後互相提筆留言。這時恩來想起他 1917 年 9 月在天津登輪前往日本時做的一首七言詩，題寫下來贈送給我。」（據我母親回憶，伯伯詩中第一句用的是「棹頭東」而非「掉頭東」。）

張鴻誥還特意介紹了一段經歷：「恩來的這首詩，我一直珍藏著。回國後在日偽時期和國民黨統治時代，時常有被軍警突然搜查的危險，我為了保存這首詩，實在沒辦法，只好把恩來的簽名部分裁掉，再裱糊起來，把它和其他字畫混在一起。並準備好如果軍警問到這是誰寫的，就回答説：我不知是誰寫的，這是我在字畫攤上看到，認為這字體好，買下來的。這樣手跡才保存了下來。」

我想，如果沒有張鴻誥老先生冒著危險精心珍藏，我們現在也就看不到這首表達伯伯少年壯志的詩篇了。可想而知，經過近一個世紀的歷史變遷，不知伯伯還有多少文章、詩賦等手稿失散世間，未被人們發現，現在想起來就深感遺憾。

第四章　敬老養老

許多外國友人回憶起與伯伯的交往，都難忘他「吃水不忘挖井人」，從不過河拆橋，從不忘老朋友的真誠交友之道。其實在家事上，在為人子侄上，伯伯又何嘗不是這樣呢？對自己的長輩，他永遠是滴水之恩，湧泉相報，把養老送終當成自己天經地義的責任。

1 伯伯唯一批准任命公職的親屬

1949年底，我從學校回來，天已經快黑了。七媽招呼我：「秉德，你伯伯就要回來了，今晚天氣也不太冷，你到大門口去迎一迎，陪他多走會兒路，這兩天他總在開會，活動太少了。」

「好！」我答應一聲，就蹦蹦跳跳來到大門口。

汽車進了大門，伯伯就下了車。我迎上去說：「伯伯，七媽說讓我陪您走回家。」

「好啊！」伯伯隨和地笑著，與我一邊走一邊聊著家常，「秉德，剛剛接到信，你六爺爺就要到北京了。」

「哪裏來的六爺爺？」我忍不住好奇地問，「伯伯，我過去有爺爺、四爺爺，他們都去世了，現在又要來一個六爺爺，我怎麼有那麼多個爺爺呢？」

「我們周家是個大家庭，你爺爺輩親兄弟加堂兄弟共有11個。論大排行，你爺爺排行老七。這位六爺爺是你爺爺的堂兄，他是你爺爺輩裏過去做事地位最高的一位了。現在你爺爺輩還健在的也只剩下這六爺爺了。」

「六爺爺他現在有多大年紀？」

「六爺爺今年有七十六七歲了。」伯伯擰起眉頭想了想說，「當年，你爺爺輩的兄弟們都去拜過紹興師爺，給人家做徒弟，但多數都沒學成，只有你二爺爺、六爺爺學得較好，你六爺爺還中了舉人，做了師爺，後來曾給袁世凱做過祕書，在中南海辦過公呢。」

「袁世凱不是壞人嗎？」我有些吃驚，不禁脫口而出。因為伯伯一向疾惡如仇，想當年爸爸脫離革命，伯伯都抹下臉來批評他，而六爺爺曾經給壞人當過祕書，伯伯為什麼反而和他親呢？那個時代，學校裏的教育都是非常直觀的，紅就是紅，黑就是黑，不革命即反革命，從來沒有什麼中間道路可選的。

「秉德，看事情不能那樣簡單，你六爺爺做事的那個年代，共產黨還沒有誕生嘛。他在袁世凱的大帥府辦事處任祕書時，曾經力主南北議和，並一再為南北和平統一而奔走呼籲。袁世凱一宣佈要稱帝，你六爺爺就提出辭職回到淮安，帶著兒孫住在離駙馬巷不太遠的一

幢條件比較好的房子裏，我小時候就聽說，這房子是《老殘遊記》的作者劉鶚的故居。」

「伯伯，你一說住那幢房子的爺爺，我記起爸爸和我說老家事時提到過他。就因為你學了洋學堂，參加了革命，那位爺爺就以你為反面教材，再不准自己的兒子讀洋學堂，都關在家裏請私塾先生講四書五經呢！」

「這我也知道。」伯伯點點頭抱著雙臂站住了，「不過，這也是事實。當年我如果不離開淮安，不到瀋陽、天津讀書，也不會走上革命道路，也可能和留在家鄉的兄弟一樣沉淪下去呢！」

從隨伯伯住進中南海後，我才知道我們周家之大，親屬之多！真是隔三岔五就有人往西花廳自報家門，周姓為多，其次陳姓，魯姓也有過。我聽成元功等幾位工作人員算過一次，建國後一兩年間，敲西花廳大門，自稱是周恩來親戚的不少於一百人！我伯伯離開淮安老家時才 12 歲，對許多人都不清楚，於是常叫我帶條子回家去問我爸爸。爸爸離家較晚，對各房親戚關係、名號有所了解。為了能對周家各房的關係、名字理出頭緒，1964 年春天，由爸爸一房一房地說，我一筆一筆地記，列出了一張世系表，沒想到這張家表還真的派上了不少用場。

「秉德，你還小，但有一條你要記住：看人一定要從大處著眼，不能苛求，尤其是生活在舊時代的老人，只要他做過對人民有利的事，就應該記住他。就像你六爺爺，他當官時曾為人民做過兩件好事，這是不應該忘記的：第一，他在江蘇督軍李純祕書長的任上平息了江、浙兩省的一場軍閥戰爭，使人民的生命財產免遭了戰火的塗炭；第二，袁世凱稱帝時，他沒有跟著袁世凱走，這是他政治上有遠見的地方。你六爺爺是 1929 年舉家搬往揚州的，『七七事變』後，揚州被日本人佔領，他的舊交摯友中有些人當了漢奸，出於他的名望，日偽方面也曾多次請他出山，你六爺爺不卑不亢，堅持隱居。1946 年，他從報紙上得悉我到了南京，即刻專程趕到南京梅園與我見面。如果不是國共和談很快破裂，我又離開南京，那時我就該把老人接到身邊。唉，忠孝不能兩全，對生我的父親，特別是養育我的四伯父，我都沒有報答他們的養育之恩。現在你六爺爺要

來北京，我可以盡一個晚輩的義務和孝心了。」

「六爺爺來也住在西花廳嗎？要不要把我們的房子騰給他住？」

「不用，你六爺爺的住處我已經安排好了，住在遠東飯店。那是政務院交際處所屬的一個招待所，裏面已經住了不少知名人士。這次你六爺爺帶一個成年的孫子周華章來京，照顧他的起居生活。」

伯伯的聲音不大，卻非常有磁力，就像是從心靈深處發出的彷彿帶有歷史回音的聲音。他點頭的片刻，我已經把伯伯那種對前輩的真情和孝心深深地烙在心裏。

六爺爺到中南海西花廳的那天，伯伯、七媽特意把爸爸、媽媽及我們孩子們都接到西花廳，全家聚齊，為六爺爺接風洗塵。六爺爺滿頭銀髮，白鬚飄然，一身黑布中裝棉衣褲，一雙白邊黑布棉鞋；雖已是七十有七，可腰挺背直，面紅帶笑，思維敏捷，談吐瀟灑。儘管一身布衣，可老人家見過大世面的坦蕩自若和日月風霜磨煉出的仙風道骨絲毫沒受影響。

伯伯、七媽站在西花廳的大門口迎

接。六爺爺下車後，伯伯伸出雙手緊緊握住老人的手，親切地招呼説：「六伯父，一路上辛苦您老人家了。這次來，就不用再回蘇北老家了，既來之則安之吧。」説著，連忙招呼七媽過去和六爺爺見面。那天，伯伯和七媽一直陪坐在六爺爺身邊，與老人談笑風生。我坐在伯伯對面，注意到伯伯一雙烏黑明亮的眼睛一直注視著六爺爺，含笑的眼神中透露出尊敬和關切；而六爺爺的神態則是越發自然輕鬆，談天説地，不斷發出朗朗的笑聲。而那屬於伯伯特有的專注眼神，當時讓我印象特別深刻。

伯伯在世時，我只是有所感慨；直到他去世後，我從許多新聞紀錄片中又多次看到了他那種熟悉而專注的眼神，讓我熱淚盈眶。許多回憶文章，不管是外國友人還是中國人的，不管是國家領導人還是普通老百姓的，凡是與伯伯接觸過的人，都會感受到他那專注眼神中包含的親切和尊重，彷彿那一刻自己就是他眼中的唯一和全部，於是，那為時或長或短的接見和談話，就讓人記住一輩子，感動一輩子，有的甚至於改變了一生的道路。

1951 年 7 月 29 日，中央文史館正

式成立，六爺爺由政務院副祕書長齊燕銘推薦（齊父曾和我六爺爺是同僚，齊對他比較了解，就提名了他），經擔任政務院總理的伯伯親自批准，正式被聘為首批中央文史研究館館員，這也是伯伯對自己所有親屬中，親自做過的唯一一次職務任命或者工作安排。

後來，我常聽六爺爺的孫子華章堂哥說：六爺爺學習可認真了。那時《毛澤東選集》還沒出版，為了提高自己的覺悟，跟上新社會的發展，77歲的老人家，每天吃罷早飯便戴上老花鏡，鋪紙研墨，手握毛筆，用蠅頭小楷，工工整整，一字不漏地抄寫毛澤東主席的《新民主主義論》。華章堂哥怕老人累著，勸六爺爺不要抄，告訴他書很快會印出來的。老人家卻執意不肯，他說這是古訓，也是他多年來養成的學習習慣——買書不如借書，借書不如抄書，抄一遍，記得準記得清，也更容易理解。他老人家也確實學有心得，聯繫自己的滄桑經歷，提筆寫文章向報社投稿，讚頌新中國的成立，讚頌共產黨的領導。

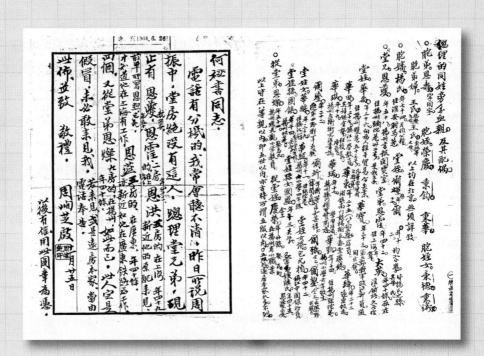

▶ 周嵩堯（周秉德六爺爺）手寫的「總理的同姓旁系血親及其配偶」

1951 年，在中國共產黨建黨 30 周年的紀念會上，六爺爺還被推選為中央文史館的代表，和擔任過毛主席老師的中央文史館館長符定一先生一起向毛主席敬酒，表示衷心的祝賀。

自從六爺爺來到北京後，西花廳再不用擔心找上門來冒名認親的人了。

1951 年 11 月，六爺爺曾特意給伯伯的行政警衛秘書何謙寫過一封信，詳細說明了當時在世的遠近親戚，近百人的關係、姓名及現狀等。他老人家親自用毛筆工工整整抄寫出的有三千多字，這是當時關於伯伯親屬最為全面具體的一份資料。

2　伯伯贍養八奶奶

1950 年秋，在西山楓葉紅遍的日子裏，伯伯又把淮安的八奶奶接到了北京。八奶奶寬寬的臉膛，慈眉善目，常常是話沒開口，臉上便浮起淺淺的笑意。她虔誠地信奉觀音菩薩，長年吃齋念佛。記得有回我從學校回來，八奶奶正在西花廳和七媽聊天，剛巧有個電話找七媽，我便代替她陪著八奶奶說話。她拉我坐在身邊，一雙滿是老繭的手，捧著我的臉蛋上下打量片刻，用難懂的淮安話說：「阿彌陀佛，秉德，你是個有福的人喲！」我知道八奶奶是個很可

親的人，可惜她的淮安口音太重，我基本像聽天書，也無法與她多聊天、多交流，只能笑著面對她頻頻點頭。

看得出，伯伯、七媽對我的這位八奶奶也特別尊重、關心，安排她在惠中飯店住下，常接她和她的孫子周爾輝到西花廳來玩，還陪她去遊過一次頤和園呢！凡是接八奶奶到西花廳的那天，伯伯無論多忙，也常利用飯後那一會兒工夫，陪八奶奶聊聊家常，問問家鄉的人和事。

可是在北京沒住幾個月，八奶奶

執意要回淮安老家。伯伯、七媽再三挽留，但八奶奶仍非走不可，而且堅持要一個人走，把陪她來的孫子周爾輝留在北京讀書。爾輝堂哥很孝順，要送八奶奶回家再回來唸書，八奶奶又是固執地直搖頭：讀書是大事，不能耽誤！

伯伯能指揮千軍萬馬，卻當不了一個老太太的家，只好在春節前，讓八奶奶回淮安去了。八奶奶臨走前，伯伯也讓爸爸、媽媽和我們全家到西花廳聚餐為老人送行。瞧著喜氣洋洋的八奶奶，我真有點想不通：北京是大城市，淮安是個小地方，八奶奶在北京吃有現成的，穿也不用愁，伯伯、七媽又總是特別地關照，她何必有福不享呢？

1952年夏天，八奶奶又來了一次北京，還是住在惠中飯店。她來北京一是為了治病，二來是看看她從小帶大的孫子周爾輝，看看他在北京上學能否過得習慣。她住了一個多月，感到放心了，又要返回淮安去。臨走時，她向我伯伯反映，街坊鄰居們都提醒她，駙馬巷的房子和祖墳都太破舊了，都該重新修整一下。伯伯是完全反對這樣做的，就派了中央警衛局的幹部王雨波護送八奶奶回淮安，並讓他轉告淮安縣政府三點意見：

一、八嬸的生活今後由我來照顧，縣政府不要再管了（剛進城時，伯伯是供給制，他贍養的親戚只好由當地縣政府給予適當的補貼，但到1953年國家各級幹部都實行了薪金制，伯伯決不肯再給當地政府增加負擔）；

二、駙馬巷的房子不准修，不准讓人參觀，更不准宣揚我出生的那間房子，凡已有住戶者，不准讓人搬家；

三、祖墳要深埋，平掉，把土地交生產隊使用。

為了這第三條意見，他事先還找了我父母前去西花廳商議過，因為這墳中埋著他們共同的祖父、祖母和母親。伯伯說，這是家裏事，他不能一個人說了算。當然我父母對伯伯的提議一直都表示理解與支持。

1956年，八奶奶病重了，在淮安縣醫院治療，她自知不久於人世，說什麼也不肯離開自己的家鄉。為了感謝當地政府對八奶奶在治療上的關心與照顧，特別是醫療費用和善後費用，伯伯請祕書以他的名義給縣政府寄了三封

▲ 1898 年 3 月 5 日，
周恩來就誕生在這所住宅裏

◀ 周恩來淮安故
居門前的文渠河

信，匯了兩次款，直到 1956 年年底八奶奶去世。事實上一直是伯伯為他的嫡母養老送終的。

因為伯伯幼年時，生母及嗣母親早亡，父親在外地艱難謀生，九歲的他帶領兩個年幼的弟弟恩溥（八歲）、恩壽（三歲），從清江浦（今淮安市城區）外婆家回到淮安（現稱淮安市淮安區）駙馬巷老家，與八叔及八嬸共同艱難度日，伯伯對他的八嬸很有感情。

記得有一次，我和伯伯去頤和園看望七媽。我們坐上一條帶篷的遊船，船工用篙往水中一點，小船便平穩地離開岸邊，穿行在亭亭玉立的荷花和托著水珠的荷葉之間。晚風迎面，清香撲鼻，讓人心曠神怡。

我把手順著船沿伸到水中一邊玩著水，一邊好奇地問伯伯：「您在淮安老家有沒有划過船？」

「怎麼沒划過！」伯伯不假思索地回答道，然後就回憶起了往事，「我們老家門前有條小河，叫文渠。小時候，家裏幾個男孩子常常在文渠裏划船打水仗，那時真沒少讓你八奶奶擔心。真快，八奶奶回淮安大半年了，也不知近來身體怎樣？」伯伯最後兩句話彷彿是自語，但從他的眼神中，我讀懂了他對八奶奶的惦念……

還有一點我印象也特別深，那就是每次去頤和園看七媽，在位於頤和園東北部的園中之園 —— 諧趣園，伯伯都一定要去走一走的。當然，那裏的景致的確美，它彷彿濃縮了整座頤和園的秀麗，像一座精緻的盆景：中間是開滿荷花、睡蓮的靜池，四周環繞著亭台長廊等。伯伯、七媽領著我們漫步其間，彷彿置身在一幅精美的山水畫中。一次伯伯招呼七媽和我們：「來來來，就在這裏拍張照片吧！」於是，瀟灑的伯伯、微笑的七媽和我們三姐弟，與身後高挺出水面盛開的荷花、滿池翠綠的荷葉和亭台水榭瞬間化為了永恆。

而直到 37 年後的 1988 年，我第一次踏上淮安故土後，對那種情景才有了更深的理解。

走進家鄉的勺湖公園和又一勺公園，立刻覺得那樣親切，陡然記起諧趣園，怪不得伯伯對諧趣園那麼情有獨鍾。是呀，諧趣園雖說比淮安的又一勺公園精緻得多，纖巧得多，卻也內含了江南園林那種秀美的神韻。當年伯伯沿著諧趣園的曲徑中行走欣賞風景，是不

▶ 1952年，周恩來的親兄弟三家人與八奶奶及其孫周爾輝合影

是也在排解自己平時無暇念及的思鄉之情？

當我第一次聽淮安的老領導講出伯伯親口對他們說過的自己小時候划船的故事，我才真正理解了伯伯內心深處的那片真情。

淮安縣副縣長王汝祥是 1958 年 7 月到西花廳見伯伯的。那一天，伯伯與他談了四五個小時，問及故鄉淮安的變化十分仔細。在談到自己童年的往事時，伯伯動情的神態和深情的回憶，給他留下了永遠無法抹去的記憶：

「小時候，我和小夥伴常常在文渠划船打水仗。大人怕出事，把小船鎖起來，我們就悄悄把鎖敲掉，划船遠遊。嚇得家長們敲起大鑼，滿街巷吆喝尋找。

「一天中午，我和幾個小夥伴偷偷把船從文渠划到河下去，我的嬸娘守在碼頭左盼右望了好長時間，擔心我們出事，直到太陽落山，才見我們船影。她急忙跑步相迎，身子晃動一下，差點跌倒（八奶奶是小腳，所以容易跌倒）。我很怕，心想，這回免不了要挨懲罰！可嬸娘半句也沒責備，相反，一把緊緊地摟住我，眼淚刷刷往下淌，這比挨

了一頓打還使我難受，我忍不住也哭了……」

那晚，在縣委招待所裏，王汝祥副縣長向我回憶伯伯這段談話時不斷感歎伯伯身為國家總理，卻從沒遺忘上一輩老人的點滴養育之恩！

那一夜，我想了許多。我恨自己那時太小、太木、太淺，守在伯伯身邊，卻無從聽到伯伯發自心底的聲音。我從來沒想過戰爭年代多少次與死神擦肩而過的伯伯，多少次親眼目睹著身邊最親愛的戰友倒下去犧牲了的伯伯，建國後又有成千上萬件國家大事要張羅、要操心的伯伯，心底還牢記著八嬸娘當

年緊緊摟住自己，眼淚刷刷往下淌的那一幕，還向家鄉人坦言自己從怕受罰到情願捱一頓打的慚愧眼淚和內心震動！要知道，伯伯講這些事時，那一幕，那份情，已是五十多年前的回憶，這漫長的半個世紀，本可以淹沒洗刷掉多少往事，篩去淡忘多少感情，可是流失的歲月沒有動搖更沒奪去伯伯那段記憶和那片真情！只有這時候，我才真正明白為什麼伯伯 1953 年又一次接八奶奶到北京看病，並從開始實行工薪制後，一直負擔起八奶奶的生活、醫療乃至最後的全部安葬費用。伯伯一生一世從沒忘懷八奶奶在他童年時代的養育之恩啊！

③ 伯伯親自給六爺爺做壽

如果不是有 1952 年 8 月的這照片，如果不是看見照片上我坐在伯伯身邊用筷子夾起長長的麵條在「埋頭苦幹」，為六爺爺慶八十大壽這件事，我已經完全淡忘了。那個年代，我們與伯伯雖然朝夕相處，也是難得拍張照片的。如果不是當時伯伯的警衛祕書何謙，就不會有這樣一張照片留下來。當然，這一定是伯伯、七媽事先安排讓拍的。可以想見，對這次宴請，他們是很

當回事的！看著照片，往事一幕接著一幕浮上心頭……

我上師大女附中的那幾年，周六回到中南海，有時自己碰見，有時聽工作人員說，伯伯又接我六爺爺到西花廳來了。

伯伯與六爺爺坐在客廳裏，總有說不完的話。我注意過，他們談話，談及清末民初政府各級機構的建制，各級官吏工資安排等等問題。六爺爺講解得十分仔細，伯伯也聽得十分認真、專注，還不時用紙筆記下什麼，像一名求知欲極強的學生。我心裏常想，六爺爺講的那些東西，伯伯並不是非要向老人家請教才會知道的，平時他是沒空，可是只要他開開口，請哪位祕書查一查，都是非常方便的事。伯伯之所以如此認真地請教六爺爺，當然有他「處處留心皆學問」「三人行必有我師」的好學的一面，但是不是也可從某種意義上說，他是在撫慰六爺爺的心，讓六爺爺感到自己老有所為。果然，後來聽華章堂哥說，每回六爺爺到西花廳與伯伯談過一次話，回去都要高興好幾天，直說自己真想不到臨老臨老，還能為當總理的侄兒出點力。

1952 年 4 月的一個周六傍晚，我從學校回來，剛進西花廳大門，就被院內的那幾株海棠樹迷住了。滿樹海棠花怒放，在火紅的夕陽中如霞似雲，春風搖動著花枝，一隻隻蜜蜂在花叢中哼唱著飛舞。正巧遇到伯伯下汽車進門，我便像往常一樣陪他在院裏海棠樹下散步。

望著滿樹滿枝花姿正豔的海棠，我忍不住唱起在學校剛學會的蘇聯歌曲《紅莓花兒開》。伯伯也神情輕鬆地隨著旋律哼唱起來，右手還微微抬起打著拍子。我心裏開心，又說開傻話：「伯伯，這麼美的花，要是永遠開不敗該多好呀！」

「花開便有花落時。這是不可違抗的自然規律嘛！人不也是一樣嘛，有風華正茂的青年時代，也有無法抗拒的老年時代的到來。」伯伯頓了一下，轉移了話題，「對了，你明天去看你爸爸媽媽，記得給我帶句話。」

「什麼話呀？」我一向是直言快語。

「你對爸爸媽媽說，就說我說的，六爺爺年紀大了，他們有空常去看看他，陪他說說話。人老了，太冷清就更想老家了。」

我點點頭，忍不住問道：「伯伯，是不是六爺爺也想回揚州啦？」

1952年，周嵩堯（周秉德六爺爺）八十大壽，周恩來在西花廳請家人共吃壽麵

　　「不是。在揚州的恩孌是你六爺爺的獨生子，他已經去世了。六爺爺到揚州只能看到幾個孫子。」

　　「這倒是。」我知道心細的伯伯擔心六爺爺難以承受老年喪子的打擊，早已徵求過六爺爺的意見，除了孫子華章外，又把他的曾孫周國鎮從揚州接到北京，一邊上學一邊陪伴老人家，而國鎮的一切開銷，包括吃穿及上學的費用，由伯伯和國鎮的五叔、在北京工作的周華章共同承擔。「伯伯，是不是六爺爺又向你提出想去紹興故居看望？」因為我聽爸爸說過，去年六爺爺曾向我伯伯提出過，這裏生活雖然有人照顧，吃住不愁，但是人老了總是念舊，他想趁紹

興老家還有些故舊親朋健在時，回到離開許久的故鄉看一看。

　　有一回伯伯把我六爺爺又接進西花廳，爸爸一旁作陪，伯伯話語婉轉，只是原則依舊：「我派人送您老人家回紹興這並不難。可是，只要知道您回去了，紹興縣政府能不出面嗎？他們一定會給您特殊的接待和照顧。這樣無形中就給當地政府增加負擔，也影響人家的正常工作。再說，我作為國家的總理，是為人民服務的，我一向反對『衣錦還鄉』的舊習俗，希望在全黨、全國樹立起四海為家的新風尚。您老人家看，我如果這樣要求別人，是不是就應該首先從自己家裏人要求起？否則我再說什麼

也沒有力量，對不對？」

六爺爺當然有些失落，但他畢竟是位見過世面且很有自制力的老人，他不願讓當總理的侄兒太為難，便不再堅持回故鄉省親的事。不過，思鄉之情，並不易解脫，所以我猜想六爺爺現在又提出想回紹興了。

伯伯搖搖頭，話説得十分動情：「沒有！你六爺爺真是位識大體顧大局的人，這一年多來，他再沒向我提出回故鄉的事。其實，我心裏明白，老人家到了風燭殘年，只會越來越想念家鄉和家中的親人。我工作太忙無法分身，沒法經常陪陪你六爺爺，只有請你爸爸媽媽多盡點心了。」

第二天，我把伯伯的話轉述給爸爸，爸爸眼裏頓時浮起理解的目光，急忙收拾幾樣食品，招呼我：「秉德，走，咱爺倆這就去看你六爺爺！」坐在公共汽車上，與我挨肩坐的爸爸輕聲跟我説了一路：「你伯伯這麼忙，心裏還總惦著你六爺爺，接他到西花廳，請他去頤和園，送票讓老人家去聽越劇。他對老人家的一片孝心，具體實在。只可惜你爺爺奶奶去世早，如果他們能夠活到今天，還不知會多高興多欣慰呢！」

1952 年 8 月的一天，西花廳裏熱鬧非凡。那天是伯伯親自安排的，讓我們一家和六爺爺的孫子華章、曾孫國鎮，都到西花廳裏參加家宴，為六爺爺做八十大壽。

我開始真有點百思不解：六爺爺今天明明是 79 歲嘛，怎麼説是做八十大壽呢？我看伯伯與六爺爺談興正濃，便悄悄問坐在一邊的爸爸是不是算錯了年份。爸爸耐心地告訴我，六爺爺今年確實是 79 歲，但是按照我們家鄉的習俗，做壽都是「做九不做十」。我還有點想不通，心裏暗暗嘀咕：現在是在北京呀，伯伯不是最提倡新風尚的嘛，怎麼在這件事卻循著舊習俗呢！對於 15 歲的我，還不懂得伯伯對長輩的那種尊重和孝心。

「可以吃飯了！」聽見伯伯的招呼聲，客廳裏的人抬頭一看，不覺都有些意外，剛才還穿著潔白短袖衣的伯伯，此刻胸前紮上了一條白布圍裙，手裏還端著一個熱氣騰騰的菜碟，他動作利落地往桌上一放，大聲説：「秉德、華章，快扶六爺爺入席，大家一起入席。今天是為了給六爺爺祝壽，我特意做了兩道家鄉菜：紹興梅乾菜燒肉，淮安清燉獅

子頭。味道地道不地道，要請六伯您老人家打分了。」

六爺爺滿面笑容地先夾了一筷子梅乾菜，放進嘴就連連點頭。

第二年的9月2日，六爺爺患老年性氣管炎在北京去世了。伯伯、七媽帶了我們全家，一塊去北京廠橋路北的殯儀館嘉興寺向六爺爺的遺體三鞠躬，是伯伯主持的入殮儀式。過了四天，為六爺爺出殯時，伯伯太忙，實在無法親自來，是由七媽帶著我們全家老小，親自送靈到北京東郊第一人民公墓，並為六爺爺的墓地鏟下了第一鍬土。

記得弟弟妹妹小，好像還有點怕，總往爸爸媽媽身後躲。我沒有一點怕意，因為我已經不是第一次為老人送葬入土了。1944年11月，我們家搬到天津的第二年，四奶奶去世了，那時媽媽剛生了妹妹秉宜還沒出滿月，就由我這個七歲的長孫女替我媽媽為四奶奶守靈。

記得在小院子裏，我和爸爸並排跪在四奶奶的棺木邊，親戚朋友街坊四鄰上門來弔唁時，我和爸爸就磕頭還禮。一則我小，還不太懂死亡是什麼意思，加上我與四奶奶相處不長時間，沒有太深的感情，覺著應該哭，可眼睛乾乾巴巴的，沒有一點想掉淚的難受勁。可是轉眼偷偷一看，跪在身邊的爸爸眼角的淚珠不斷，我立刻像小貓抓心，覺得自己不哭太不對了，即便爸爸不說，鄰居不講，班裏的同學看到了，也會笑話我沒肝沒肺，於是，趕緊低著頭，悄悄用手指在嘴裏蘸點口水往眼睛下邊抹。我真是第一次看見爸爸哭，我真沒想到爸爸也會哭，更沒想到失去四奶奶，他會哭得那麼傷心！

至今我還記得，我們披麻戴孝把四奶奶的棺材送到墓地下葬時，爸爸還帶著我和弟弟把帶來的小饅頭咬一口後再丟到墓坑裏，說這是規矩，活著的人咬過的饅頭，死了的四奶奶才能接著……

四奶奶是伯伯和爸爸的親伯母，他們在天津南開上學時，得到她的多年照顧。四奶奶去世後，爸爸曾經寫信到重慶告訴伯伯。抗戰時期，伯伯未能趕來天津守在老人身旁。現在六爺爺去世，伯伯有條件照應了。伯伯、七媽悲痛肅穆的神情，簡潔又不失莊重的儀式，讓16歲的我記了一輩子。

4 四奶奶常誇伯伯孝順、七媽知禮

記得那次為六爺爺祝壽後從西花廳回來，我跟爸爸、媽媽一路散步回家。走出中南海西北門，我回頭望了望，不自覺地長歎了一口氣。

「小小年紀也有什麼心思？」爸爸打趣地問我。

「還是六爺爺福氣好。」我不無感慨地說，「如果爺爺、四爺爺都在多好，可惜他們都去世太早了，沒有過上今天的太平日子，連中南海的大門都沒進過……」

媽媽接過話題說道：「是啊，說起來你六爺爺真要算周家他那輩人中最有才幹也是最有福之人。不過，也是你伯伯、七媽孝順老人，過去你四奶奶在時，就常誇獎你伯伯孝順，你七媽知禮。」

「四爺爺、四奶奶還見過七媽？我怎麼不知道？」這真令我意外。按說伯伯、七媽參加革命後，一直在廣州、上海和瑞金，後來長征到了陝北，什麼時候去過東北呢？

「那時還沒有你，我連你媽媽還不認識，你怎麼可能知道？」爸爸講起了1928年我伯伯和七媽去莫斯科參加中共六大遇險的故事，24年前的一段往事活龍活現地在我眼前展開了。

1928年5月上旬，伯伯和七媽化裝成一對古董商人夫婦，從上海乘一艘去大連的日本輪船，準備經哈爾濱去蘇聯莫斯科參加中共第六次全國代表大會。伯伯黏上鬍鬚逼真的化裝，七媽合身體面的穿著，兩人從容儒雅的風度，都沒有引起船上特務的懷疑。唯獨船到青島時，伯伯職業革命家的習慣險些暴露了他自己。那時在白區，要了解各地的時政、敵人動向和共產黨組織有否被破壞等情況，各地報紙是重要渠道。那天船一靠青島碼頭，在船艙憋了許久的伯伯就上岸去買回了厚厚一疊報紙。這一舉動立即引起特務的懷疑：商人歷來奉行的是「莫談國事」的信條，如何會買這麼多報紙？特務立即拘留盤查伯伯，還拿出伯伯在黃埔軍校身穿軍裝的照片左比右看，因為那雙閃動著沉著機智目光的眼睛，太像周恩來了。特務

説：你是周恩來。伯伯説：不是。問他姓什麼？伯伯説姓王。問他到東北找誰？答曰：找舅舅。特務對伯伯説：「我看你不姓王，而是姓周！你不是做古董生意的，你是當兵的。」伯伯伸了手去説：「你看我像當兵的嗎？」他們看了看不像當兵的手。

伯伯以他的從容鎮定應付了特務的盤查。為防止敵人搜查，七媽機敏地將去蘇聯有關係的證件撕碎，用抽水馬桶沖掉了。為了減少特務的懷疑，伯伯讓他們買了兩張當天下午去長春的火車票。從大連向北去的火車終於開動了，伯伯、七媽卻很快發現，身後不遠處有一雙陰險的眼睛。他們心裏明白，敵人並沒有完全相信他們，派了盯梢的。帶著「尾巴」絕不能與同志接頭，何況又燒毀了去蘇聯的接頭證件。可是，也不能總在旅途上逛，這樣更容易引起特務的注意。怎麼辦？伯伯此刻想到了住在吉林的四爺爺和我爸爸，便決定在吉林下車，住進旅館後，再設法聯繫。

那天爸爸正好在家，一個旅館差役模樣的青年敲門，送來一封信。一瞧信封上那熟悉的字體，爸爸的心「撲通撲通」地跳個不停，急忙展開信。信中寫道：「特意來看舅父，不知家中住宿是否方便」，落款則是「大鸞」。「大鸞」是伯伯的乳名，爸爸立即明白是哥哥到了吉林，心想肯定是遇到了什麼麻煩。於是，四爺爺讓爸爸立即去旅館，把他們接到了四爺爺家中。

「你四爺爺一生心地善良，處事嚴謹。」爸爸拉著我的手邊走邊説，思緒卻彷彿回到了當年，「你四爺爺的家從瀋陽搬到天津，從天津又搬回吉林，堂屋裏始終掛著這樣一副對聯：上聯是『事能知足心常泰』，下聯是『人到無求品自高』。他對你伯伯，對我們的治家格言是：孔子兒孫不知罵，曾子兒孫不知怒，周家兒孫不知求。要求我們晚輩勤儉，奮進，嚴於律己，寬以待人，刻苦學習，助人為樂。這些對你伯伯對我們的影響都極其深刻。在天津上學時，你伯伯和我們每天放學回家，都要先向伯父大人行禮，鞠大躬。他老人家常提醒我們：不要和有錢人家的孩子比，要自己努力刻苦學習，要本分，要節約，不要浪費糧食。吃飯時米飯掉在桌上要撿起來吃了。遇見大姑娘、小媳婦，不可抬頭看。在吉林那會兒，他和四奶奶單獨租了一個小院，平時深居簡

出，和親戚朋友很少來往。這也難怪，那時你伯伯在上海鬧革命，是當局重金懸賞的『赤匪』，你四爺爺不願意牽累別人。但那一次我給他看你伯伯的信，信中沒稱他伯父而是稱他舅父，他立即猜出是你伯伯遇到了麻煩，沒一點猶豫，讓我趕快去旅館接回你伯伯和你七媽，這可是冒了殺頭的危險的！」

「後來呢？」我著急地追問。

「你伯伯和七媽在你四爺爺家裏住了兩天。頭一夜，他們屋裏的燈一直亮到天明。你七媽作為周家的媳婦，是第一次見老人，與你爺爺、四爺爺、四奶奶說話，她一直是恭恭敬敬地站在一邊，微笑著回答老人提出的每一個問題。不難看出，你四奶奶也喜歡這個侄媳婦。如果這時來個客人，一定認為這是個知書達理的賢惠媳婦，誰也不會聯想到她是報上成天罵的『赤匪』共產黨！甩掉了尾巴後，你伯伯先去哈爾濱。你七媽對老人家說：『我是作為媳婦第一次見周家的長輩，理應多陪侍長輩們一兩天。』過了兩天，我陪你七媽也到哈爾濱你二伯家。因為在哈爾濱接頭的證件已經銷毀無法接頭，只能等下一批代表一道走。我又陪你七媽連續七天到火車站接頭，見到了李立三才乘車前往莫斯科。」

「知子莫如父！」爸爸又想起了什麼，說，「你爺爺深知你伯伯是個孝子。1933 年你四爺爺在天津去世，你爺爺讓我為他披麻戴孝送葬當孝子，你爺爺還覺不安心，一定要替你伯伯有個表示，我想來想去，還是在天津報紙登的訃告上的下款加上了你伯伯的小名——大鸞。」

關於這段鮮為人知的事，1974 年我大弟秉鈞回京休假時，伯伯約見他，專門向他談了自己對弟弟的看法：「雖然你們父親那時脫了黨，但我相信，他不會出賣我們，所以在 1928 年我和你七媽去蘇聯參加六大途中遇險時，我們斷然去吉林找了你父親和四爺爺，甩掉了特務的跟蹤，實際上他還掩護了我們。」

後來，據伯伯南開同學潘鍾文之子潘幼文回憶（刊登於《周恩來鄧穎超研究通訊》2012 年 2 月總第 20 期）：

潘鍾文 1926 年起，任職於京奉鐵路總局，給局長即奉系軍閥要員常蔭槐做祕書。1928 年潘接到奉天車站電話請示：車上發現周恩來，抓不抓？潘向常蔭槐報告，又說：「這人我認識，是南開同學。這個人將來有大的作為，我們不要抓，還要暗中保護，送出路界。」常蔭槐同意，潘即傳達了常局長的指示。

以上內容是 1962 年潘鍾文對在南開中學讀高中的兒子潘幼文所述，並從未對別人提起過。

看來此次脫險還有一暗助，但伯伯七媽他們並不知曉。

⑤ 革命年代父子情深

對於我的親爺爺，我的印象可以說等於零，雖說我出生時，他還在世，但不知為什麼，我從來沒有見過他。小時候，我常常追問爸爸：為什麼爺爺總不

和我們住在一起？爸爸有時說爺爺是為了生計，有時說爺爺喜歡漂泊。當我們全家搬到北京後，我來往於西花廳和自己家之間，成了伯伯和爸爸這親哥倆聯絡與交流的「傳聲筒」（那時家裏沒有電話），加上我是長女，脾氣也比較寬厚溫和，我在父母的眼中彷彿一下子成了大人，許多老一輩的事，他們也常對我唸叨。有一回爸爸正在翻看過去的老照片，見我回來，便招呼我說：「秉德，瞧，這是你爺爺的一張照片，恐怕是1937年在天津拍的。」

我接過一看，是爺爺在二三十年代與一些同事的合影。那時爺爺還不老，長臉、濃眉、大耳廓、黑鬍子，頭戴一頂黑色瓜皮帽，身穿一件玄色對襟布裝，臉上沒有笑容，卻顯得敦厚善良。細看去，還能在爺爺的這張照片裏找到伯伯和爸爸的影子。我不覺脫口而出：「爸爸，你和伯伯長得真像爺爺！」

「是的，可能我連性格都像你爺爺呢！秉德，你不是想知道爺爺為什麼一直漂泊在外，沒跟我們一起生活嗎？現在細想起來，他老人家早年確實是為了養家餬口，真可以說是出於無奈。你爺爺為人忠厚老實，也不善於言辭，在官場裏拚殺，沒太大能力。他當過小職員、打雜的，還在學校當過門房，收入微薄，一個月最多沒有超過30塊錢，自己吃吃用用，能給家裏捎去的已經寥寥無幾。你奶奶去世後，她娘家要求大辦喪事，你爺爺無錢操辦，萬般無奈，只好把你奶奶的棺木暫停在清江浦一家廟裏。可是他的收入總也不高，連我們哥仨都無法撫養，要靠四爺爺接濟，更無力將你奶奶的棺木運回淮安老家安葬，年復一年地拖下來。你設身處地想一想，爺爺作為一個大男人，自己的妻子死了卻久久不能入土為安，他怎會沒有心理負擔？他又有什麼臉面在家鄉度日呢？雖說你爺爺是我的親爹爹，我從小都很少能見到他的面，更很少看到他開懷笑過。」

「奶奶的棺木始終沒有入土嗎？」我忍不住追問。

「一直到1935年，你奶奶去世二十多年後，你爺爺才攢夠了費用，安葬了你奶奶，為他自己也為我們三個兒子還了願。其實，自從你伯伯參加共產黨以後，你爺爺的心就再也無法寧靜。他並不懂革命，但他相信自己兒子的眼光和選擇。只是報紙上不斷出現幾萬大

洋『懸賞』你伯伯首級的字樣，使他更擔心自己兒子的安全。於是，你伯伯似乎成了你爺爺心頭最大的念想。聽當時住在上海的你恩霆叔叔（伯伯的堂伯之子）說過，1927年蔣介石在上海發動『四‧一二』政變後，上海形勢驟然突變，共產黨員隨時有人被捕、被殺，這時你爺爺就跑到上海一直陪著你伯伯，幫助你伯伯做些祕密通訊聯絡工作，直到5月下旬，伯伯離開上海到武漢，你爺爺才回到吉林。1930年前後你伯伯在上海堅持地下鬥爭時，你爺爺放心不下，1931年2月又到了上海，住在你二奶奶（恩霆之母）家，在顧順章、向忠發相繼叛變革命後，你伯伯的處境十分險惡，暫時隱蔽起來。好幾個月，你爺爺一直留在上海為你伯伯做些聯繫工作，還盡自己的能力為他做掩護。」爸爸又接著說，「後來紅軍長征，召開了遵義會議，周恩來擔任了紅軍三人領導小組成員的報道，你爺爺都是從報上看到熟記在心的。只要得知兒子安全的準信，你爺爺他就又能安心地回到北方苦熬一陣子。那會兒當差的沒有什麼休假，要請假探親？行，就放你大假，也就是把你給辭了。於是，回到北方的爺

爺，工作還得另找。就這樣，你爺爺也無怨無悔，也不再成家，隻身影單而清貧，年復一年地漂泊。我與你媽媽結婚後，曾多次寫信讓他到東北哈爾濱與我們一起生活，他總是不肯。我開始不解，後來也明白了，東北被日本人佔著，從報上是不容易了解你伯伯的情況的……」

「他們從不通信，又幾乎不見面。只怕爺爺的這份情，伯伯還一點也不知道吧？」我不禁喃喃自語道。

「也未必！你伯伯又何嘗不惦念你爺爺呢！抗戰開始後國共合作，你伯伯在武漢有了合法的公開身份，生活相對穩定。1938年1月，他便寫信到天津，要你爺爺到武漢去與他一道生活。你爺爺毫不猶豫，立即乘車南下。那以後的四年多，恐怕是你爺爺一生中與自己長子相處最久的日子。雖說從武漢到重慶後，紅岩村的生活也十分艱苦，但我相信，你爺爺能天天看著兒子忙著幹革命卻也平安，他的心境一定是舒暢的。」

聽了爸爸這席話，我很感動。我從來只知道母愛是無價的，比大海寬，比大洋深，卻從沒想到父愛也會如此

▲ 20 世紀 30 年代的周劭綱
（周秉德親爺爺）

▲ 20 世紀 30 年代的周恩壽
（周秉德父親）

▲ 20 世紀 30 年代的周恩溥
（周秉德二伯）

深厚。

老舍先生在《抗戰文藝》1938年第6期的一篇文章《會務報告》中曾談到我爺爺到達武漢那天，伯伯正出席中華全國文藝界抗敵協會第二次理事會上的一些情景：

輪到周恩來先生說話了。他非常的高興能與這麼些文人坐在一處吃飯。不，不只是為吃飯而高興，而是為大家能夠這麼親密、這麼協力同心地在一塊工作……最後他（眼中含著淚）說他「要失陪了，因為老父親今晚10時到漢口。（大家鼓掌）暴敵使我們受了損失，遭了不幸，暴敵也使我的老父親被迫南來。生死離合，全出於暴敵的侵略。生死離合，更增強了我們的團結！告辭了！」（掌聲送他下樓）與會的人為他真摯的父子之情而鼓掌，也為他們父子團聚而鼓掌。

60年後我看到老舍先生的記載，感到又進一步走進了爺爺、伯伯父子情深的內心世界。

▲
這是周恩來和鄧穎超在1940年送給鄧穎超的母親楊振德老人的照片，落款是「母親大人，超兒，翔兒」，同樣的照片也送給了周恩來的生父周劭綱，上面寫著「爹爹大人，翔兒，超兒」

6 伯伯為爺爺盡孝

事實證明，許多事情都不可以想當然。

1976 年 1 月 8 日伯伯去世後，我盡量多些去西花廳看望七媽，慰藉七媽。5 月 27 日，我下班後沒有回家，乘 103 路電車到府右街，去西花廳看望七媽。

這天七媽坐在屋裏，手裏拿著一個黑色的皮夾子在沉思。見我進來，伸出雙手拉著我，要我靠在自己身邊坐下。好一會兒，她才緩緩地說：「秉德，這是你伯伯的一件遺物。抗戰時期，我們在國統區工作，你伯伯如果拿公文包上街目標太大，只好把重要文件放在這個小皮夾裏。那時工作環境險惡，特務橫行，所以這個小皮夾你伯伯一直貼身放著，十幾年如一日。進城後，就一直放在你伯伯的保險箱裏。現在我把它交給你，做個紀念吧。」

七媽從皮夾子裏掏出伯伯三十多年前寫給她的三封親筆信，一封一封給我解釋信的背景和內容：這是你伯伯在莫斯科治療手臂時寫給我的。我聽著七媽的追述，在照片右下角記下了「一九三九年於莫斯科」及「76.5.27記」兩段字。這兩封是轉戰陝北的途中寫的……然後，把那個邊已經磨損了的舊皮夾子遞給我。

我鄭重地接過皮夾子，心底想：是的，伯伯的皮夾子裏沒有一分錢，可是對於我來說，卻是無以估價的珍寶。我打開皮夾子，意外地發現裏面還夾著一張發黃的照片，不覺脫口而出：「這不是我爺爺的照片嗎？」

我輕輕地抽出來看看背面，發現還有伯伯親筆寫的「爹爹遺像」四個字。

伯伯為什麼曾經天天貼身放著爺爺的照片？我心在顫動，我相信，伯伯的這一舉動，一定內含著父子情深的動人故事。

後來，我找過當時在重慶工作時見過我爺爺的人，也從許多文獻資料中了解了那些往事。

原來，跟著伯伯到重慶的爺爺晚年也很孤獨：伯伯、七媽總是忙，尤其是伯伯，為處理國共合作中不斷出現的

摩擦，他夜以繼日，連睡覺的時間都擠到最少最少；即便是鑽防空洞躲敵機，他也要在副官掛起的馬燈旁專注地看文件看電報。常常爺爺就坐在很近的燈影裏，伯伯也沒時間沒心境陪他聊聊家常。當然伯伯也知道爺爺寂寞，他也覺著心裏不安。

一天上午，爺爺手握一本唐詩，正獨自在紅岩村的小果園裏散步。

「周老爺子，你好啊！」招呼爺爺的是位年輕姑娘，她沒像其他人那樣打個招呼就匆匆趕著出去辦事，而是陪著老人邊走邊聊。爺爺開心極了，悶在肚裏的話像開閘的洪水。他與姑娘吟誦唐詩，朗朗上口，説起家常，有滋有味，久違的笑容一直掛在眉梢。時間轉眼就到中午，爺爺仍然談興不減：「姑娘，真高興你陪我説一上午話。還沒問你尊姓大名？」

「我叫張穎，是在周副主席身邊工作的。這幾天身體不好，所以到紅岩村來休息兩天。臨走前周副主席把我叫去説：小張啊，我有件私事想麻煩你一下。我工作忙，沒空陪老父親，他一個

▲
周恩來曾貼身攜帶的小黑皮夾，內裝機密文件、給鄧穎超的信件以及生父周劭綱的照片

▲
周恩來在生父的照片背後寫了「爹爹遺像」四字

人一定很悶，你到紅岩村如果身體許可，就幫我多陪陪老爺子。」

一聽是兒子委託姑娘來的，爺爺立即生出許多感慨：「恩來那麼忙，還能想到我，這就不易了。想我這個當父親的，對他也沒有盡到自己的責任，心覺有愧。他是工作忙不能來看我，我也不會怪他的。當然，你不是外人，我也給你說句實心的話。唉，我這兒子什麼都好，就是不讓我喝酒這一條，我難以接受。他說我血壓高，怕我一人生活，喝多了摔著，或是下山走迷了路，被特務抓走。兒子真沒少勸我，不過他勸一次，我就對他說一次：我也是花甲之年的人了，也沒有別的喜好，紹興酒鄉的人嘛，就是好這麼口酒，說句難聽的，沒有這點酒，我這幾十年孤身在外漂泊，如何苦熬得下來呢？我伙食差點沒關係，不喝酒可不行。等你回到他身邊，千萬別提喝酒這件事，就幫我帶個話，我都好，讓他別擔心……」

1942年6月下旬，伯伯的小腸疝氣發作，住在重慶歌樂山醫院手術。大家怕爺爺著急，沒敢告訴他。7月5日爺爺高燒不止，又住進了另一家醫院。七媽去看他，老人反覆只問一句話：我兒子為什麼不來看我？

起初，七媽沒有把爺爺生病的消息告訴伯伯，她6日那天沒去看伯伯，一直守在爺爺身邊照顧。去醫院看伯伯的辦事處工作人員帶回了一封伯伯寫給七媽的親筆信：

本星期六出院的計劃打破了，因為開刀起19天，應該是7號或11號，再過兩三天出院，也須是下星期三了。所以我請你和爹爹商量一下，如果他願意二十八號（指陰曆，陽曆就為7月11日）本天請人吃麵，那就不必等我回來，免得他老人家不高興。如果他希望我在家補做，那就等我回來，不過據我所知，他的思想是很迷信的，過生日總願當天過，兒子在不在跟前倒是次要問題呢。因此，希望你還是將就他一點罷！

接到伯伯的這封信，七媽想到伯伯在醫院還惦著我爺爺的生日，而我爺爺的病情惡化得這麼快，她決定不再瞞著伯伯。她在爺爺床邊寫了封信給伯伯，告知爺爺先發冷，繼之發熱，體溫四日未退，醫生診斷為瘧疾。這裏有她照

顧，讓伯伯放心。

誰能料到，10日那天，爺爺永遠閉上了眼睛！此時，七媽又收到一封伯伯的來信。一讀他的信，一向十分堅強的七媽也再忍不住嗚咽出聲。

董必武同志接過信，輕輕唸道：

我對他的病，不很放心，望你轉稟他好好精養。我在這裏默禱他的康寧。爹爹的病狀，除瘧疾外，還宜注意他的年事已高，體力雖好，但他過分喜歡飲酒，難免沒有內虧。所以主治他的辦法，必須先清內火，消積食，安睡眠。東西愈少吃愈好，吃的東西亦須注意消化與營養，如牛乳、豆漿、米湯、餅乾之類，掛麵萬不可吃。假如熱再不退，大便又不通，則宜進行清胃灌腸，勿專當瘧疾醫。

董老含淚仰天長歎，與大家商量說：恩來對父親一向很孝敬，他又極重感情，如讓他現在知道老人病故，精神受刺激，對養病不利。於是大家一致同意，暫時不告訴我伯伯他父親去世的消息，等他出院後再說。老人家的靈柩暫停在紅岩溝內，待我伯伯回來再出殯。

要瞞住細心的伯伯真不容易，爺爺去世的消息只瞞了三天。當伯伯在醫院知道自己的父親已經去世三日，頓時驚得臉色蒼白，術後虛弱的病體不支，一下跌坐在地上淚如雨下，慟哭不已，決定立即出院。他是在大家的攙扶下回到辦事處的，他淚流滿面，完全不能控制自己悲痛欲絕的心情，大聲責問辦事處處長錢之光，為什麼不通知他！錢之光不敢回答。伯伯轉而向七媽大發雷霆：「老爺子過世這麼大的事你為什麼要瞞著我？你跟我這麼多年還不知道我？」責問得七媽直掉眼淚，無言以對。這一夜，誰勸也不行，伯伯執意單獨坐在靈堂，為父親守靈，直到雞叫天明……

當時，在重慶出版的《新華日報》的廣告欄中有一則伯伯為其父親去世登載的訃告。全文如下：

訃告

顯考懋臣公諱劭綱府君，痛於中華民國三十一年七月十日驟因數日微恙突患心臟衰弱，脾胃漲大急症，經醫治無效，延至當晚十一時逝世，享年六十九歲。男恩來適因病割治於中央醫院，僅

聞先父患症，比於昨（十三日）日遄歸，方知已棄養三日。悲痛之極，抱恨終天。媳穎超隨侍在側，親視含殮。茲業於今（十四）日清晨安葬於陪都小龍坎之陽，哀此訃告。至一切奠禮賻儀概不敢受。伏乞矜鑒

男周恩來、媳鄧穎超
中華民國三十一年七月十四日於重慶

據說，伯伯、七媽是迄今為止，中國國家領導人中僅有的曾為父母去世而登報發佈過《訃告》的。2013 年初，我還收到了台灣友人李敖先生來信，並隨函附來他自己所存檔案資料中當年《新華日報》影印件（見首），信中專門評述伯伯對傳統文化造詣之深厚：

《周恩來年譜》中只提到「守靈至拂曉」的事，表示周恩來遵守舊道德規範，不知重慶《新華日報》別有《訃告》。從 1942.7.15 到 1942.7.19，共產黨黨報上頭版連登五天《訃告》。《訃告》中「顯考」、「諱」、「府君」、「男恩來」、「棄養」、「抱恨終天」、「媳穎超」、「隨侍在側，親視含殮」、「安葬……之陽」、「哀此訃告」、「伏乞矜鑒」等等，全是對舊道德規範的遵守，一點都不革命黨呢。

我爺爺的喪事在報上公佈後，蔣介石等國民黨政府要人都致函或到紅岩村弔唁。伯伯在拍給毛澤東主席的電報時仍不能克制自己悲痛的心情：「歸後始知我父已病故，悲痛之極，抱恨終天，當於次日安葬。」毛主席立即覆電：「尊翁逝世，政治局同人均深切哀悼，尚望節哀，重病新癒，望多休息，並注意以後在工作中節勞為盼。」表達了對我伯伯的戰友深情和對我爺爺的真情哀悼。

讀到了伯伯所寫的信和電報的內容，聽當時在場的童小鵬、張穎詳細介紹，我才真正清楚並且體味到，即便做了共產黨的高級領導人，伯伯也從沒改變他對父親的一片孝心。他天天把「爹爹遺像」裝在貼身衣袋，一裝就是七八年之久，他一定想用這樣的行動告訴爺爺：雖然生離死別之時他們父子沒有見上最後一面，但沒能為爹爹送行的兒子心裏是永遠想念爹爹的，他對父親的思念是由衷的。

許多外國友人回憶起與伯伯的交

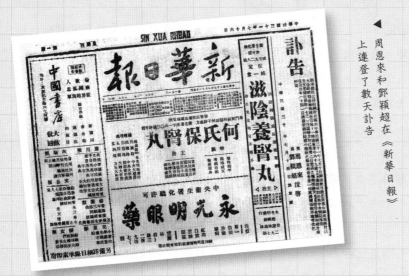

往，都難忘他「吃水不忘挖井人」，從不過河拆橋，從不忘老朋友的真誠交友之道。其實在家事上，在為人子姪上，伯伯又何嘗不是這樣呢？對自己的長輩，他永遠是滴水之恩，湧泉相報，把養老送終當成自己天經地義的責任。

平時伯伯與我們姐弟的談話，極少談到我們的爺爺，只是在 1964 年 8 月，他對親屬們講話時，說過一句：「我對父親是同情的。」（詳見第六章的「伯伯為我們講家世」）

到了 1974 年 5 月底，我大弟秉鈞到北京出差，抽空去西花廳看望兩位老人家。秉鈞見到伯伯穿著那件補丁摞補丁的睡袍，不像平時衣著整齊、忙於公務，而是有空與他坐下來談天。這時的秉鈞哪裏知道伯伯已得了不治之症，被醫生們要求要有些許的休息，不，只是些許的不那麼特別忙而已。使秉鈞感到意外的是，在這次談話中，伯伯竟主動談了自己對父親的思念之情：「我對你爺爺是很同情的。他本事不大，為人老實，一生的月工資沒有超過 30 塊錢。但是他一輩子沒做過一件壞事，而且他還掩護過我。」這些話，秉鈞至今記憶猶新，這是伯伯身患癌症，忙於工作，拖延甚久，不得不住院之前的肺腑之言。

第五章　一波三折的愛情

我的愛情經歷確有時代的印記，但如果愛情調色板裏缺少了「事業追求」和「共同責任」——包括對雙方和雙方各自家庭的責任，愛情就像缺少陽光的樹苗，永遠無法長成參天大樹！換句話說，要想擁有相伴到永遠的愛情，就不能只求個人甜蜜和浪漫，還要有為對方及對方家庭不斷付出的精神準備與實際行動，這樣的夫妻，才可能相濡以沫，幸福與共！

1955年夏季，我從師範學校畢業，工作分配志願上，我主動申請做鄉村教師。我也做好了要過非常艱苦生活的思想準備。當我到北京市朝陽區第三中心小學報到時，看到這裏有街道，有小商店，學校裏還有電燈（我的思想準備是只有煤油燈）和電話，教室有磚房，校門外不遠處還有公共汽車站！我感到滿足極了，心情愉悦地走上了工作崗位。

教學生活開始了，我被指派到四年級做班主任，教語文和算術。說實話，我真愛我的學生們！是的，我每天面對教室裏三十多個孩子，他們沒有城裏孩子乾淨，一個個衣服破舊，長短不一，補丁疊著補丁，小女孩兒頭髮常是亂亂蓬蓬像草窩，小男孩兒眼屎巴巴，不用問肯定早晨沒洗臉。可我在村裏住久了，我知道他們並沒像城裏孩子那樣賴床起晚了，瞧他們衣衫沾著的青草，布鞋、褲腿上沾著露水，便知道雞鳴天剛亮，他們就已起身，到荒坡野地裏打回了豬草、羊草，恐怕抓了一個冷饅饅或玉米餅子就往學校跑！

說來也怪，我從第一次站上講台，面對這羣孩子，心裏就一點不緊張，因為我讀懂了孩子們的眼神：有渴望，有興奮，有神往！我相信只要我努力教學，面前這羣孩子，在不久的將來，一定能像蘇聯電影《鄉村女教師》裏表現的那樣，成為國家非常需要的有用之才！

一天校長劉熹派給我一個任務：區教育局要各校到派出所統計本地區三年內有多少學齡兒童要入學，並要抄錄各村的名單、人數。我用了幾天的業餘時間完成了任務，在這一工作期間，年輕的派出所所長給了我很大的支持和幫助，他對我的工作態度和工作作風也有很好的印象。

不料，教師的生涯剛剛開始了兩三個月，我剛叫熟了班裏所有孩子的名字，沒教完一學期，更別說送走畢業班，這時區委宣傳部要調一些年輕黨員去工作。那天校長找我談話，說調令已經來了，讓我第二天就到朝陽區委宣傳部去報到。我跟她說，我捨不得孩子們，

捨不得這裏的鄉親們。她只回答我一句話：黨員一切服從黨的事業。我便痛痛快快點頭！沒想到，我竟會從此離開學校，過早結束了我當教師的美好理想。

當我和那位年輕的派出所所長告別時，隱約感到他流露出對我的好感和留戀。

我那時剛滿 18 歲，對男女之間細緻微妙的感情的確是一片空白。

「小周老師！你到區委工作後，我們還有可能交個朋友嗎？」

「交朋友怎麼不可以！」我大大方方地說。

「況且你不是也常去區公安分局辦事嗎？我們還是有機會見面嘛！」

「對對對！」所長喜笑顏開，連說三個對！

周六晚回到西花廳，我輕鬆地哼著歌，幫師傅盛飯端菜。

「秉德，這麼高興，是不是談戀愛了？」剛從辦公室出來坐到飯桌邊的伯伯，身子往椅背上一靠，兩臂抱在胸前，頭一歪，笑眯眯地問道。

好機敏的伯伯，看樣子啥事也瞞不過他的眼睛！我的臉騰地燃燒起來，忍不住「撲哧」笑出聲。

「不會吧，秉德剛參加工作才三個多月嘛！」七媽一邊拿筷子一邊說。

「笑就是默認了，不信問她！」伯伯咬一口包子，口氣十分肯定。

「我本想吃完飯給伯伯、七媽彙報這個事，既然被伯伯一語道破，就提前交代吧！」於是，我把與所長怎麼認識的過程和因自己要調到區委工作才捅破的事講了出來。

「你怎麼不當小學教師了？調到區委，是不是因為我周某人的關係？」伯伯的口氣一下變得嚴肅起來，「人家是不是照顧你離城近些？你還是應該多在基層單位鍛煉，不要調到機關工作才好。但我又不能直接干涉你們基層組織的工作安排。」

「我可沒打伯伯的牌子找過人！」遇到這種嚴肅的問題，必須丁是丁，卯是卯，伯伯一直要求我們不能利用他的關係而有任何特殊待遇。「在我填寫過的履歷表裏，只有在入黨志願書裏我填寫了與伯伯和七媽的親屬關係。在朝陽區，還沒人知道我是您的侄女。現在是為了開展肅反工作，要抽調一些黨員到區委臨時工作，小學教師裏黨員極少，才抽到我的。」

「這點，我完全相信秉德。恩來，讓秉德接著介紹那個對象的情況嘛！」七媽快人快語。

於是，我又接著介紹下去：「最近我聽區委的同志說，那位所長本人是黨員，無論工作和羣眾關係確實都不錯。不過，他說過父親當過什麼封建一貫道的壇主。」

「一貫道壇主？這合適嗎？」七媽有些意外，脫口而出。

真如當頭一棒，我不覺一愣！確實，在這之前，我稀裏糊塗並不太清楚「一貫道」是怎麼回事，以為就是老人有點迷信思想。但在當時的政治氣氛中，一貫道被定為反動會道門，是很被人另眼相看的。

七媽又說：「年輕人都要經歷談戀愛的過程，選擇對象應該首先考慮志同道合，也要考慮家庭可靠。」

伯伯這時用現身說法來啟發教育我：「秉德，你知道嗎，我在和你七媽結婚之前，在巴黎曾經有過一個女朋友。」

伯伯突然當著七媽和我的面講起了自己的戀愛史，讓我非常意外。注意力一轉移，剛才繃緊的心情不覺放鬆下來：「七媽，這是真的？」

「是呀！」七媽臉上的表情也放鬆下來，笑著說，「『五四』運動那會兒，我才 15 歲，上街演說，演文明戲，就像個虎頭虎腦的假小子，根本沒有考慮過談戀愛的事。你伯伯比我大六歲，他立志振興中華，獻身救國事業，而且抱定獨身主義。後來去法國勤工儉學時，他與覺悟社的郭隆真和張若名同行。那時覺悟社的同志們都說，如果今後周恩來放棄獨身主義的話，他和張若名真是天造地設的一對。」

伯伯這時告訴我：「開始的確不錯。在巴黎，我們先後加入了中國少年共產黨，當年我們學習馬克思主義，主要採取互教互學的辦法。張若名的法文較好，經常擔任主講人，還曾將自己的講稿整理成文，發表在『少共』的機關報《赤光》上。後來，這些文章還被團中央編入了介紹馬列主義的通俗讀物中。但是，後來因為出身問題，她在黨內受到審查，又因參加社會政治活動，遭到法國警察幾次跟蹤和盤問，受到組織的誤解和批評。她感到委屈和不滿，經過一段時間的思想鬥爭，她決定脫離政治活動，留在法國專心讀書，學成後再

郭隆真

張若名

回國效力。是的,為國效力,使中華騰飛,這確實是我們的理想。『五四』運動前,我也曾經信奉過『教育救國』、『科學救國』,甚至我還希望中國能像日本那樣『軍國救國』。然而鬥爭事實證明,這些路都走不通,中國要獨立富強,只有走武裝奪取政權的道路。我是認定馬克思主義,一定不變的,既然我誓為無產階級革命事業奮鬥終生,並不惜犧牲自己的生命,我的終生伴侶理所當然必須是志同道合的,要經得起革命的艱難險阻和驚濤駭浪的戰友。這一點,你七媽是當之無愧的。於是,我主動與張若名說清楚,轉而與你七媽頻繁通信,還向她求婚。」

「那位張阿姨後來怎麼樣?」

「張若名後來獲得了法國里昂中法大學的文學博士學位,1931 年就與丈夫楊堃回國任教。起先在北京,後來到了雲南大學中文系當教授。1955 年 4 月我去印尼萬隆出席亞非會議,回國時從昆明路過,我和陳毅還與張若名夫婦見了面。」七媽在旁補充說:「我還怪他沒與他們合個影,都是老朋友了嘛!讓我看看他們現在什麼樣兒了!」

我真想知道,當年在巴黎,伯伯與張若名分手時都說了些什麼,這樣也能最穩妥地結束我的初戀。只是看伯伯總忙,瞧他匆匆來去和徹夜不滅的燈光,我再沒好意思開口。但以我少女的直

覺，我相信以伯伯的為人，他可以苛求自己，他可以有自己的擇偶原則，但他必定會豁達地對待一切；不當戀人，卻可以是朋友；不以革命為友誼的基點，但能在正直愛國上找到共同語言。這也正是為什麼伯伯的朋友特多、特廣的原因之一。包括那些政治上完全反對他的人，也能因愛國的共同目標，甚至僅是出於對他人品的敬仰，而幫助他多次化險為夷。

事後，我主動找那位所長，談了自己近幾年內不想考慮戀愛問題，但我仍然感謝他對我的關心和幫助，我們仍然可以成為互相幫助的好同志、好朋友。

三十多年後，我從鄧中夏伯伯的兒子口裏知道了這樣一段故事。

1928年正值伯伯去蘇聯參加中共六大，回國時為了安全他獨自從歐洲繞行。那次鄧中夏託伯伯給他新婚的妻子小妹帶一件禮物，鄧中夏說這是他坐牢三個月才省下的一點點津貼費，要伯伯無論如何一定要買個最合適的禮品。到法國後，伯伯就去找了張若名，他相信她雖然脫離了革命，但絕不會出賣朋友。果然，她不僅在里昂掩護了伯伯，還幫伯伯選定了一塊銀質的瑞士坤錶。後來鄧中夏說過，小妹特別喜歡這塊錶。鄧中夏在南京雨花台犧牲二十多年後，伯伯又見到小妹。她告訴伯伯，那塊銀錶是中夏留給她的珍貴紀念，至今還珍藏著。

伯伯逝世後，七媽還曾對我提起過關於張若名的事情，在本書後面會寫到。

② 與留蘇回國大學生有緣無分

五六十年代，家裏若有個二十多歲沒出嫁的姑娘，做媽媽的就很擔心女兒嫁不出去了，我媽媽當然也不例外。1958年的夏天，媽媽的一位朋友將自

己的一個親戚介紹給我。

　　這是一位正在莫斯科留學的大學生，正好放暑假回北京。第一次見面，他的熱情健談，就給我留下了很深的印象。短短一個月裏，他約我見了幾次面。有一回我把他帶到西花廳，七媽還帶我們一起去了陶然亭。那天，他對七媽的態度落落大方，大家談得挺開心的。他回到莫斯科後，立即來信，十分忘情地讚美「一見鍾情」的緣分。希望我們能保持通信聯繫，等待下一次在北京的重逢！讀著這樣的信，我的臉一陣陣發熱。是的，因為我沒上過大學，我確實希望找一個大學生，將來組成家庭，身邊有一個老師守著，能鼓勵自己不斷追求知識。而且那時候能到蘇聯去留學，一般都是比較優秀的好青年。我自己是個性格開朗的人，當然希望丈夫能夠胸懷更寬廣，性格更直爽，更堅強些。我正想提筆給他回信，轉念一想，既然我有意和他發展感情，我還是先徵求一下伯伯和七媽的意見吧，對於他們，我確實沒祕密可言。那時我在密雲水庫工作，就立即寫了一封信，向七媽詳細介紹了我們現在交往的情況。

　　那些日子，我天天盼著七媽來信。

　　一天，我終於收到了七媽的一封來信，急不可待地拆開：

親愛的秉德：

　　一定在盼著我的信了？等著急了吧？說真的，我很喜歡看到你的信，從你的信中可以增加我的見聞，又可以了解你的思想和進步，因此，每次看完了你的信以後，就想立刻回你的信和你筆談一番。但是，拖下來亦就擱淺了，這就是最近你來了一二次信，我沒回信的原因。前幾天接到你第三次來信，這是關係到你的終身大事問題的信，我應該也必須把我的意見快答覆你，不過這只是供你參考，決定問題，還是應該由你自主。

　　首先你在處理你個人問題時的立場，是完全正確的，就是你來信所說的「他應該絕對服從組織的分配」，「個人問題，到時候再根據情況具體安排」。這就是不把個人的打算放在組織之上來考慮和處理，是一個共產黨員起碼應有的黨性。另一方面黨對於黨員在服從組織決定，不妨礙工作的原則下，也會對黨員的問題加以照顧的。但是共產黨員首先最重要的是要求自己，把自己和黨

的關係擺對來。

其次是一個共產黨員在選擇伴侶的時候最重要的前提，第一是政治條件和品質，以及圍繞這一條尚有相愛的諸方面，至於外貌不是主要的，只要平常不異樣過得去就行啦。

再次說到你和他的關係，我同意你的方針、看法和安排。你們既有了相愛和了解的一段時間，可以把問題肯定下來。為了他的學習，也是為了你們基礎打得更好，將來的關係更能鞏固和美好幸福，那麼再經過一個有限期的了解和考驗，那有什麼不好呢？何況限期並不長哩。明年三四月正是春暖花開，完成學習任務的好時節。自然，如果他這次學習結束後，組織上如有什麼新的安排，例如為了工作需要或在國內或提前早於明年三四月回國等，在有變動的條件下再來考慮解決問題的時間，這僅僅是我的設想，並非已知組織有什麼決定，這點需要向你說明的。

最後，我向你建議，你應要求你的組織通過他的組織去對他再做些了解，這不比現在你們僅僅直接了解更可以從組織上較全面的了解嗎？了解得更好嗎？望你把他的名字寫清楚來，因為你來信寫的第三個字，我和伯伯都沒能弄清楚。在我把名字弄清楚後，可能幫你做點了解工作，但最主要的你還是應向你的組織提出請求。

以上這些意見，不知對你是否有些幫助，希望知道你的意見。我現在外地，回信可仍寄北京。我和伯伯都好，勿念。

你的七媽同志

1960 年 7 月 31 日

讀了七媽的信，我立即一一照辦。

半個多月後的一個周六的下午，我回到西花廳。因為知道伯伯和七媽都到北戴河去了，我在屋裏取了本書，想回爸爸、媽媽那去看看。走到門口，正好碰到伯伯下車。

「伯伯，您不是在北戴河嗎？」

「有事回來。」伯伯與我握握手，「明天是星期天，秉德，等會兒跟我一塊到北戴河去，七媽有事要跟你談。」

「好啊！」我隨和地答應一聲，心裏猜想，一定是要談我的個人問題。因為伯伯工作太忙，他是無暇問及我們的個人問題的，直到多少年後我才知道，其實 1958 年到 1960 年，伯伯正因為

「反冒進」的問題，受到毛澤東主席的嚴厲批評，他曾經向中央提交了辭呈，一度西花廳「門前冷落車馬稀」。但是，我們這些小輩在西花廳裏從來沒有見過伯伯發愁煩惱過，他在我們面前永遠是那麼從容不迫，精神矍鑠，彷彿世間沒有解不開的疙瘩，過不去的火焰山！

我隨他一塊兒回到西花廳，他進辦公室，我習慣地坐在客廳裏看書。伯伯的辦公室雖然沒掛牌子，但那裏對我們孩子來說是「禁區」，別說我們，就連與伯伯一同革命、生死與共的七媽，進伯伯的辦公室也是要先敲門的。伯伯忙了一陣出來，可能是等個什麼文件，便坐到客廳來與我聊天。

「伯伯，今天我是跟你乘專列到北戴河嗎？」建國初期我是經常跟著伯伯、七媽一塊乘車去看戲，到頤和園遊玩，但還從沒乘伯伯的專列離開過北京城，尤其沒去過北戴河。

伯伯點點頭，話鋒一轉說道：「秉德，給你商量個事情吧？」

「當然好啦，有什麼不好！」我答應著。

「你的婚姻問題能不能在 25 歲以後解決？」伯伯那雙炯炯有神的眼睛注視著我，「女孩子嘛，25 歲以後也可以啊，不要過早。我們國家是個人口眾多的大國，1949 年人口統計是四萬萬五千萬；這才幾年，已經達到五萬萬多了。我們國家應該實行計劃生育，否則，工農業生產發展趕不上人口增長的速度，老百姓連飯都吃不飽，國家要富強又從何談起呢？按我的設想，我們中國是人口基數這樣大的國家，一定要實行計劃生育，從你們這一代開始，就要堅持晚婚，而且生孩子要晚一點，稀一點，少一點。你看，你能不能在 25 歲以後再結婚？」

五六十年代，女孩子一般在二十歲上下，最大二十二三歲就結婚了，我的好幾位同學都已做了媽媽。但聽了伯伯講的道理，我覺得很對，也感到了我作為總理侄女應盡的義務。「沒問題，當然沒問題！」我爽聲答應，「你有這個要求，我肯定這樣做！」

「好！」伯伯臉上浮現出由衷的笑容。

火車開動了，車輪滾滾，車身搖動。伯伯坐在桌邊，專注地批閱文件，彷彿置身無人之地。我坐在不遠處的窗口，望著一閃而過的風景，心裏暖呼呼的。至於伯伯對我晚婚的要求，我想我

一定要做到，那時並沒多想深想。

來到北戴河住地，七媽十分親熱地與我擁抱。她拉著我，一起走到海邊，沿著金黃色的沙灘邊走邊談。七媽十分了解我開朗直爽的性格，她與我談話一向直奔主題：「秉德，你上次告訴我的那個小夥子，我已經向我們駐蘇大使館留學生處了解了，他的大致表現情況是這樣：他是個共產黨員，學習也很上進，很用功。不足之處是比較自顧自，在學習上不大願意幫助其他的中國留學生；另外在與蘇聯女孩子接觸時比較隨便一點。情況就是這些，你自己考慮，談下去還是不談下去，你自己決定。」

平心而論，七媽的話說得很平靜很客觀，她並沒有明確表示反對我們繼續交往。但我畢竟年輕，又追求完美，感到這人不太理想，當即明確表示：「那就算了吧！」沒有絲毫的猶豫。第二天，七媽帶我到了北戴河的城裏，在一個小商店裏，七媽對我說：「既然來了，就送你一樣禮物。這裏盒裝的餅乾很好看，你自己挑一樣吧！」

我並不關心盒裏是什麼餅乾，只看中那隻最漂亮的鐵皮餅乾盒。在那時候，像這樣的盒裝餅乾，對我這樣收入的人來說真是奢侈品，是從不問津的。「七媽，我就要那個黑地紅牡丹的！」後來，這隻七媽在北戴河給我買的餅乾盒一直跟隨著我。

彷彿我與留蘇學生特別有緣。不久，從蘇聯留學歸來的孫維世的妹妹孫新世又給我介紹了一位。記得那是個上海人，妹妹也在北京讀大學。那一天，熱心的新世直接把他們兄妹倆領進了西花廳。伯伯一聽介紹也挺高興，當即交代成元功：「從我的工資裏拿出 100 塊錢，交給維世，讓維世夫婦安排秉德和那兩兄妹還有新世夫婦一塊去四川飯店吃頓飯！」出門前，他還特別對我說：「秉德，你還記得我的要求嗎？」

「是晚婚晚育嗎？」我頑皮地眨眨眼睛，輕聲湊近他的耳邊問。

「晚婚不等於不談戀愛嘛！」伯伯笑著說，「不支持你談戀愛，我會出錢請客？」

現在的宴席，花費動輒成百上千。可 20 世紀 60 年代初，100 塊錢相當我近兩個月的工資！在四川飯店吃的那頓飯，儘管由於時間的洗刷，我也記不清都上了什麼菜，但當時我吃得那個香，那個飽，那個興奮的心情，至今記憶猶

新！因為那畢竟是三年困難時期，我平時在機關吃，糧食定量，平均每天我只有八兩，油一月才半斤，新鮮豬肉更是很少有緣問津了，更別說什麼宴會了。

這次我沒有徵求伯伯、七媽的意見，因為我一聽說他父親是資本家，就對自己說：算了吧，還是堅持政治條件第一。在那個時代，這樣的家庭出身好像就被列入另冊，我不願在伯伯的親屬關係中因我而增加任何的複雜因素。

而一提起維世姐姐，我真是為她痛心疾首。那麼好的一個人兒，竟然

在「文革」初期被江青、葉羣合謀投入監獄，在 1968 年 10 月 14 日猝死於獄中。伯伯和七媽對她一直很關愛，當他們得知她的死訊後，伯伯立即要求有關單位對她遺體進行解剖，查明這位烈士遺孤的死亡原因。但很快得到的答覆是「屍體已經火化」，這是多麼慘絕人寰又見不得人的勾當呀！

我那時正在北京休產假，到了西花廳聽七媽告訴我這事時，簡直不能相信自己的耳朵。但在那個沒有道理可講的年月裏，什麼事情不會發生呢？我還很

▲ 1961 年，周秉德與孫維世在西花廳

氣憤地問七媽：「她是烈士的女兒，又是我們國家總理夫婦的乾女兒，辦案的人難道不知道嗎？她怎麼可能是蘇修特務呢？他們怎麼可以這樣對待她呢？」

七媽強忍著失去這位不是親生女兒，卻疼愛了 30 年的乾女兒的悲痛，緩緩地對我說：「秉德呀，你知道嗎？凡是做了我們乾女兒的人，都是苦命的呀！有人說我和你伯伯有多少多少乾兒子、乾女兒，哪有那麼回事？其實我們真正認了的，就只有三個乾女兒：一個是葉挺將軍的大女兒葉揚眉，小小年紀就與她父母乘飛機時遇難了；一個是你伯伯南開同學的女兒（當時未說姓名，後查出是諶志篤之女諶曼里），在延安時下大雨，窯洞塌垮，被砸死在裏面了；只有維世跟我們時間長，感情深，現在又死得這樣慘！」然後她又恢復了常態，鎮定地向我說：「但是，我們活著的人要堅強地活下去！」

又過了兩年，我已經是 25 歲的大姑娘了，也算大齡女青年。有一天，在師大女附中比我高一班的聶力大姐，笑眯眯地將一張年輕軍官照片遞到了我手中。呵，好一個滿臉陽剛之氣的英俊小夥子！聶力大姐詳細地介紹了他的各方面情況，最後說，在蘇聯留學畢業回國的人員中，往往是挑選各方面優秀的分到軍隊科研單位，而分到部隊中的大部分人，都是評正排級幹部，因為他優秀，所以一回國就是副連級待遇⋯⋯我非常相信聶力大姐的眼力，等我見到那位青年軍官時，更佩服她的眼光！那小夥兒，個高肩寬，眉清目秀。他成熟卻又不乏熱情，穩重卻又不乏幽默，有事業心卻對我不乏細膩的關切。我又一次相信了一見鍾情。我們接觸中談得挺投緣，在不知不覺中，陌生和拘謹消失得無影無蹤。他送我好幾張在莫斯科紅場、列寧墓前拍的照片，我欣然收下了。「你能給我一張照片嗎？」對他的要求，我沒猶豫，也送了他幾張。

像往常一樣，我又將處朋友的事向七媽說了。

過了幾天，那是深秋的一個周末，晚飯後，七媽招呼我：「秉德，我們談談。」

我心裏明白，七媽一定是要談我交朋友的事。

我端起七媽的茶杯，就往客廳走。

「不，秉德，我們到院子裏談。」

「院子裏風大，您？」

「我穿上外套，戴上圍巾，沒事。」

我挽著七媽的胳膊，沿著西花廳裏院的小徑，緩緩而行。七媽和我談話，從來不轉彎抹角，那天的開場白也是直入主題，只是與往常相比，她說話的語氣更加嚴肅：

「秉德，我知道矗力給你介紹的朋友，人品學業都挺優秀，而且你們兩人又談得不錯。只是我和你伯伯考慮現在中蘇關係已經破裂，蘇聯特工組織克格勃正無孔不入，千方百計從留學生中找他們可以利用的人選，刺探中國各方面的情報。過去我和你伯伯在白區做地下工作，真是深有體會：敵我雙方往往都是利用親屬關係打進對方營壘，而堡壘也往往最容易從內部攻破。你想想看，你現在交往的這位朋友在蘇聯上過學，肯定有很多蘇聯同學都認識他，如果你們真的成了夫妻，要經常出入西花廳，克格勃會不會利用這層關係？這種可能性恐怕我們不能不考慮，你看呢？」

聽話聽音。七媽這番話雖沒有直截了當說不同意，也沒直說反對我們交往。但我聽明白了她的意思，我幾乎沒有一點猶豫，明確表態說：「七媽，我當然一定要保證你們的安全，我不能給伯伯帶來任何麻煩。您放心，我肯定

斷，對這人再滿意我也斷！」

七媽欣慰地點點頭，她握著我的手說：「秉德，我相信你！」接著我們邊走又邊談起其他的事。七媽是久經風霜的革命者，她之所以拉著我在院子裏談這段話，是警惕在這中蘇關係破裂時「隔牆有耳」。

我已經不記得後來是以什麼理由回絕那位青年軍官的了。但是，我們的交往確實說斷馬上就斷，說停馬上就停了。從此，我對所有再找上門來的留蘇學生一律都關上了感情之門。中蘇關係的日趨緊張，注定了我與留蘇學生有緣無分。

如果說當時對這位非常優秀的同志不留戀，心裏沒有一絲惋惜之情，那不是心裏話。他的確打動了我的心，而且潛意識中，我相信矗力大姐的眼力，我也相信自己的直覺，他會成為一個優秀的人才，他一定能為中國的軍事現代化做出自己的貢獻。

但是，我人生信條中還有一條更重要的、更不容違反的原則，那就是，我自己的事一定要服從於伯伯、七媽的大局！戀愛，這是我個人的事，但我畢竟又是伯伯、七媽的親侄女，防患於未然，我決不能只為追求自己的幸福，而

給伯伯造成任何一點點不安全的機會和可能！因為伯伯在我心中，不只是我的親人，更是中國共產黨和中華人民共和國的重要領導人之一，從我 18 歲舉起右手宣誓加入中國共產黨的那天起，我就必須以黨和國家的利益為第一生命。

後來我從別人的口中聽說，七媽在別人面前稱讚我：秉德很理解我們，很聽話。我聽了心裏有甜，也有一種說不清的滋味。

時過境遷。在如今愛情彷彿已經成了最熱門、最廣泛的話題，愛情彷彿成了最自我、最自由、最自私的代名詞。一些年輕的朋友第一次從我嘴裏知道這件事後，十分惋惜，也有人很不以為然地反問我：「你怎麼那麼聽話？」同時，我還能從他們的眼神裏讀懂另一種含義：真是那個時代造就的「馴服工具」，連屬於自己的愛情都不敢去追求！

我不去辯解，但也從不後悔。我的愛情經歷確實有時代的印記，但愛情決不只像當代流行歌曲裏唱的「不想天長地久，只要曾經擁有」。如果愛情調色板裏缺少了「事業追求」和「共同責任」——包括對雙方和雙方各自家庭的責任，愛情就像缺少陽光的樹苗，永遠無法長成參天大樹！換句話說，要想擁有相伴到永遠的愛情，就不能只求個人甜蜜和浪漫，還要有事業追求和為對方以及對方家庭不斷付出的精神準備與實際行動，這樣的夫妻，在共同生活的歲月裏，才可能相濡以沫，幸福與共！

3　相親對象是沈鈞儒的長孫

1963 年，已經 26 歲的我還待字閨中，細想起來，當時可真應了媽媽常說的那句老話：「皇上不急，急死太監。」我成天樂樂呵呵的，依舊一副無憂無

慮童心未泯的笑模樣，而年近半百的媽媽可急得像熱鍋上的螞蟻！也不知為什麼，我對自己的婚事從不擔心，我很自信我的人緣好，我相信世界上一定有一個愛我適合我的人存在，只是時間未到，兩人還沒碰面而已。誰知我這樣的想法更使媽媽著急，更覺得我在愛情問題上「缺根弦」，她也是急不可待，想來想去，竟直接找到了伯伯的老警衛祕書何謙家裏。

「王大姐，你也別著急。」何謙的愛人林阿姨熱情地端上茶。

「我能不急嗎？我 26 歲都有兩個孩子了，日子過得好快，再拖，眨眼就要 30，那還能嫁得出去嗎？秉德的事，只能拜託你們兩位了。」

「老伴，你說剛回來的沈大夫的兒子怎麼樣？」何謙叔叔突然眼睛一亮，對著愛人問道。

「哪個沈大夫？他兒子多大，幹什麼工作？」媽媽睜大了眼睛，連忙問道。

「就是沈謙，他原來是中南海門診部內科主任，現在是廣安門中醫醫院的副院長，就住在我們三樓上。他兒子叫沈人驊，今年 33 歲，是空軍大尉軍官，大學生，共產黨員，搞技術工作，懂四國外語呢！」

「哎呀，怎麼早沒聽你們說過？」彷彿喜從天降，媽媽著急地追問。

「是呀，我們過去只知道沈大夫有個女兒，每個星期日都來看老兩口。這次沈鈞儒老先生去世，沈大夫的兒子人驊，也就是沈鈞儒的長孫回來參加喪事活動，我們才知道沈主任家裏還有個當兵的大兒子，而且還沒結婚！」

「真的，是不是長相不好？」確實，這樣的家世，33 歲還沒結婚，媽媽懷疑他的長相也不為怪。

「將近一米八○的個子，英俊、謙和也穩重。至於為什麼沒結婚，我們倒沒有問過，不過……」

「為什麼不安排他們見見面？」媽媽和何謙夫婦幾乎是異口同聲。

於是，在何謙叔叔家中，我見到了被戲稱「從天而降」的沈人驊──一則他是空軍，二則他家住在三樓，而何叔叔住一樓。眼前站著的確實是位英俊小夥，話語不多，只是微笑，無論誰講話，他總在彬彬有禮地聆聽。他最後的一句話倒加速了事情的進程：「王老師，您們既然已經到了，就請到三樓我父母

家去坐吧。」後來他告訴我,他一眼就被我樸實燦爛的笑容迷住了,立即口對心說:我心裏一直希望找的姑娘就是她!當然,此時他壓根不知道我是周恩來的侄女,如果知道,恐怕還不會如此迅速地發出邀請!

我第一眼見到人驊的爸爸、媽媽,兩位老人謙和慈善的微笑就給人一種親切感。在樓下,我聽何謙叔叔介紹說,沈大夫是留學德國的醫學博士,很注重中醫的研究,醫術高明,醫德又好,整個國務院宿舍裏的老老小小有病都去找他,院裏幾乎人人都認識他,尊敬他。沈夫人雖說是位家庭主婦,但知書達理,待人十分客氣。我後來聽她老人家說,她第一眼就看中了我面善心好!

我知道七媽經常惦記我的婚事,認識人驊後,那個周末我回西花廳,就一五一十向她說了。一聽人驊的爺爺是沈鈞儒老先生,七媽臉上露出了笑容:「沈鈞儒先生與我與你伯伯都熟悉,他是我們黨的老朋友,他的四個兒子裏面,大兒子沈謙是最進步的。」

「七媽,你們認識?」我問道。

「豈止是認識,還很熟悉呢!」七媽侃侃而談,彷彿在我面前展開了沈家近幾十年的一幅歷史長卷:

「沈鈞儒先生是歷史上著名的七君子之一,他與你伯伯是 1937 年在南京第一次見面。雖說沈老先生年長二十多歲,但與你伯伯一見如故,無話不談。抗戰時期在重慶,老人家經常去曾家岩,有什麼重要的事,都願意聽聽你伯伯的意見。他老人家多次提出加入中國共產黨,但組織上考慮他在黨外為國家發揮的作用更大些,直到去世,仍是黨外布爾什維克。你伯伯代表黨中央曾給過他一個很高的評價:黨外民主人士左派的旗幟。

「抗戰時期,沈老的女兒沈譜在重慶,是位造紙工程師,我是她的單線聯繫人,她那時正與著名報人范長江在談戀愛;你說巧不巧,范長江是祕密黨員,你伯伯正是他的單線聯繫人。當時,他們是分別向我和你伯伯彙報工作後,提出結婚申請,由我們報請組織批准的嘛!結婚後他們才彼此知道是共產黨員。

「沈老的長子沈謙抗戰時期一直在上海。日偽政府知道他的醫術高超,高薪聘請他出任院長,他堅辭不肯,與兩位同學在租界裏辦了個私人診所。戰亂

▶ 畫家楊之光為沈鈞儒老人所作畫像

▶ 周恩來為李公樸被捕事，於 1938 年 6 月致沈鈞儒的信函，一日內連發兩信，可見情況之緊急

▶ 1963 年元旦，周恩來在招待 70 歲以上的全國政協委員、人大代表和民主黨派領導人的宴會上致詞。

時期，生活十分困難。他是醫術十分高明的醫生，但自己的兩個孩子都是營養不良，得了急病，雖有了明確診斷，卻無錢購買價格昂貴的特效藥而夭折了。抗戰勝利後，回到上海的沈鈞儒先生就住在長子家中。有一回我和你伯伯從南京到上海去，專程去看望沈老。不巧老人外出，還是沈謙夫婦接待的我們。

「我親耳聽沈老誇過自己的長子沈謙，別看平時文縐縐一介書生，緊急時刻倒也沉著機警。國共和談破裂後，為著不與國民黨同流合污，沈老決定去香港。動身那天，國民黨特務突然上門來『請』沈老先生。在敞開大門的客廳裏，沈謙一邊請來人落座，招呼倒茶，一邊吩咐家人去後面請『好爹』（沈家稱呼父親的家裏話）。也就在這時，大門口傳來汽車發動的引擎聲。特務一看，慌了手腳。沈老經常乘坐的小轎車箭一般地飛奔而去。於是，特務惡狠狠地撂下一句：後會有期！趕出門外乘車追去。這時，沈謙再趕到後門口，送沈老上了早已準備好的另一輛汽車，直駛輪船碼頭。

「剛解放時，沈老已經是古稀之年。他一個人在北京生活，多有不便。

你伯伯就和他商量：我們現在也很需要醫生，你的身體也需要子女來照料，把你的大兒子調到北京來好不好？老人家當然高興。按說，那會兒上海已經給沈謙安排了醫院院長的職務，聽說父親需要，他立即放棄這一職務，闔家搬到北京。

「沈謙在中南海門診當內科主任，口碑很好。他還是西城區人民代表，在中南海選區選舉時，毛主席、劉主席、朱德委員長和你伯伯他們都投過他的票呢！

「當然，父輩英雄不等於兒女一定就是好漢。沈人驊的人品個性如何，這就要靠你自己多接觸一段，多做些了解，看能否志同道合共同生活。」

我連連點頭，表示完全贊成。

恐怕老天也贊成這段姻緣！我和人驊認識是 1963 年 12 月，他在濟南空軍第五航校工作，如果按照正常情況，總需要花上兩三年時間互相了解。然而事情也這麼湊巧，剛好空軍工程學院要在北京的空軍學院中籌建。人驊在 1964 年的春節就被調回北京，參與第二年將要遷往西安的空軍工程學院的籌建工作。幾乎每個周末不是他來看

▲ 1947年，國民黨
政府宣布民主同盟
總部為「非法團
體」，民盟被迫停
止活動。11月26
日晚，沈鈞儒祕密
乘船去香港，這是
離開上海前，在家
中與長子沈謙、長
媳張絢、長孫沈人
驊的合影。

▲ 1960 年 8 月在六個民主黨派聯合座談會上，劉少奇與周恩來聽取民盟中央主席沈鈞儒發言

▶ 沈人驊於 1963 年

我，便是我們一同遊北海、頤和園。他真不太會說，是他爺爺從小要求太嚴，往往我說十句，他講不了兩三句。但他事業心強，心善心細，文筆優美，極有情趣。記得一位熟悉我們兩人特點的阿姨，曾經悄悄地問過他：秉德這樣愛講話，你這樣不愛講話，往後在一起怎麼生活？他笑笑說：「她愛講總要有人聽啊，我就是那個聽的角。」其實我心裏很清楚，他是個很有主意的人，我講十句，往往最後他一錘定音！很快我們發現互相都依戀著對方，換句話說，真正是找到了心心相印的甜蜜感覺。

那是春天的一個星期天，上午十點半，我電話約了人驊一塊來到西花廳。走進中南海的西北門，人驊突然問：「今天總理在嗎？」

「當然在！七媽打電話告訴我的，今天伯伯正好在家，他們兩位要見見你。」

「我真有點緊張。」一身軍裝的人驊手心冒汗，連鼻尖上都有細小的汗珠子。

「緊張什麼！」我笑著打趣道，「待會兒進家，你就想面前的是伯伯，別想是總理就行了。」

話是這樣說，一見伯伯走進客廳裏，人驊「騰」的從沙發裏站起身，右手緊貼帽簷，恭恭敬敬行了一個標準的軍禮，脫口而出：「總理好！」

伯伯點點頭，握著人驊的手帶笑問道：「人驊，你是不是比秉德年紀小？」

「我大，我今年34歲，她27歲，我比她大七歲！」人驊很認真地回答。

「看不出來，看不出來，你長相英俊瀟灑，樣子比秉德還顯得年輕嘛！」

也真怪，伯伯說完這句話，剛才面色拘謹全身緊繃的人驊，立刻顯得放鬆多了。

「人驊，我記得建國初的《兵役法》上可有明文規定，獨子不當兵，你是獨子嘛，怎麼會破例了？」七媽笑著問道。

「抗美援朝開始時，我正在大連工學院讀無線電專業，我只想保家衛國是每一個中國人義不容辭的責任，就報名參軍了。當然，參軍的事，我開始沒敢跟父母講，擔心他們不同意，我只給爺爺寫了一封信。爺爺立即回信支持我！」

「黨外民主人士，左派的旗幟——沈鈞儒先生確實當之無愧！」伯伯眼裏

流露出真誠的目光。

看餐桌上已經擺好了菜，七媽招呼大家入座，說：「人驊，你是第一次到家裏來，我請大師傅加了兩個菜，咱們邊吃邊聊嘛！」

「人驊，你媽媽姓什麼，是哪裏人？」伯伯吃了兩口飯問道。

「我媽媽姓張，是浙江海鹽人。」

「喔，海鹽人？」伯伯停下筷子，頭一歪又問道，「和張元濟他們家有什麼關係？」

「張元濟是我媽媽的堂伯父。」

「喔，還真有關係！這一家子我知道，很好啊，多年來和我們黨的配合一直都很好！」伯伯點點頭微笑著稱讚。

回家的路上我才知道，張元濟是商務印書館的創始人，而第一次見伯伯的人驊更覺得驚歎：「總理熟悉的黨外朋友真多！反應聯想的本事也真神了！」

4 騎車送「嫁妝」

1964 年 9 月的一天，秋高氣爽。我一進伯伯家會客廳的大門，正巧伯伯坐在客廳裏沙發上看報，我迎上前叫了聲：「伯伯！」

「秉德，這麼高興，是不是有喜事？」真是什麼事都逃不過伯伯敏銳的目光。

「伯伯，我『十一』要結婚了！」

「是嗎？」

「伯伯，您一定還記得，我答應過您 25 歲以後再結婚。今年我已經 27 了，算是聽話了吧！」我忍不住眉眼含笑地問。

伯伯微微一笑，一回頭，指著放在客廳東牆暖氣架上的那個大鏡框說：「秉德，把這張照片拿去，算伯伯給你們的結婚禮物吧！」

「給我？太好了！」我真有點受寵

▶ 周恩來送給周秉德的結婚禮物
——廬山含鄱口風景照

▶ 周秉德與沈人驊
及雙方父母

若驚了。因為這是七媽在廬山親自拍的一張風景照，畫面上是含鄱口青山之巔，飄動的白雲間若隱若現的兩個精美的翹角涼亭，因為抓拍到位，整個畫面不是靜止的，彷彿那些雲霧仍在流動，十分傳神。照片在《中國攝影》雜誌上刊登過，因為伯伯特別喜歡，七媽特意請人放大 21 英寸，配上鏡框，放在客廳暖氣架上，還沒來得及掛到牆上。

從那一天開始，無論我的家在西安、貴州還是北京，無論搬過多少次，這張照片都一直懸掛在我的床頭，因為這是伯伯親自送給我的最珍貴的結婚禮物。

七媽則像嫁女兒一樣，從緞子被面、毛織被面、毛毯、枕套到成雙成對的帶蓋的茶杯、磨花玻璃大糖罐等等，準備得一應俱全，既漂亮又實用。我用紙盒裝好，再用大包袱皮一紮，捆在自行車後架上，騎車徑直一股腦兒送到了婆婆家中。婆婆笑著直搖頭：真是時代不一樣了，新媳婦自己騎車上門送嫁妝！

我參加過許多朋友、同事的婚禮，瞧那種在飯店擺上多少桌，這儀式，那規矩，都像在捉弄一對新人，覺得特別沒意思。於是，我向公公婆婆提了個建議：我們不舉行通常的結婚儀式。兩位老人欣然接受了。9 月 30 日晚，兩家父母、人驊的姐姐姐夫、「月老」何謙夫婦和我們就在家中吃了個「團圓飯」。正式結婚的日子定在「十一」，不備飯菜，桌上只擺著糖果、瓜子、花生和茶水，通知了在京的親戚朋友，誰能來誰就來，坐坐談談，人太多時就先來的讓後來的，完全自由的流水席。

「十一」放假，但那時國慶節天安門前年年都要遊行、放焰火，長安街上午和晚上都要戒嚴。可來賀喜的親朋好友、人驊的戰友來了一茬又一茬，説説笑笑，熱鬧喜慶。

那天，人驊的姑姑沈譜、姑父范長江也來賀喜。我和人驊忙著端茶遞糖。姑姑拉著我婆婆的手說：「大嫂，恭喜恭喜，過去您還一直擔心人驊總在男人堆裏工作，生性又少言寡語找不到媳婦呢，瞧，這不找到一個好姑娘！長相水靈又落落大方。」

「是呀，人驊找到她是他的福分！秉德性格開朗，脾氣隨和，也很懂禮，進門就隨著人驊叫我們『好爹』『姆媽』，一點兒也不生分。」

正在這時，七媽和她的祕書張元阿姨提著一個大包敲門進來了。可能是剛爬了三樓，花甲之年身體較虛弱的七媽有點喘粗氣。我急忙扶她坐下，遞上茶水。七媽笑容滿面地對我公公婆婆說：「恩來參加國慶典禮活動去了，我就做代表來給你們道喜。秉德這孩子不懂事，你們要多教育她喔！沈譜、長江同志，你們好呀，你們也來賀喜了？」

「大姐您好，人驊是我的大侄子，他們辦事怎麼也驚動了您？」姑姑迎過來與七媽握手，面對老上級，她絲毫不掩飾自己的驚訝。

「大姐您好！」姑父范長江也上前握手，別看他是新聞界的老前輩了，但對七媽的來訪，臉上也寫滿了困惑。

「我怎麼能不來？！秉德是恩來的大侄女。從小在我們跟前長大的，嫁她，就像嫁女兒嘛！」七媽反應特快，立刻問道，「怎麼，你們都不知道？」

「這太好了，這太好了！」沈譜姑姑恍然大悟，含笑對我公公感慨道，「父親後半生視總理為知己，如果他老人家在天有知這段姻緣，一定眉開眼笑！」

後來有一次我去西花廳看七媽，七媽很動感情地對我說：「你公公、婆婆這家人真好，一點不炫耀！」

▶ 沈譜與范長江於 1940 年 12 月 10 日在重慶結婚，這是沈鈞儒、沈譜、範長江及王炳南帶其子王黎明的合影

5 關於伯伯七媽的婚宴傳聞

回顧自己的婚禮，讓我不禁也想起了社會上關於伯伯和七媽的特別婚宴之類的傳聞。例如像下面這樣繪聲繪色的描述：

黃埔軍校的許多同事知道周恩來和鄧穎超結婚了，非要見見新娘子，還鬧著要他們請客，周恩來推卻不了。周恩來和鄧穎超在廣州北京路上的太平餐館請大家吃了一頓西餐，這頓飯也就順理成章地成了他們的婚宴。赴宴的有何應欽、錢大鈞、張治中、惲代英、熊雄、陳賡等，剛到廣州的李富春和蔡暢也趕來參加了。客人們早聽說鄧穎超在「五四」時期便當演講隊長，大家熱烈鼓掌，要求新娘子站在小板凳上報告戀愛經過。周恩來擔心她應付不了這個場面。只見她落落大方地踏上凳子，臉色雖然有些緋紅，但完全沒有一般少女的那種忸怩和慌張。她輕輕咳嗽了一聲，清了清嗓子，便從容不迫地述說起來。她先從「五四」時期和周恩來相識談起，接著又講了他們幾年相愛的經過。她侃侃而談，口齒清楚，聲音洪亮，講得繪聲繪色，不時引起人們一陣又一陣的掌聲。特別是當她把周恩來在明信片上寫給她的那首詩：「奔向自由自在的春天！打破一向的束縛！勇敢地奔啊奔！」她用深情優美的語調一字不落地背誦出來，贏得了全體客人長時間的鼓掌和喝彩。張治中連聲誇獎：「周夫人名不虛傳，和周主任一樣，是極出色的演說家。」鄧穎超抗議了：「什麼周夫人，我有名字，鄧穎超。」

站在後面的人嚷嚷說看不見新娘啥模樣，張治中突發奇想，伸出雙手把鄧穎超抱了起來，放在桌子上，還大聲說：「大家看，大家看。」這突然的舉動把鄧穎超羞得滿臉通紅，不好意思地低下了頭，下面的人笑得前仰後合。客人們輪流著一杯杯地向新郎新娘敬酒。鄧穎超不會喝酒，體貼的周恩來把敬給新娘的酒一杯杯全代她喝下去。只看到他一杯又一杯，竟喝了三瓶白蘭地。鄧穎超心裏又急又心疼他，卻又擋不住客

人的敬酒。周恩來喝醉了，不過他有極強的自制力，沒有失態，只是咕噥著，不放李富春和蔡暢走。鄧穎超和蔡暢把周恩來扶到陽台上吹吹風，鄧穎超找來一碗醋，讓周恩來喝了醒醒酒。

（廣州日報）

但是後來，我又看到了曾任廣州市委書記的歐初的一篇文章《眾口鑠金太平館——鄧穎超託我「闢謠」》：

1960 年 1 月 29 日是農曆除夕，我奉廣東省委領導之命趕到從化溫泉賓館松園三號，代表省委陪在溫泉休假的中央領導人吃年夜飯。席間，周恩來夫人鄧穎超對我說：「歐初同志，我要請你們幫恩來和我闢謠。」她的語氣相當鄭重，令我大吃一驚。鄧穎超是中共老資格領導人，雖然解放後因周恩來堅持，鄧穎超長期未擔任重要職務，但她與周恩來向來在黨內外均廣受愛戴。究竟是哪些謠言造到他們兩位頭上，並且以訛傳訛？

鄧穎超見我有些緊張，便放緩語氣說：「有人傳說，恩來與我結婚時在廣州太平館設宴請客。根本沒有這回事。

恩來一生勤儉，何況我們當時窮得很，哪來錢請客？」聽到這裏我才明白，流傳多年的「太平館宴客」傳言，一直令周恩來與鄧穎超不安。鄧穎超先前已要我們設法澄清此事。我們也做過一些努力，但糾正一個廣為流傳的誤會談何容易。

太平館開業於 1860 年，據考證是第一家由中國人開的西餐館，最早的位置在太平沙。太平沙靠近永漢路南端，離天字碼頭不遠，過去屬廣州最繁華的地段之一。太平館 1926 年後開設數家分店，後來老店與其他分店先後關門，永漢路北端的分店則接過太平館的招牌。「文化大革命」開始不久，紅衛兵認為「永漢」有大漢族主義的味道，遂將路名改為「北京路」。雖然歲月流逝，太平館聲名不墜，仍是廣州最出色的西餐館之一。

多少年來一直有人傳說，周恩來與鄧穎超 1925 年 8 月在廣州結婚時，邀請一批朋友到太平館聚餐。還有人說，當時黃埔軍校校長蔣介石、軍校政治部主任鄧演達恰好路過附近，聞訊亦欣然入座。這個故事已經流傳很久，細節逼真，言之鑿鑿，我也曾經信以為真。

20世紀50年代，我兩次陪同當時澳大利亞共產黨中央書記處書記希爾到太平館，品嘗葡國雞、燒乳鴿等著名菜肴，還向希爾講起周恩來在太平館擺婚宴的故事。

據周恩來與鄧穎超介紹，他們新婚時到太平館用餐確有其事，但並非他們宴請賓客，而是張申府請周恩來、鄧穎超等吃飯，祝賀他們新婚之喜。出生於1893年的張申府，早年留學法國，曾將羅素等人的著作介紹到中國。張申府曾參與中共建黨活動，還是周恩來的入黨介紹人。1942年，張申府夫人劉清揚也說她是周恩來的入黨介紹人。那麼，會不會張、劉都是介紹人？我是後輩，這就不清楚了。後張申府因與中共總書記陳獨秀意見不合而脫離中共。1924年，張申府經李大釗推薦，南來廣州，在新成立的廣東大學教授數學、哲學、邏輯學等課程，並兼任大學圖書館館長。同時，張申府參加籌建黃埔軍校，擔任該校政治部副主任，並推薦周恩來前來主持政治部。

這次由張申府做東的聚餐，眾口相傳，卻演義成周恩來大擺婚宴，還添入蔣介石等人物，從而困擾周恩來夫婦

多年。為糾正人們的錯誤印象，周恩來1959年春來廣州時曾採取不尋常的做法。他與鄧穎超找來廣東省委辦公廳副主任關相生、公安廳副廳長蘇漢華，說打算次日早晨邀請幾位省市負責人到太平館飲茶，並交代一定要上石岐乳鴿、蛋撻等，還要將座位擺成馬蹄形。第二天，陶鑄夫婦、陳郁、朱光等準時到達太平館。周恩來等大家坐定，便站起來笑著說：「三十多年前，我和小超在廣州結婚，張申府先生在這家餐館宴請我們。今天按當年的樣子請大家來坐坐。」陶鑄等才恍然大悟。

周恩來似乎對太平館有特殊感情。六十年代初，周恩來在廣州中山紀念堂看完文藝節目後，特意與陶鑄、區夢覺、曾生、紅線女等一道前往太平館吃夜宵，令太平館員工再次喜出望外。

儘管周恩來夫婦反覆「闢謠」，我們也盡量作解釋，但「周恩來在太平館舉行婚禮」的故事愈傳愈廣。鄧穎超1985年重來廣州，再次向關相生提起此事。此後，關相生和我分別撰文闡述真相，但似乎收效甚微。

直至如今，許多報刊、網頁提到太平館時，往往要提起周恩來、鄧穎超

▲ 1922 年 3 月，
周恩來從法國
到德國，參與
創建旅德中國
共產主義組織。
這是周恩來和
張申府（左一）、
劉清揚（左二）、
趙光宸（右一）
合影

曾在此舉行婚宴。太平館更張掛周恩來夫婦的合影，以吸引顧客。據說，太平館還推出「總理套餐」、「總理夫人套餐」，成為餐廳的招牌菜。

回顧歷史，許多傳說或多或少有虛構成份；與名人有關的菜式，更有不少是杜撰出來的杜「饌」。人們寧可相信與事實有出入的美好故事，本來無可厚非。但是作為知情者，一有機會就要說出真相，否則愧對歷史。

（歐初著《依舊紅棉——與廣東有關的名人逸事》第 13 篇）

以自己跟伯伯、七媽的接觸，我認為，歐初文中引述七媽說的「恩來一生勤儉，何況我們當時窮得很，哪來錢請客」，這是最為可信的。因為當時的廣州國民政府和黃埔軍校的財政都是非常困難，廖仲愷經常為了籌措經費焦頭爛額，蔣介石也曾為此兩度提出辭職，伯伯和七媽的經濟狀況自然也好不了。只是到了兩次東征勝利，國民政府統一兩廣後，財政情況才得以改善。而在民國時期，大學教授的薪水都普遍較高，說是張申府宴請伯伯和七媽他們更為可信。

第六章　諄諄教誨

伯伯和七媽一直是我們家的經濟支柱，他們寧可苛待自己，也不願利用權力，給自己的親屬以照顧，而是把幫助我們當成自己的義務，也當成共產黨員減輕國家負擔的實際行動。他們不僅自己做，還言傳身教，讓我們六個孩子也堅持這樣做。在「文革」期間，伯伯、七媽還是我們的精神支柱，如果沒有他們的教育，我們兄弟姐妹之間不可能像現在這樣親密無間，互助互愛。

1 伯伯勉勵我紮根基層

我自己選定的鄉村女教師的工作，只做了三個月，便被調到朝陽區委參加肅反工作。

伯伯聽說我離開小學被調到區委機關，很不以為然。他總是希望我們都在最基層、最艱苦的單位工作，經受鍛煉，磨煉意志。他問我：「你調到區委機關，離城近了，條件好了，是不是因為我周某人的關係？」當他知道我調動工作是因為中小學校教師中黨員實在太少，他無奈地對我說：「那有什麼辦法？我也不能干涉你們區委的事，只能服從組織吧！」顯然，如果他讓區委把我調回小學工作，必然暴露了我與他的關係，我就可能反而被區委特殊照顧，這是違背他意願的。因此，他只好不管了。

一年後，組織安排我去東北搞外調，因為再找不到青年黨員，便讓我帶一個女團員出差。臨行前的一個中午，我來到西花廳，正巧碰上伯伯剛從外面回來，他有點奇怪地問：「秉德，今天不是星期六，你怎麼有空回來？」

「我明天要帶人去東北搞外調。今天特地來看看您和七媽，星期六就不來了。」

「什麼什麼？」伯伯兩手叉在腰間，濃眉往上一挑，瞪大眼睛反問道，「秉德你再說一遍，你明天要帶人去東北幹什麼？」

「帶人到東北搞外調啊！」我大聲重複一遍。

伯伯仰頭哈哈哈地爽朗放聲大笑，對七媽說：「小超，你瞧秉德，自己還是個孩子呢，明天還帶人出去搞外調呢！」

「你也別小瞧人家秉德。」七媽帶著笑反駁說，「她已經是快兩年黨齡的共產黨員了！想想當年，你我在天津覺悟社那會兒才多大？我 15，你也不過 21 歲吧。」

「就是嘛！」我樂得直拍巴掌。

「好！秉德要記住，外調工作是極嚴肅的事，要仔細，謹慎，實事求是！」伯伯囑咐道，我連連點頭。

伯伯非常忙，我有什麼事，多數時間都是向七媽講，如果他們在外地，

我的信也是寫給七媽的。當然，往往是我去兩三封信，七媽能回一封信。我從來也沒有什麼埋怨，因為給他們寫信，對於我來說，主要是彙報自己的思想和工作情況。何況我知道伯伯、七媽工作忙，七媽身體也不太好，他們是高級幹部，是長輩，不能及時回信，實在是很正常的事。

有一回我陪伯伯散步，閒聊著，他冷不丁問了我一句：「秉德，你工作幾年了？」

「三年了。」

「有沒有當科長啊？」

「當科長？怎麼可能呢！」我心安理得地說，「我們的部長是處級十四級，副部長是十六級幹部，下面的幹事有十八九級的、二十級的，我才是二十二級，我怎麼可能當科長呢！」

確實，我就在不設科的區委宣傳部，沒有任何職務地幹了整整十年，工作一直受好評，但級別職務從來沒有動。伯伯、七媽從沒為我說過一句話，我也從來沒有動過腦子，也從沒想過要提個職，當個「長」，更不會想到要求伯伯或七媽幫我找人打個招呼，或者調到伯伯管轄的國務院系統工作，可以動一動自己的職務。伯伯、七媽也從未因為我沒有提升職務而批評我進步不快，相反，他們常為我能夠紮紮實實在基層工作，而且表現還挺好而感到欣慰。

② 參建密雲水庫，伯伯六到水庫工地

為了解決北京吃水問題，伯伯經過親自調查研究，與專家論證，批准在北京遠郊修建密雲水庫，調動了二十萬民工修大壩。1958 年 8 月到 1960 年 10 月，我就被朝陽區委派出一直在密雲水庫朝陽區支隊的支隊部做祕書類的工作。

幾個月回到北京一次，伯父伯母看

到我臉黑了，體健了，都很高興。

我在工地很忙很累，可能這是我第一次長時間離開家，總是十分惦記爸爸媽媽、弟弟妹妹，尤其更惦記伯伯、七媽。晚上稍微有點時間，就在煤油燈下給爸爸媽媽和伯伯、七媽寫信。又怕自己寫的太亂耽誤他們的時間，所以還常常先打個草稿。也是鬼使神差，幾十年過去了，我從一個人到結婚成家，從北京搬到西安再到貴州再重返北京，輾轉半個中國，那些信紙已經發黃，字跡已經變淡，卻沒有丟失，把個修水庫的事記得清清楚楚！

親愛的伯伯：

您好！現已是「燈節」了，我才給您拜個晚年。這個年早就想拜了，只是找不出個時間來好好給您寫封信。請原諒。

您的身體現在怎樣？睡覺夠嗎？為了全國和世界人民的和平與幸福，請您一定要注意睡眠和健康。特別是七媽不

▲ 1958年，周秉德在嶺雲水庫標語柱前

在家，沒法天天督促您的時候，您就更要適當地安排工作和休息。我想這話不是多餘，而是需要您注意的，對嗎？

　　我來密雲水庫已經四個半月了，只是去年十一月份回京一次，也見到了您，現在有時真是想念您、七媽、西花廳的同志們還有爸爸、媽媽和弟妹們。特別是和您們在一起，每次談話和隨時隨地都可受到難忘的教導，我真希望能常回去，但工作怎麼能允許呢。雖然有這樣的心情，但請您放心，這對我的工作絕對沒有絲毫影響，我們這裏工作是較緊張的。

　　……

　　這是 1959 年初我在密雲水庫工作期間給伯伯寫的一封信的底稿。現在重讀當年寫的信，21 歲姑娘的思想難免簡單幼稚，卻句句是真情。

　　1958 年 11 月那天，我風塵僕僕回到西花廳。

　　「成叔叔，你好！」我走到伯伯辦公室門口，第一個見到的是衛士長成元功。

　　「秉德回來了！」成元功與我握手，笑著說，「去密雲曬黑了，好像還胖了些！」

　　「密雲的水甜特養人嘛！我還買了點鮮棗特甜，洗乾淨的，你嘗嘗。」

　　「是甜！」成元功嘗了一個，「今年夏天我跟總理去密雲縣時，在老鄉家避雨時吃過杏子，也甜！」

　　「伯伯夏天就去密雲了？」我覺得很奇怪，密雲水庫 10 月底才開工嘛！

　　「對啊，他是帶人去為規劃中的密雲水庫選壩址！」

　　聽成元功一說我才知道：6 月 26 日，伯伯剛剛在十三陵水庫工地參加過勞動，身著灰色便服，腳穿圓口布鞋，戴著一頂遮陽草帽，在習仲勛、萬里、阮泊生、趙凡和張光斗、馮寅等有關領導和水利專家的陪同下，一同乘車直駛密雲，為規劃中的密雲水庫勘選壩址，中途還視察了即將竣工的懷柔水庫。當車到達密雲縣南城廠村潮河灘後，儘管一路顛簸，已是花甲之年的伯伯卻毫無倦意地大步向河灘走去。這天驕陽似火，伯伯全然不顧，他深一腳淺一腳地走著，專心致志地遠望近觀，察看著地形、地貌和潮河的流向，一直走到規劃中的潮河壩址。他隨意坐在河灘中的一根木頭上，一邊認真地看鋪在地面上的

庫區地形圖和水庫設計圖，一邊同大家一起研究方案。伯伯時而提出問題，時而陷入沉思，他既考慮這項萬年大計的工程質量，又考慮如何付出最小的代價使人民得到最大的長遠的福利。經過大家仔細推敲、研究論證和反覆對比，伯伯同意了白河主壩與九松山等副壩的選址。

勘察完了潮河，伯伯揮手讓大家上車。要立刻到白河去。那時節，潮河與白河之間相距 35 里，只有一條臨時搶修的狹窄的土路相通。山路崎嶇坎坷，有時還要經過山間小溪。車子一路顛簸行駛，到了白河畔的溪翁莊，大家下車

後又跟隨伯伯沿著亂石河灘徒步前進，一直來到河西岸。剛登上半山坡，滾滾烏雲從西北面湧來，隨之雷聲隆隆，大雨突降。人們注視著伯伯，向他提議等雨停下來再去看，他卻大聲說：「趁著大雨，河水流向清晰，察看壩址尤為真切。」後來，雨越下越大，腳下的卵石又光又滑，極易滑倒，經大家一再勸說，伯伯才答應先找個地方避雨。大家隨伯伯來到一戶姓侯的農民家中。進屋擦乾雨水，伯伯盤腿上炕，人們紛紛落座。談話間，六十多歲的女主人認出是周恩來總理，激動得不知用什麼招待才好。她轉身到廂房端來一簸箕黃杏，放

在炕上說：「這是自己院裏的土產，請總理嘗嘗鮮兒。」伯伯拿起黃杏津津有味地品嘗起來，一邊吃一邊跟女主人拉起家常，問到她家和社員們的日子過得怎樣，生產隊的生產搞得怎樣，以及白河歷年發水受災的情況。女主人看伯伯這樣和藹可親又隨便，便也不再拘束，和他有說有笑地聊了起來。

雨住了，大家乘車來到白河勘察，確定了白河主壩的壩址，直到下午兩點才順著原路回密雲縣城。雨後的道路一片泥濘，行進間，伯伯乘坐的車陷在一個泥坑裏，車子吃力地發動，仍然「爬」不出來。伯伯揮手說：「咱們下車幫助推一把。」他和大家一起踏著泥水，終於把汽車推出泥坑。這一天，伯伯在密雲縣一直忙到晚上七點多鐘，才乘車返回北京。

原來密雲水庫還是伯伯選的壩址！後來看資料我才知道：在修建密雲水庫的 1958 年至 1960 年期間，伯伯六次到工地視察，從水庫設計、壩址勘測到施工中的關鍵問題，都親臨指導。但因密雲水庫「規模大，應該由毛主席題詞」，儘管水庫指揮部領導再三請求，他始終沒有為密雲水庫題詞。他只為規模小得多的懷柔水庫題了名。

當然，1958 年一直跟著我伯伯的成元功當時也還有許多事情不知道。伯伯去參加「南寧會議」時，他跟著去的，但對會議上伯伯被點名批評「離右派只剩了五十米」的事隻字不知，他只注意到總理參加會議回來表情十分嚴肅——但這似乎也不奇怪，他心目中總理的工作太忙，全國人民的吃喝拉撒睡都要操心，常常是人命關天，分秒必爭，以至於把他笑的時間都擠掉了。當然，他也有點覺著反常：「南寧會議」雖說是在 1 月，廣西氣候溫暖，南寧的橙子又大又甜，還有大個菠蘿，看著皮是青的，一削開，果汁香甜四溢，這兩樣都是鄧大姐最愛吃的水果，也是嚴冬中的北京看不見的水果。按著常規，總理到外地開會或視察，還提醒過成元功，看到有小超大姐喜歡的水果，記住買一點帶回去。「南寧會議」快結束時，成元功只是例行公事地報告了一句：「總理，這裏橙子和菠蘿很多，我準備買幾斤帶回北京。」

「不！」伯伯緊繃著臉，話語生硬，「這一次我們什麼也不買！」

成元功只是隱隱覺得反常，但立刻

又以「總理太忙，這種小事是不該打擾他」為理由安慰了自己，照例買了幾斤橙子，挑了幾個菠蘿。

當然他也不可能知道，6月9日政治局決定了伯伯繼續擔任總理的職務，不過雖然還是總理，但在國家建設問題上已失去發言權，更沒有決定權，凡事必須報中央書記處批准。留在中央檔案中，現已公佈在《周恩來總理與北京》一書中，伯伯關於修建密雲水庫的批示就是明證：

擬予同意。
請彭真同志彙報中央書記處批准。
並告水電部辦。

周恩來
十月十日

這份伯伯 1958 年 10 月 10 日批示的報告，我是四十年後的 1998 年才看到，如果 1958 年我就知道「南寧會議」的內容，如果我也知道當年伯伯受到的不公正批評，承受的千鈞壓力和被有條件地使用，那年 11 月我見他時可能就不會有那麼輕鬆和愉快了！

「秉德回來了。」伯伯從辦公室走出來。

「伯伯您好！」畢竟是第一次離家那麼久，我緊緊拉著伯伯的手，一齊進到客廳，在沙發上落座。

伯伯細細地端詳著我，話語裏透著笑意：「好，秉德，我看你皮膚黑紅，臉更圓了，精神面貌很不錯！」

「當然不錯！」我接著說道，「伯伯，我真慶幸能參加密雲水庫的建設，我從北京到密雲工地，彷彿從山谷爬上一座大山，眼界一下打開了！密雲水庫不僅工程巨大，場面雄壯，來往火車運料繁忙，50 條皮帶機伏在壩身運轉不息，20 萬人分佈在幾個工地積極勞動，在我們九松山副壩工地上一眼望去，還真像是移山造海。現在這座山已沒有原來的模樣了，這裏一條溝，那裏一個槽，好幾條公路縱橫滿山。山上的舊路也已無蹤影，各處看到的都是新翻出來的黃土。在這壯闊的建設工地上，我既看到自己參與事業的偉大，又看到自己一個人能力的渺小，像是大海中的一滴小水珠。如果離開事業，就如離開大海的一滴水，立即揮發得毫無蹤影。個人只有融入集體之中，才能最充分地發揮自己有限的力量！」

▶ 1959年，周恩來在密雲水庫
現場視察水庫模型

「對。能明白自己在社會中的定位，就會對自己有個正確的認識，才會感到學無止境！」伯伯説罷，微笑著轉變了話題，「新中國建立後，我有兩件事是非常關心的，其中一件就是水利。秉德啊，你現在參加修築的密雲水庫，就是個有重大意義的工程。這個建成後坐落在密雲縣城北燕山懷抱中的水庫，橫跨在潮、白河主河道上，離北京只有100公里。所以，我曾多次提醒密雲水庫指揮部，既要保證進度，更要保證質量，絕不能把一個水利工程建成個水害工程，或者是一個無利可取的工程，要把工程質量永遠看作是對人民負責的頭等大事。」伯伯説著站起來，他雙手過頭比喻道：「這座水庫坐落在首都東北，居高臨下。就如同放在首都人民頭上的一盆水，一旦盆子倒了或漏了，灑出大量的水來，人民的衣服就要被打濕的。所以，保證在明年汛期前，保質保量，使大壩達到攔洪高度，這是密雲水庫成敗的關鍵，不能兒戲！」

我莊重地點點頭，我明白，這「濕」字的豐富的內涵，是指千百萬人

民生命財產所遇到的重大災難。我立即感到身上肩負著極重的擔子和極強的榮譽！

「再跟我說說水庫的事，民工的情緒怎麼樣？你們朝陽支隊的工程進度怎麼樣？存在什麼問題？」

「伯伯，我們朝陽支隊 10 月份任務完成得不好。每日壩身填築任務經常是倒數第一、二、三名，總是完不成任務。任務完不成，支隊工作就被動。只抓生產又忽視了抓生活和思想，這樣士氣越不高，任務完成得就越不好。民工中開小差已非常普遍，我們六千多人的隊伍，曾有一回開小差的達 330 人，而且是公開地跑，幹部也沒辦法，乾著急看著他們跑。」

「民工集體開小差，一定有他們的實際問題和困難。是吃不飽，活太累，還是有後顧之憂？如果是庫區的民工，很可能是家裏搬遷後住處不落實。總之當幹部的，應該深入了解情況，任何時候，心裏都要想著民工疾苦，關心民工生活。參加修建密雲水庫的是來自河北省、天津市、北京市 28 個區縣的民工，高峰時工地上有一二十萬民工。如果幹部不以身作則，不深入羣眾，切實地解決民工的各種生活和工作中的問題，就不可能把密雲水庫的事辦好！你說是不是？」

「是！」我答應著。

記得回到水庫工地，我就向支隊政委彙報了伯伯的意見 —— 他是支隊中唯一知道總理是我伯伯的領導。支隊政委立即召開政工會議，在我們支部指導員以上幹部會上講要宣傳修建密雲水庫對北京、對未來的意義和貢獻，而且幹部帶頭上最艱苦的工地，帶頭不回家過元旦和春節，同時注意粗糧細做改善民工的生活。我們支隊的工作果真慢慢扭轉了落後的局面，從 1959 年 2 月份起我們日日都能完成計劃，並以超額 15%、提前八天完成 2 月份生產任務的成績，敲鑼打鼓向水庫黨委報喜。

只有成天一身水一身汗地泡在水利工地上的我，才知道這個翻身仗打得多麼不容易呀！開頭提到的那封信，就是那時趴在工地桌上給伯伯寫的。

我在密雲水庫整整工作了兩年多。

1959 年 8 月初，一場連續七天七夜的大暴雨，使潮、白兩河產生了巨大的洪流，嚴重地威脅水庫大壩的安全，

各種險情不時告急。我作為二十萬水庫建設大軍中的一員，也是徹夜不眠與洪水搏鬥，有關技術人員全神貫注地監護著大壩，攔洪工程進入了最後階段。

那天，我正和民工們一起冒雨抬土，工地高音喇叭裏突然傳出水庫總指揮王憲激動的聲音：「同志們，我們剛剛接到了周總理的電話，他雖然此時遠在三千里以外，正在參加黨中央召開的盧山會議，卻已經好幾次打來長途電話，詢問：『密雲水庫大壩工程進度怎麼樣？』『庫內的水漲了多少，泄了多少？』『水位現在是多高？』周總理最後指示水庫總指揮部：『務必竭盡全力，千方百計地保護大壩。萬一不行，即主動挖開一道副壩泄水，也決不能使下游人民蒙受重大損失。』周總理還要我代他向全體水庫建設者們問好，他相信我們上下一條心，一定能戰勝洪水，奪取最後的勝利！」

我親眼看見身旁的民工們熱淚盈眶，工地上二十萬建設者心情都格外激動，就像決戰前夕，人人都鼓足了勁。

水庫總指揮部立即組織十萬民工，從走馬莊至下游白河岸邊，修築起兩條長十公里、高五米的堤壩，分別保住金

笸籮村、溪翁莊。由一名副師長指揮軍工在走馬莊副壩挖開一個較大的缺口，泄洪流量達到每秒 30 立方米。這樣從副壩泄洪，既保全了主壩的安全，又保護了兩岸村莊免遭洪水之害。此時此刻，工地上一片沸騰。

現在，密雲水庫已正常使用了幾十年，最高蓄水位達 153 米高程。然而，大壩下游地上地下，找不到絲毫漏水痕跡，所以有人稱譽密雲水庫是地上豎「銅牆」，地下插「鐵壁」，首都東北的這一盆水是不會「濕」了首都人民衣服的。密雲水庫工程進度和質量已成為「世界水利史上罕見的奇跡」。

在《周恩來總理與北京》一書中，有這樣的記載：「現在，北京居民用水的 70% 至 90% 來源於密雲水庫。北京市區湖泊水面現已增到 1000 公頃，較建國初期擴大 1.5 倍，每年所補換的 4000 萬立方米清水都流自密雲水庫。頤和園、什剎海、北海等公園吸引著眾多的國內國外遊人，而那裏的水都來自密雲水庫。可以毫不誇張地說，沒有密雲水庫，就沒有北京的繁榮和發展。」

「青山環繞，波光粼粼的密雲水庫，滋潤了首都。她是敬愛的周總理和

▶ 1960年，周秉德站在即將
完工的密雲水庫大壩前

▶ 1960年，周恩來和鄧穎超
在密雲水庫留影

二十萬水庫建設者奉獻給北京人民一顆璀璨的明珠。」

我知道 1958 年伯伯捱批無比痛苦和無可奈何的狀況，也親身經歷過那個充滿浮誇幻想的時代，更目睹了小高爐、大鍋飯給民族帶來的災難。這使我更珍愛內含了我兩年勞動的密雲水庫，也更感到它的確是能反射出伯伯品格、作風和對人民對祖國至死不渝的珍愛的璀璨明珠！

③ 黨和國家的需要就是第一志願

我的弟弟妹妹，在邁上人生之路時，彷彿都與解放軍有緣，先後有四個都穿上了軍裝。但伯伯的態度，卻因時代需要、國家形勢的不同，有過完全不同的要求。當然，原則只有一個：黨和國家的需要就是第一志願。

1961 年夏，大弟弟秉鈞高中畢業。那天，七媽給我打了一個電話：「秉德，你找找秉鈞，讓他明天到西花廳來一趟，伯伯有事找他談。」

第二天，秉鈞喜形於色地來到我的單位，關上門興奮地說：「姐姐，你猜伯伯找我幹什麼？」

我笑著說：「是不是關於考大學的事？」

「算你猜對了一半！」秉鈞頑皮地眨眨眼，「昨天伯伯在飯桌上，第一句話就說：秉鈞，聽說你高中快畢業了，祝賀你，我請你吃飯！能給我說說下步有什麼打算嗎？我當時想，伯伯找我來，一定有他的想法，就直截了當地說，想聽聽伯伯有什麼建議。伯伯也很坦率，他說：秉鈞，你能不能不考大學？我反問道：為什麼？我平時品學兼優，論成績和表現，老師說我考清華大學是有把握的！」

「伯伯是怎麼說的？」我忍不住催問道。

「伯伯説，現在國家遭受自然災害，農業減產，急需重點發展農業，要加強農村勞動力。所以，今年徵兵的重點是城市，不在農村徵兵，怎麼樣，你還是參軍吧！我爽聲答應：行！伯伯立即笑了，濃黑的眉毛高高揚起。他興奮地説，他在國務院會議上跟大家講了：今年的徵兵對象主要是城市青年，咱們都是當兵出身，也讓咱們的孩子到部隊裏去鍛煉鍛煉！你們可以説敢情你説話輕鬆，你沒兒子嘛！對，我是沒有兒子，我有侄兒，我可以送我侄兒去！他意思當然是送我去參軍。這時我才告訴他，我在學校裏已經參加了空軍飛行員的體檢，身體各項都符合標準，只是等最後政審了。看得出來伯伯有點惋惜，他説原來他希望我去當陸軍，在野戰部隊裏摸爬滾打，鍛煉會更大，當然，如果在學校裏能選上空軍的飛行員，也不容易，那就當飛行員。最後伯伯還説：秉鈞你能不能答應我，如果選不上飛行員，就到陸軍去服兵役，怎麼樣？我滿口答應下來。」

接著，伯伯又專門交代了成元功：「秉鈞當兵的事情，你們誰都不要插手，要是服兵役，讓他自己到武裝部去報名。」

結果，大弟秉鈞政審合格，被選上飛行員了。1961 年參軍到了航校，也曾下連隊摸爬滾打，表現突出，1962年就加入了中國共產黨。航校畢業後，他在廣州空軍的飛行部隊駕駛戰鬥機，在部隊工作了三十多個年頭，1992 年才轉業到地方。

在秉鈞剛參軍的那幾年，有一次回京到西花廳吃飯，還發生過一個小插曲。秉鈞和七媽一起吃飯，有道菜是一片生菜葉托著上面的炒菜，他不認識生菜就沒吃。伯伯回來以後，看見餐桌上還剩一片菜葉，就説：「哎呀，這菜葉怎麼沒吃掉？」説完就用筷子夾起來，蘸著剩的湯汁吃掉了。對此，秉鈞特別後悔和慚愧：怎麼可以讓伯伯吃我剩的菜葉呢？但他在北方長大，當時真的不知道這是可以吃的菜葉。

我四弟秉華是 1965 年高中畢業，他是正常的應徵服兵役。伯伯一方面非常支持，同時也根本不加任何的干預和聯繫。他當了三年兵然後復員回北京當了一名普通工人，因為工作認真、嚴謹，不僅做了幹部，還被評為部級先進工作者。

▶ 1968年的周秉鈞。

周恩來當年曾說：
這才像個當兵的，
以前的照片都還
像個學生

▶ 1961年周秉鈞（左二）參軍前與
周恩來、孫維世和金山在西花廳

▶ 周秉華軍裝照

1966 年後，學校都「停課鬧革命」。

1968 年夏天，我的小弟弟秉和、小妹妹秉建主動響應毛主席上山下鄉的號召，先後去延安和內蒙古插隊。臨行前，剛滿 15 歲的秉建到西花廳向伯伯、七媽辭行。秉建從小由媽媽帶大，她到西花廳的次數少，從小就特別害怕伯伯。每回到西花廳，伯伯跟她講話，她嘴裏答應著，兩眼只看著腳尖，頭都不敢抬。

那天，她第一次感到伯伯並不嚴厲，相反，非常親切。伯伯握著秉建的手，笑容滿面地說：「秉建真長大了！我和七媽堅決支持你到內蒙古草原去，希望你沿著與工農相結合的道路永遠走下去，和蒙古族人民一起建設好邊疆。來，你給伯伯在地圖上找一找你插隊的地方。」伯伯說著戴上了老花鏡，隨著秉建的手指在地圖上細細地查找起來。找準位置後，伯伯熟悉地說出了那裏氣候、草場、民族特點，然後語重心長地說：「秉建，你一定要有充分的思想準備，要多想困難。中國有句老話：預則立，不預則廢，什麼事情若事先想簡單了，遇到困難時就會發生動搖。這次你

去的是少數民族地區，一定要尊重那裏的風俗習慣。我聽說你平時在家不吃牛羊肉，到牧區可要鍛煉吃，不過生活關，就沒法在那裏紮根。到了草原，要虛心向那裏的牧民學習，搞好民族團結。」

秉建到了內蒙古草原後，七媽要送給秉建一個有短波的半導體收音機。她對我說：「秉建到草原上看報紙不太方便，我要送一個好點的半導體收音機給她，能經常聽聽新聞，學習黨的方針政策，關心國家發生的大事，要做一個有覺悟的新牧民。你去買，我付錢。」我說我已工作，我來出錢，七媽說她出錢是為了表示伯伯和他對秉建下鄉的支持。等我買回來，七媽立即寄給了在內蒙古大草原插隊的秉建。

此後，伯伯、七媽一直關心著去插隊的秉和、秉建。當年因為林彪、「四人幫」的破壞和干擾，伯伯辛苦、心苦已達到極限，經常通宵達旦地工作，一天睡眠不足三四個小時，但他對秉和、秉建的來信，都一一抽空閱讀，並囑七媽給他們回信：不要驕傲自滿，繼續嚴格要求自己，不斷進步。秉建給伯伯、

七媽寄回了身穿蒙古袍騎馬放牧的照片，伯伯看著照片，寬慰地笑了：「好，秉建像個草原姑娘了！」

兩年後，秉建在內蒙古當地應徵入伍了。當她參加完新兵集訓，穿一身軍裝走進西花廳時，心裏別提多高興！她知道伯伯和七媽都曾積極支持兩個哥哥當兵，如今自己穿上軍裝，伯伯和七媽一定更高興。當時解放軍威望高，參軍光榮，並且能吃飽飯，勞動強度也沒有農村大。沒想到一見面，伯伯當時對她說的話讓她大吃一驚，也永生難忘：「秉建，你能不能脫下軍裝離開部隊，重新回到內蒙古草原上去？你不是說內蒙古草原天地廣闊嗎？」

秉建急忙解釋：「我參軍不是開後門，是民兵大隊推薦，通過了體檢政審的正常手續。」

▲
周秉建在內蒙古牧區放牧

▲
周秉建在草原上熟練地騎馬

伯伯搖搖頭，表情嚴肅地說：「你參軍雖然符合手續，但內蒙古那麼多人，專挑上了你，還不是看在我們的面子上？有這個機會，應該讓牧民青年去，我們不能搞這個特殊，一點也不能搞。」

從感情上說，秉建何嘗不想留在軍營！她實在想不通，哭著，想著，但還是要按照從小認準的一條道理：伯伯說的，一定是對的，一定要照辦！經過激烈的思想鬥爭，終於在回到部隊當天，她流著淚向部隊領導寫下了離隊申請。部隊很想留她，沒有立即給她辦手續，因為多少事情都是可以拖段時間，便大化小，小化了的！然而在秉建這件事上真正是破了例，沒兩天，部隊領導接到了伯伯親自打來的批評電話：「你們再不把孩子退回去，我就下命令了！」於是，秉建終於脫下軍裝，又重新回到了內蒙古大草原。這次，當過四個半月兵的小妹下了狠心，堅持不回知青點，直接住進了牧民的蒙古包裏。她想通了一個道理，正因為我的伯伯是周恩來，所以，我應該堅持在大草原做一個最普通的牧民。

與此同時，小弟秉和也從他插隊落戶的延安，參軍到了新疆喀什做了邊防戰士。他在新疆拍了一張穿軍裝的照片寄給伯伯、七媽，與小妹秉建一樣的心情，想讓兩位老人家高興高興。很快，他就收到了七媽的親筆回信：「秉和，我和你伯伯都看了你的信。你想當兵，當然很好，但是，農村更是一個廣闊的天地，在那裏同樣可以大有作為。我和你伯伯都認為你還是應該回到延安去，和老區人民一起，堅持在艱苦的農村勞動鍛煉，改造自己。」小弟秉和看完信，儘管不甚情願，但也不得不去辦了離隊手續，重新回到延安。於是，小弟秉和只當了三個半月的解放軍，比小妹秉建的軍齡還少一個月！

記得1971年4月，我從貴州出差到北京，住在婆婆家中，因急著先辦公事，沒與七媽聯繫。誰知第三天一早就接到了七媽打來的電話：「秉德，你到北京三天了，怎麼還沒有來看我？」

我立即趕到西花廳，聊了會兒家裏的情況，七媽主動提起了小弟小妹參軍的事。

「參軍本來是件好事，但是，目前全國有上千萬的青年學生正在農村插隊落戶，由於農村的條件十分艱苦，最近

▶ 1970年，周恩來、鄧穎超為鼓勵周秉建到草原去，同她在西花廳合影

▶ 周秉和唯一的戎裝像

▶ 周秉和在延安插隊

已有一些幹部子弟通過參軍的途徑離開了農村。這樣做很不利於貫徹毛主席關於青年人上山下鄉去經風雨見世面的指示，在羣眾中也造成了很不好的影響。現在，我們要求秉和、秉建帶這個頭，越是困難越是不能離開農村……」

看來，七媽恐怕猜測我是因為對讓小弟、小妹脫軍裝的事情有想法，所以回北京才沒及時去看望伯伯和她。其實我心裏十分清楚，參軍在當時可是成千上萬農村青年、知識青年能夠離開農村、改善生活條件的唯一陽關大道，也是他們爭先恐後打破頭想要追求的。1968年我父親被逮捕直到這時還在受審查，如果不是知道小弟、小妹是總理的姪兒、姪女，參軍這種好事怎麼也不可能輪到他們頭上的！

想到這裏，我説道：「七媽，您和伯伯的這個決定，媽媽和我都沒有什麼意見！秉和、秉建回到農村和草原去，不單是對國家和人民有益，對維護黨的威信有好處，而且對他們自己本身來説，也能在艱苦的環境裏面受到更多的鍛煉。我自己也是有親身體會的，我相信秉和、秉建能想通。當然，從感情上説，秉建在部隊待了四個半月，的確非

常留戀。前不久，她給秉鈞寫了一封信，兵沒當成，但當兵四個半月的經歷已經成了她最珍貴的記憶，她真希望要一條軍棉被。夜晚，在散發著濃郁酥油奶味的蒙古包內，讓她蓋著黃色的軍被，在夢中回到日思夜想的戰友身旁，回味那緊張火熱的軍人生涯……」

「秉建感情挺豐富的嘛！」七媽讚許地點點頭，「我看她這點要求不為過，秉鈞是當大哥的，應該滿足秉建。」

「秉鈞也是這樣想的。他立即找到軍需倉庫，花了12元錢買了一條軍用被，打成很小的包裹，已經寄到草原去了。」

「好！上次秉鈞回北京開會，我給他談過一次，你們兄妹之間一定要團結，互相幫助，解決困難，是為你爸爸媽媽減輕負擔，也是不給國家增加麻煩。我知道你從1955年工作起，就每月給家裏20元錢，佔去你工資的三分之一。現在你們姐弟六人還有三個沒有工資收入，我們分個工：我讓秉鈞負責幫助秉宜；你在西安，離延安近，你就負責幫助秉和；我和伯伯負責幫助秉建，你看怎麼樣？」

「行！」我痛快地答應，心裏一陣激動：伯伯和七媽一直是我們家的經濟支柱，他們寧可苛待自己，也不願利用權力，違反原則，給自己的親屬以照顧，而是把幫助我們當成自己的義務，也當成共產黨員減輕國家負擔的實際行動。他們不僅自己做，還言傳身教，讓我們六個孩子也堅持這樣做。在「文革」這一非常時期，伯伯、七媽還是我們的精神支柱，如果沒有他們的教育，我們兄弟姐妹之間不可能像現在這樣親密無間，互助互愛。

❹ 用兩個周末召開的一次家庭會議

1. 七媽講四個重要問題

1964 年 8 月 2 日，星期天。中午，西花廳好不熱鬧，後客廳裏坐了周家三輩十幾口人，沙發上坐著伯伯、七媽、八媽陶華和爸爸、媽媽幾位高輩分的，我們兄妹六人和堂哥周爾輝夫婦、周爾萃，遠房堂侄周國盛、周國鎮，搬來椅子、高背竹椅圍坐成一圈。我找了個合適記錄的位置坐定。可能是職業習慣，也可能是當大姐的責任感，每次伯伯、七媽的談話都是我記錄，我的筆快，回去再整理出來，抄給每個弟弟、妹妹。這已經成為家裏的慣例。

七媽面帶笑意先開口了：

今天，我們利用禮拜天開個家庭會議，我先講幾個問題，然後恩來向你們多談些內容。

我要講的第一個問題是家庭中的關係問題。我們這個家，有各種關係：有父子關係、母女關係、婆媳關係、兄弟姐妹關係等；還有黨團員之間的關係，黨員與非黨員的關係等等。這樣多的各種關係，如何相處呢？

大家都是新中國的主人，都有遠大目標，不要糾纏於小家庭之間的關係

上，應該建立新型的關係。家庭也首先是平等、民主、和睦、團結的家庭。為什麼要平等？我對秉德、小咪（秉宜）是你們的七媽，或者對國鎮來講，是奶奶，我對你們就要講民主，不能一切都是我說了你們就得聽，這是老輩對小輩的民主。反過來說，年輕的對老年人也要尊重，老年人講得對的，就要聽；講得不對時，不應吵架、頂嘴，要把是非弄清楚。平等、民主不等於對老一輩不要尊重、不要孝敬了，對我們碰到的各種問題，都要有個民主氣氛，家庭才能和睦。兄弟之間，父子之間的認識，會有矛盾，但都是人民內部的矛盾。我們對待這些矛盾，要先從團結的願望出發，經過批評和自我批評，達到團結的目的，不是吵嘴，是講道理，進行批評或自我批評，要用新的關係去處理問題。

第二個問題，我要講我們老一代人對下一代人要強調勞動，黨員、團員、非黨團員，都要在勞動中進行改造、鍛煉，要懂得勞動創造世界的道理。

第三個問題，黨團員和非黨團員的關係。黨團員對家庭中非黨團員要團結，既要有原則，又要把關係處理好。

不能認為自己是黨員，是團員，就光榮，就了不起，根本看不起非黨羣眾，不向人家做工作，只給人家扣帽子，嫌人家落後，這樣不對。黨團員更應起模範作用，你先進，不幫別人進步，只你光桿一人能幹什麼？中國革命成功，不是只靠黨員才能成功的，不能瞧不起別人。小四兒（秉華）是好的，應該幫他進步，從善意出發，不應放棄黨團員的責任。

關係要處理好，還要有原則，要從根本上分清是與非，分清好事與壞事，然後要用說服的方式，不能強加於人，要一次、兩次、三次地說服，不要認為說服不了，就不耐心了。

第四個問題，要求我們家庭成員中的黨、團員要有組織性、紀律性，發揮模範帶頭作用。

伯伯星期五晚上要給應屆大學畢業生作報告。之前，國鎮聽說了，打來電話要票。我接了電話，告訴他要按自己的工作崗位，能有票就聽，不能拿到票，就不去聽，反正不能走家庭路線。小咪、爾輝、桂雲都要求去，成元功叔叔告訴我，還為他們幾個說話，說總理辦公室的人都可以去，也讓他們幾個

孩子跟著去聽吧。我說這不一樣，辦公室的人去，是組織上的決定，但小咪、爾輝、國鎮幾個，不能因為他們的伯伯或爺爺去作報告，他們就可以去聽，這是政治性的活動，不應該不按組織關係辦。如果是戲票、遊園票等文化娛樂活動，可能時，可以給他們票去看。

所以，我要求我們的家庭成員，不要因為咱們家中有個國務院總理，就任何活動都想參加。你們有困難，我們的工資可以幫助你們，毫不吝惜，但我們從來不利用工作職權來幫助你們解決什麼問題。你們也不要有任何特權思想。我們要把家庭關係和組織性、原則性區別開，不要搞亂，搞亂了勢必犯錯誤。家庭內的關係，要服從組織性、原則性，要公私分清。

今天是請家裏人自己吃飯，不是工作上關係來吃飯，不好意思讓公家的公務員為我們服務。今天我帶隊，組織年輕人、孩子們到廚房去端飯菜過來。吃好了飯，大家坐下來，聽伯伯為你們講家史，講講如何認識和對待周家這個沒落的封建官僚家庭。好，現在孩子們跟我一塊兒到廚房端菜！

2. 伯伯為我們講家世

七媽講完之後，我們就跟她一起到廚房端菜端飯。

偌大的一張飯桌坐得滿滿當當，什麼菜已經記不清了，但吃得很香。伯伯、七媽不斷招呼大家：多吃菜，別客氣。不到半小時，大家飯飽湯足，知道伯伯事情太忙，很快又回到客廳剛才落座的位置上，等伯伯講話。

伯伯雙臂抱在胸前，在客廳裏踱著步，這是我們都看慣了的。他走到秉宜面前停下來，對著秉宜以清亮的略帶淮安口音發問，以此開始了他的講話，一下就把大家的注意力抓住了：

「小咪，你說說我們國家有多大面積？」

周爾輝的愛人孫桂雲脫口而出：「有九百六十萬平方公里。」

「你是小學教師，當然應該知道！」伯伯轉臉對著孫桂雲接著問，「你再說說每平方公里有多少畝？」

「這……」孫桂雲的臉一下紅了。

看得出，伯伯並不想為難孫桂雲，他又收回自己的目光繼續問秉宜：「小咪，你知道你和國鎮是怎樣的關係？到上邊哪一輩是一個人？」

「不知道。」小咪搖搖頭。

伯伯又轉身問秉華:「小四兒,你知道不知道你和爾輝、爾萃是什麼關係?是同一個什麼祖?我和你父親是不是同一個父親?」

「我不知道。」秉華老實地回答。

「這個都不知道?這個應該了解嘛!」伯伯有些意外,他轉過身,坐在身邊的一張高靠背的小竹椅上,很耐心地對著大家侃侃而談:

我、同宇和爾輝的父親(潘宇,號恩碩)是同一個祖父。我們這輩人按大排行就算不清了,人太多了。我們這同一個祖父名攀龍、字雲門,這名字有封建思想,想中科舉。結果是秀才還是舉人,不清楚了。他下面只有四個兒子,沒有女兒,兒子按大排行是四、七、八、十一。我的四伯貽賡(字曼青)無子嗣,行七的劭綱(字懋臣)生有我們三個,就是我、博宇、同宇,我們的八叔貽奎生了潘宇一個,十一叔貽淦也沒有孩子。

我們的曾祖父光勳公,號樵水,這個名字還好些,還有個務農之意,他是地道的紹興人,紹興有他的墳(到我們

祖父攀龍就遷到淮安,也埋在淮安)。前幾年,紹興縣寫信給我,問對光勳公的墳要修,還是深埋?徵求家人意見。1939年我在新四軍作戰時,曾路過紹興,公開回老家去看看,我們老家的地址是在紹興保佑橋,百歲堂(前十代的一位祖先活到百歲,建了此堂,現在還在,他們想重修)。1939年那次,一位本家(我記不清是誰了)拿出了家譜給我看,上面有我的名字。還有我們的四哥恩夔的名字,我知道一定是我的六伯嵩堯回紹興時寫上去的。那位本家帶我撐一條小船,看了這位曾祖的墳和本家其他十幾個人的墳。墳在外凰山上,我還上了墳。那時已講統一戰線,如果不上墳,人家會說你共產黨不認祖宗。

土地問題一定要解決,中國有六七億人口,只有十六億畝耕地,平均一人二畝三分地。將來人口越多,每人平均土地越少。這只有兩條出路:一是提高單位面積產量,一是城市個人增產,利用城市可利用的土地為自己補充食品,為國家減輕糧食負擔,但絕不許走私,高價出賣。爾輝、孫桂雲你們兩個共產黨員要做榜樣。曾祖樵水的墳,

人家來信問，已破爛不堪了，準備重修，人家不肯深埋。我告訴他們不准修墳，要平墳，起碼不准修。如果他們修，我一是要付錢，二是仍要平掉。當然對平墳的問題，也不能由我一個人決定，以後如有機會到紹興，我要找本家開個會，共同研究把墳平了。

祖墳在紹興，紹興的家譜上又有我的名字，我不能不承認是紹興人。但我生長在淮安，滿嘴的淮安口音，也不能不承認是淮安人。所以我說我是「原籍紹興，淮安生人，江浙人也」，為這個籍貫問題還很費了些腦筋呢！

說是紹興人，不僅是因祖墳和家譜，更重要的是我們封建家庭的根子在紹興。封建家庭的老底子可厲害了，影響思想，影響生活習慣，封建根子不挖清，思想認識不到，你的思想覺悟就提高不了。

我們家沒有土地，為什麼說是封建家庭呢？過去紹興人靠什麼為生？一靠土地，二靠當紹興師爺。師爺很厲害的，給縣官出主意的，現在叫「祕書」。縣官都用兩個師爺：一個管收稅，多數是滄州師爺；一個管判案子，多數是紹興師爺，都可以剝削人。紹興師爺

的行會，把持、壟斷師爺職業。全國兩千多個縣，多是紹興師爺，上一級的府也是。哪個縣的案子如果不是紹興師爺辦的，到上一級就不能讓你打贏。做師爺的沒有不貪污的，所謂「清廉」，只是少拿些錢就是了。紹興人大部分在外面當師爺，有了錢就回家置地，進行封建剝削。有人到外邊辦南貨莊，進行商業剝削。

我的曾祖父下有五個兄弟，都搬到了蘇北，大、二、三、四都做過縣知事，老五沒做過。我祖父是老四，從紹興師爺升到縣知事，做官還不是剝削人？也可能不太大，因為他沒買下土地，只留下了一處房子，在淮安駙馬巷，還是我二祖父和我祖父合買的。

我們上一代，還都去拜紹興師爺，給人家做徒弟，但沒學好，只有二伯、六伯學得較好。六伯中了舉人，做了師爺，後來還曾給袁世凱做過祕書，在中南海辦過公，他賺了不少錢，娶了兩個妾。他的兒子恩夔，從小不讀書，不學好，整天打鬧、罵人、欺負人，生了十個兒女，自己沒能力供養，靠他父親供養。封建家庭，上一代錢來得容易，就不會教育出好子弟來。

我父親這一輩有兄弟四人，按大排行是四、七、八、十一。八叔腿癱了，十一叔剛結婚一年就死了。十一叔、嬸都屬虎，才二十歲，我剛一歲，就把我抱過來過繼給了十一嬸。只有四伯到東北做了科長，我父親老七能力不行，老實得很，不會扒錢，家裏就破落了。從我記事時，家裏就破落了。

具體地說，我們這個家是個破落的封建官僚家庭。沒土地，只有房子，也不出租。

說實話，長到那麼大，我還是第一次知道我們周家是個這麼龐大的家族。伯伯喝口水潤潤嗓子，又接著自己的思路說下去：

我外祖父姓萬，江西人張勳的參謀長與我外祖父是一家人。我外祖父萬青選在淮陰（清河）縣做知事及淮安知府30年，沒有出過錯，沒有被裁下來，一般人都稱讚他。他只有一個姨太太，共生有18個兒子，14個女兒。他身體非常好，活到九十多歲，他最喜歡我們的媽媽——第十二個女兒，人稱萬十二姑，小名叫冬兒。她從小開朗活潑，雖身為貴族小姐，卻不像大家閨秀，不肯纏足，她一直到十一二歲才纏足。外公經常帶著她到處走，參加各種活動、禮儀排解糾紛等，所以她以後很會處事，很會應酬。（我想伯伯的相關作風，也正有她的基因。）

萬家在淮陰河北石版十里長街有所大房子，有90間房子、幾進院子。

我的父母兩方面都是封建官僚家庭，我生下來時，兩家生活都在下降、破落。

我上一代的四個兄弟中，十一叔死得早，我父親和四伯父到外邊去做事，家裏的男人只有八叔一個，但他腿癱，不管事。我七歲時，四媽死了。我九歲時，我媽和十一嬸也死了，只有一個八媽帶著我們這一輩兄弟四人，家中生活靠把房子押出去，到當鋪去當東西，或者借錢過日子，有時四伯寄錢回來還一筆賬。但就是這樣，還要裝門面。吃都困難，每年仍按期給各家親戚送壽禮！我痛恨這虛榮！

小時候在家裏，有兩件事我最看不慣，一是破落下來還要裝門面；另一件是搞彩票。彩票太壞了，助長人的僥倖心理和不勞而獲的思想。一提彩票我就

煩，所以現在我把彩票廢了，我要報復舊社會的彩票。

我父親和十八舅舅合起來買了一張彩票，頭彩是一萬元，彩票擺在我母親手裏，號碼被一個親戚知道了，開彩號碼登出來後，他知道父親他們得了頭彩，想騙過去，對我父親說他要幫助查號，要把彩票拿過去。我母親精明，不肯給那個親戚，怕他給調了包，一定要自己對，一對，正得頭彩！真是高興得頭都昏了，首先想到玩，要大講排場。彩票在武漢，要坐船去兌，一路上到處玩。我母親就要給這個送東西，給那個送禮物，又要買皮衣，又要買留聲機，她是從小看慣了講排場，愛面子的。這五千塊錢，光是玩、送東西就不在一半以下。債主們聽說，又都來討債，親友們又紛紛來祝賀，住下來要吃要喝還要拿，母親壓力沉重，想躲一躲，決定暫時搬到她的娘家淮陰。只有父親、母親、我們兄弟三人和十一嬸我們六人搬去了，是住在外祖母家（我剛出生時外祖父就去世了）。但人家人多，我們剛發了財，長住人家也不好，就搬到西頭的陳家花園住了一年多。這所房子有 14 間屋子，

但父親做事一個月只有 16 元，錢很快就花完了，別人給他介紹到湖北做事，家裏就借錢過日子。

母親又勞累，又愁悶，得了肺結核，半年就死了。父親都沒來得及見上她一面。她死後，十一嬸對我說：「我也活不長了。」不久她也死了。（注：一位黨史研究專家曾對我說：抗日時期在重慶，周恩來曾對一位同志說：「我母親陳氏很能忍讓，所以我也學會了忍讓。」這也是對伯伯性格的重要影響之一。）在一年內死了兩個母親，給我打擊太大，印象深刻。當時我只有九歲，母親死時，棺材是借錢買的，是楠木的，已經很好了，但外祖母還一定要搞什麼七層漆，五層麻，逼得我九歲時就要拼命想辦法再去借錢。後來十一嬸死時，人家問我怎麼辦，因是我的過繼母親，外祖母當然不會要求什麼，由我做主，我只說買了棺材運回淮安與父親（注：指十一叔）合埋。

得彩票，完全是曇花一現，我小時看到這狀況就想，為什麼前後有這麼大的變化，所以我最反對彩票了。

兩個母親死後，我帶著溥宇和同宇從淮陰搬回淮安。一屁股債，常有人到

▶ 周恩來的嗣母陳三姑畫像

▶ 周恩來童年讀書處

▶ 1910年至1913年周恩來讀書的奉天第六兩等小學堂（後改為瀋陽東關模範學校），在這裏他發出了「為中華之崛起而讀書」的豪邁心聲

家來要賬，要利息，我就到處典當、借錢。典當時還常被人家嘲弄，所以我是從小就嘗到了人間的世態炎涼。從10歲到12歲，我當了兩年家，在牆上有張紙，要把親戚們的生日、祭日都記下來，到時候還要借錢去送禮，東家西家都要去，還要到處磕頭。到外婆家要走30里地，還要坐船過河，連吃飯都困難，還要搞這種虛排場，就想這家真難當！

我12歲，四伯把我接到東北去讀書了。12歲以前我受的完全是封建教育，家裏請了先生教書，也是借錢請的，他只為自己考秀才，對我們根本不負責任。我的知識許多都是從看小說得來的。我母親，就是十一嬸，認字，會寫詩，她總教我讀詩，還讓我看小說。小時，博宇很頑皮，雖然比我小一歲，我常受他欺負。一次他玩刀子，掉在我眼睛下面，險些傷我眼睛。母親就把我關在屋子裏看書，背詩，總跟著她，所以嬌生慣養，身體不好。

我身體好，是到東北以後跟四伯父住在一起。到東北有兩個好處：上學，冬天夏天每天都要有室外的體育鍛煉，把身體鍛煉好了；吃高粱米，生活習慣

改變了。另外學會了交朋友，我由南方到了東北，說話口音重，同學們罵我是「南蠻子」，每天打我，欺負我，大同學還扒下我的褲子打我。我被打了兩個月，被逼得想出辦法，我就交朋友。他們再打我，我們就對打，他們就不敢再打我了。東北的幾年對我很有好處呢！

我是經過封建教育、資產階級教育的。對封建教育我是反感的，那時代，到處講面子，不勞而食，借錢過日子，還死要面子，完全是一派虛假。現在看來，封建家庭一無是處。只有母親養育我，還是有感情的。另外是四伯接我出來唸書，唸中學時，先供我一年，後來因我成績好，就公費了。到「五四」時，對家庭有認識了，想脫離家庭。後來到日本、法國去學習，都靠同學、老師的幫助和自己的奮鬥。以後加入了黨，與家不通信，怕我加入了黨連累家庭。所以1928年去莫斯科參加「六大」路過大連被日本憲兵盤查時，我就說來東北是去吉林找舅父周曼青的，沒說是伯父。

我在24歲（按：根據中央黨史辦資料，實應為23歲）入黨以前，是受

資產階級教育的愛國思想，知道舊家庭是沒法奮鬥出來，對家庭沒有留戀，但我對伯伯沒有反感，對父親也很同情。所以我敢去吉林找四伯，相信他不會出賣我。我對家庭這樣的認識，是一步步來的。

好，對我們周家情況就先講到這裏。下星期天再來，我們接著談。

「伯伯，下星期主要談什麼？」我放下筆記本忙著問。

「聽你們七媽說，你們都想去聽我給大學生作的過『五關』的報告，七媽沒答應是對的，凡事應按組織原則辦。下星期我專門為家裏人講一次，你們是近水樓台先得月，我則是盡義務吧！」

「太好了！」大家一片叫好聲，真為有這樣的榮幸感到自豪和驕傲！確實，在那個時代，我們從沒想過因為有個當總理的伯伯可以開什麼後門，生活、工作上得到什麼特殊照顧，但很看重政治上能得到伯伯直接的關懷和幫助！因為他太忙，像這樣一次兩個小時的與家人談話的機會實在也是太少了。

3. 伯伯講「過五關」

第二個星期天，也就是 1964 年 8 月 9 日。還是 14 個人，全家人自己照顧自己吃完午飯後，13 點 20 分，又都落座在西花廳的後客廳裏。

穿著白色短袖衣的伯伯，很隨便地坐在小竹椅上，兩眼炯炯有神，沒有什麼開場白，他直入主題：

上次講了些家庭歷史，今天不講了，講講「過五關」。老的過五關，關公的過五關，不去談它了，我們現在講過五關是借用這個詞。

第一，講思想關。思想，就是人的腦筋裏想什麼。想什麼這個問題就大了，有人想得不對，思想方法不對頭，怎麼辦？要自己一件事、一件事去實踐。你去經歷一件事，對這件事才能懂，有的也不一定馬上就懂。人的思想想的什麼，也不一樣，就是共產黨員和共產黨員想的也不完全一樣，周秉德和周恩來的思想想得都一樣？都不一樣。人的世界觀也不一樣，現在問你天外是什麼？秉德回答，回答不出嘛！那是個未知數，人們還不知道。但是要問陶華（伯伯的堂弟潘宇之妻），她就可能

說是菩薩、天老爺、玉皇大帝。這就是思想認識的不同。世界上總有許多未知數，不是一切事物都已被認識了的。天外是什麼？是個未知數，現在坐宇宙飛船也達不到，我們要不斷地去了解。但有些人圖省事，又迷信，就說天上有上帝，有玉皇大帝，那是唯心的。這些未知數到底是什麼？我們解決不了的，就要下一代去解決，我們總是盡可能解決一些，解決不完、認識不完的，就一代一代、子子孫孫傳下去。世界是無窮的，永遠也解決不完，認識不完的，所以我們就總有工作要做，這就是辯證唯物主義的觀點。

看問題的方法不一樣，我們這些人都有距離。陶華與我們的距離較大了。有人稍懂一些，但也只是那一件事、兩件事懂了，也不是所有的事都懂了。大家都是一件事看對了，再去正確對待一件事。共產黨員、老點的，就比較對。我算老的了，但也還是要不斷改造。我常說：「要活到老，做到老，學到老，還要改造到老。」我在觀察社會現象上看不對，在政治上看錯了的，也有。

思想上完全與我們相反的，唯心的、主觀的人，我們家庭中不能說沒有；就是貪污的、勞改的、做壞事的也有。這是因為環境不對頭，對他們有影響。這些人能不能改造過來，要靠社會，靠羣眾的教育和影響，更要靠自己的努力改造。

但總希望靠近的這些人的思想較一致。在我們這個家庭裏有三種類型的人：第一種人，自己不能創造環境，需要我們幫助。如陶華，不要總悶在駙馬巷周家院子裏和那些老太太談舊事，要打開這個圈子，要和工人、農民、勞動者多接觸，談談新鮮事，認識些新人。兒子、媳婦都是共產黨員，要幫助她，帶她到外面走走，了解些新鮮事兒。不然整天和鄰居老太太在一起，只知道談過去的事。「好漢不提當年勇」，周家以前的事就不去提它了。

第二種人，要自己創造環境。同宇已退休一年了，退休時我說過，現在小學二部制多，孩子一放學回來就野了，吵嚷打鬧得很亂，你拿著國家發的退休金，應該為人民做點事情，你可以把一些孩子組織起來活動、學習。我們要創造出新的作風。你一天用兩小時對孩子盡點義務、起點作用，不是什麼大的負

擔嘛！你是我的親弟弟，你要表現出模範的行動來。我希望你可以自己創造條件，應盡義務，要從一個方面、一件具體事去表現。王士琴也是走出了家門，進入了社會，當然還要自己去創造環境，不必像陶華那樣需要別人的幫助。

第三種人，就是共產黨員、共青團員和青年們，得不斷前進，不要滿足。提高思想要一件事、一件事地去認識。小咪下鄉勞動回來以後，精神面貌有了改變。要經過真正實踐，幹活，用了心了，才能改變思想，不是讀一本書就行的。對我們接近的人要幫助，要創造新的環境。青年人得不斷前進，不要滿足現狀。

過思想關，是從小到老，改造不完的，總要前進。思想關是用什麼方法想事情就對了，用什麼方法是不對的。思想問題不解決，就是對立的矛盾。要使思想方法完整、全面，要長期鍛煉才能學得好。

第二，講政治關。我們國家是共產黨領導的無產階級專政的國家。看你站在什麼立場上，是站在反動的立場，還是我們的立場，是反動的立場就談不到一起了。在還贊成我們國家的人中間，

也還是有懷疑的。假如在駙馬巷有人造謠，說蔣介石要打回來了，看你周家怎麼辦？陶華會怎麼想？也許就不知該怎麼辦，有點擔心。爾輝、桂雲是共產黨員，就要幫助媽媽站穩立場。

一個人的立場是不是永遠站得穩？靠不住。思想稍一歪，也可能不穩了。

政治上我們第一要幫助別人，第二要經常檢查自己是不是站穩立場了，共產黨員自己要經常考驗自己是否站穩立場了。

第三，講親屬關。我們家的親屬複雜，我們是舊家庭、舊環境、舊觀念。怎麼樣才能拖著全家投降無產階級？我現在就要帶領你們投降無產階級。這話聽起來好像很不舒服，二十多年前在延安開展文藝整風時，文藝界的人就對「投降」這個詞想不通，朱德同志對他們說：「我半輩子軍閥，到現在才投降無產階級。」那些人聽了才想到要向無產階級投降。

我總是想談封建家庭，是想批判它，否定它。要否定封建的親屬關係，不是消滅他們，是要救他們，把他們改造成新人，拖過來投降無產階級是可以幫助改造的。舊的否定了才能創造新

的，否定以後，在其中找出些好的肯定下來。對一個人的肯定、否定，要看晚年，你過去不好，最後好了，算是好了。我們要否定舊作風，創造新風氣。

第四，講社會關。社會環境有兩類人，也要一分為二，凡是壞人就要與他斷關係。另外的人也有兩種：一是直接參加生產勞動的人，一是非生產勞動的人。我們碰到的人腦力勞動的多，要創造環境，多與新的生產勞動者接近、來往，自己也要多勞動。

第五，講生活關。這是最難過的關，在生活實踐中要勞動，就可能鍛煉自己。我為什麼痛恨舊社會封建家庭？沒落的封建家庭，什麼都敗壞了，貪污、腐化，有許多壞東西，我們小時候都見過。如果認為無所謂，就會鋪張、虛榮、說假話，完全是虛偽。我最痛恨這些。對這種生活方式不痛恨，就改變不了它。你們年輕一代，不要學老一代的舊的生活習慣，穿衣服要樸素，要一心一意為人民服務。

我們周家沒有個工人，國盛來了，就決心培養她做工人。開始她想不通，現在已經做了八年工人了，培養個工人可不容易呢！

無產階級家庭的本能，有無產階級的感情。一位電車公司三十多年工齡的老司機，是個老黨員，一個人養七口人，住一間屋子，用一條毛巾。你們誰曾困難到這個程度？他這麼困難，每天回到家裏都要給全家講黨史，講黨課。他有個女兒，學校組織勞動她不去，問她為什麼？她說怕曬黑了，將來當不了演員。他一聽馬上火了，說：「今天我這隻手得犯錯誤了。」上前就打了女兒一巴掌，說：「你當演員我不反對，但你要演工人、農民，為人民服務，又不是讓你給資產階級當演員，要那麼白幹什麼？黑是健康，黑才光榮！」人家無產階級感情鮮明。如果小咪去勞動，怕把臉曬黑，你們會是這態度嗎？當然，我們也就是教育教育，也不會打的。

親屬關，也必須一分為二，要有個界限。壞的，反動的，就不與他來往，需要幫助的和自己創造條件的，都要給你們幫助。

秉華要去農村，好，我們是支持你的。

好了，今天就講這麼些了，思想關和生活關，一頭一尾最重要。

這時，客廳裏響起了一片掌聲……

說實話，聽伯伯講如何「過五關」，我比上次聽家史還要投入，因太專心聽了，手上的筆竟不知什麼時候就停了下來。伯伯講的遠比我記錄下的內容多得多。但是，伯伯要「帶著全家向無產階級投降」這句話，給我們大家的印象太深刻了。當然，如果不是經過「文化大革命」，我們不可能真正弄懂「向無產階級投降」的難度！不是你願意投降，就能夠有人接受的！伯伯一生不斷學習，不斷改造自己，努力向無產階級的大公無私靠近，但在中國這塊封建性根深蒂固的土地上，為了維護黨的團結和毛主席的領袖地位，特別是維護國家的穩定，他確實也無法做到無所顧忌地抗爭。伯伯只能面對現實，忍辱負重地因勢利導，竭盡全力來保障國計民生。

第七章　親歷「文革」

幾十年過去後，我明白伯伯也像絕大多數黨和國家領導人一樣，對毛主席親自發動和領導的「文化大革命」「很不理解，很不得力」，但他畢竟是中國共產黨的領導人之一，維護和執行黨中央的決定是他的職責。他曾不止一次地說過：我犯過政治錯誤，但從來沒犯過組織錯誤。確實，伯伯在加入中國共產黨後，從來沒在黨內拉過山頭、搞過宗派，一直光明磊落。

在西安親歷「文革」

我1964年「十一」結婚，1965年春，我丈夫沈人驊調到西安工作。5月份，中央下了文件通知：要精簡北京市人口，在北京工作的夫婦雙方，只要有一方不在北京，另一方不論男女，都跟著調離北京，到對方的工作地點重新安排工作。當領導通知我有這樣一個文件時，我立即表態：我一定按中央的指示辦，等8月份生下孩子休完產假，立即調到西安去。

去西安前，我向伯伯、七媽辭行。兩位老人請我一塊吃頓飯。不知是碰巧還是有意安排，四樣菜中唯一的一盤葷菜便是胡蘿蔔紅燒羊肉。過去我嫌羊肉膻氣，從來不伸筷子，今天卻伸出筷子撿了一大塊，有滋有味地吃起來。七媽特明白，她笑著打趣說：「秉德有進步了，西北牛羊肉多，入鄉隨俗，現在就練著吃牛羊肉啦！」

正吃著飯的伯伯關心的卻是另一件事，停下筷子問：「你去西安，孩子怎麼辦？」

「留在北京爺爺奶奶家裏。」

「為什麼不帶孩子到西安去自己撫養？」

「前幾個月，我到西安休假過一次。人驊部隊住在郊區，離城還有38公里，我每周要擠郊區公共汽車進城上班，平時只能住機關集體宿舍。偏偏現在人驊又被派出去參加地方『四清』，不在部隊，我一個人又要帶孩子，又上班，實在忙不過來。孩子是爺爺奶奶的長孫，疼得不行，留在這裏，他們會精心照顧的。」

「精心照顧這一點是沒有疑問的，老話不是常說『隔代親』嘛！我只擔心孩子跟著老人，會因為照顧得太周到，嬌生慣養給寵壞了。」

「伯伯你放心，我和人驊已經商量好了，等我工作環境熟悉，孩子能上託兒所時，就立即把他接過西安去。」

「這樣就好！」伯伯面露滿意的微笑，「孩子一定要從小嚴格教育，不能寵！」

確實，伯伯、七媽對我隨丈夫調離北京之事，絲毫沒感到驚訝，更不會有

一點干預。因為在他們看來，按黨的政策辦事，是每個共產黨員的義務，沒有什麼人可以例外的，作為伯伯的親屬更要帶頭。伯伯壓根沒擔心我去西安人生地不熟，更沒想過要不要託熟人照顧，相反，只擔心留在北京的孩子會太受老人寵愛，嬌慣壞了！是呀，在伯伯、七媽的人生字典中，只有奮鬥和磨煉，他們對人民，對黨的事業，可以說是全心全意地付出。但對身邊的人，越是親近的人，似乎越嚴大於愛，或者說愛往往是密封在嚴格的要求之中，往往只有等你真正勇敢了成熟了，才能體會到嚴格才是真正的愛！

1965 年 10 月，我調到西安，分配在西安市輕工業局人事科當幹事。住在機關的集體宿舍裏，周末乘公共汽車回到離城 38 公里的郊區空軍工程學院的營房。每周一的一大早起床就像衝鋒，急匆匆吃點飯就往郊區公共汽車站趕，只能提前，不能有片刻的耽誤，郊區車少，如果趕不上頭班車，進城轉車再順利也要遲到！那時年輕，身邊也沒有孩子，早起晚歸的日子，並沒有覺著辛苦，相反，與在北京相比，還多了許多樂趣。

過去我從小住校吃食堂，回到西花廳也是去吃食堂，即使是陪伯伯、七媽吃飯，也是由師傅做好了，我跟著吃現成的。星期天回到媽媽家，想幫著媽媽燒個菜吧，一來廚房有大娘操持，二來媽媽又疼我難得回來，總把我從廚房往外轟。嫁到婆家住了一年，下班一推門，飯菜全在桌上擺齊了，婆婆眉開眼笑地招呼：「福氣人，回來啦，快洗手吃飯！」總之，論年齡也是快三十的人了，而且已經當了媽媽，在北京時，我還真不會做飯炒菜！

我剛到西安時，人驊還在外地農村參加「四清」。我住的營區筒子樓，三四家公用一個廚房，我基本不進去，主要是吃食堂，有時用煤油爐燒點水喝。

那天聽說人驊要回來了，正好是星期天，我想他在農村參加「四清」好幾個月，又辛苦，伙食也不會好，於是高高興興上街買了隻雞，想用香噴噴的雞湯犒勞一下丈夫。應該說我想得夠周到了，我不會燜米飯，擔心第一次燒糊飯或者夾生飯，便學著大食堂，在飯盒裏放了米，加一盒水，放在鍋裏隔水蒸。當打開飯盒蓋，我看見剛才的水米分明

變成了滿滿一盒油亮亮的白米飯時，在公用廚房裏興奮地叫出了聲：「瞧我蒸熟了一盒飯，瞧我蒸熟了一盒飯！」

突然，我從廚房鄰裏的異樣的眼神裏讀到了這樣一句話：快三十的人了，蒸熟一盒飯也值得這樣高興！不覺伸伸舌頭，自己悄悄樂。

可惜那鍋雞湯沒有這麼幸運！我買回的三斤煤油已經全燒完了，那隻塞在砂鍋裏的並不大的小母雞，還像雕塑一樣硬挺挺地躺在湯裏，想用筷子扎扎爛不爛，筷子往下一扎，雞像有生命似地彈到一邊。鄰居幾位大姐都來參加「會診」：蔥、薑、鹽、料酒，我是一樣沒少放。有位大姐突然問道：「鹽是什麼時候放的？」

「當然是蔥、薑、料酒、鹽和雞一塊放進鍋的！」

「難怪三斤煤油煮不爛一隻雞呢！」

「只怕再給你三斤油也煮不爛！」

「鹽要最後才放呢！」

大姐們你一言我一語地教我，我懊

惱極了，直罵自己太笨，好不容易買隻雞還燒不爛！

不料想人驊卻大加讚賞：「不愧是我的好愛人，知道我這鋼嘴鐵牙，最喜歡吃有嚼頭的雞肉，真香，真香！」那一頓飯我倆還真把那隻硬邦邦的雞連湯一塊吃了個底朝天！

從人驊回來，我便常進公用廚房了。看別人做菜，用啥料，怎麼炒，我總留點心，照葫蘆畫瓢，慢慢也能學著做一點。能夠自立了，心裏還真是挺高興。

只可惜好景不長，「文革」一開始，我作為人事科的幹部，不久便成了造反派揪鬥的對象——他們要我交出局長們安排的接班人的名單。我當然堅決不給。他們要我憑自己的記憶，揭發領導幹部的歷史問題。我堅持不講。於是，我被罵成「死老保」，不斷被造反派拉去問話、批鬥。有一回，造反派想抓科長沒抓著，竟把我抓去當反省的「替身」。我被關在中共中央西北局一間四壁空空的辦公室裏，水泥地上鋪了幾層稻草。我一連被關了三天！好在那時天還不太冷，否則事後難免不落一身病！

因為我畢竟不是官，又找不到我什麼過硬的「罪行」，三天後，終於把我放了。

辦公室裏，科長見到替他受過的我，心裏很不過意，他感慨地說：「秉德，你如果講出你是周總理的親侄女，造反派一定不敢關你了！」

我堅決地搖搖頭。在我的檔案裏，只有在入黨志願書上我填過伯伯是周恩來，其他的簡歷從未提過與總理的親戚關係。在人事科裏，也只有科長看過我的檔案，知道這層關係，其他人一概不知。我也從不在外面說。

但是，在工作上，我永遠不忘記自己對伯伯、七媽的承諾，一定要做得最認真，最棒！所以，不管那時候單位裏有沒有人，上不上班，不管郊區汽車通不通，城裏街上有沒有武鬥，我都堅持每周星期一雷打不動地去上班。

② 在伯伯辦公室門上貼「大字報」

1966年6月開始的「文化大革命」，自從毛主席《我的一張大字報》發表，全國開始批判黨內資產階級反動路線。只短短幾個月的時間，幾乎所有的國家機器都陷於癱瘓，幾乎所有的部長都被揪鬥，無法工作。1967年5月21日，我由西安出差來北京，到西花廳去看伯伯和七媽，無意中站在伯伯辦公室門口往裏一看，不覺大吃一驚：原先寬大的會議桌上、躺椅上、地面上，都被厚厚疊起的各種各樣的文件、報紙堆得滿滿的。

記得那天我坐在七媽房間裏，忍不住地問：「七媽，伯伯辦公室怎麼成了文件庫一樣，堆放了那麼多文件？」

七媽無可奈何地搖搖頭說：「本來全國各地向國務院各部委彙報情況，並由各部委處理的文件，由於各部委都受衝擊無法正常工作，於是無論哪個部的問題和文件就都往西花廳報。你伯伯白天要參加政治局會議、羣眾會議、接見外賓，就是天天不睡覺，也批不完這麼多文件啊！現在他睡覺的時間越來越

少，常常我早晨已經起床了，他屋裏的燈還亮著呢！這樣長期下去，再好的身體也要累垮了！」

「七媽，你勸勸伯伯。」

「我說多了他不高興。他理由多了，這麼大個國家，這麼多的人民，總要有人管具體的事情，幾億老百姓要吃要穿呀！」

果然，等伯伯回來我一看，心裏真不是滋味：伯伯的臉更加瘦了，老人斑也明顯多了，原來特有神的眼睛，如今佈滿了血絲，變得有些朦朧了。他吃飯更快了，三下兩下就放下筷子，急匆匆走進辦公室去，步履似乎也不如過去那樣輕快敏捷，顯得沉重了許多。我看在眼裏，心裏真著急！

這時我又意外地在伯伯辦公室門上發現一張大字報，仔細看去，是祕書、醫生們寫的，還有七媽的五點補充建議，都是針對剛發現伯伯有心臟病，請求他改變工作方式和生活習慣、注意休息的內容。這張大字報是2月3日寫的，陳毅、葉劍英、李先念等都簽了

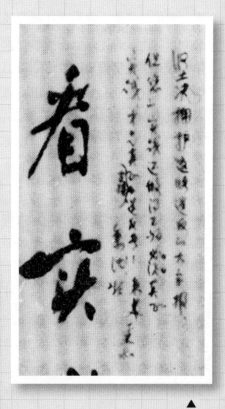

周恩來同志：

我们要送你一條意見，就是请求你改变现在的工作方式和生活习惯，才能使你的身体变化情况，从而你才能够为党工作得长久一些更多一些，这是从你们党和革命的最高的长远的利益出发，所以强烈请求你接受我们的请求。

诚恳提交，于看完後。

周恩来

二月四日

赵炜、霍爱梅、李连才、孙俊文、郑淑云、赵蕴峰、桂焕云、张佐良、张元、张云秀、纪春林、佟树迪、杨金明、高振普、孙勇

一九六七．二．三

一九六七年二月三日張貼在周总理办公室门上的一张大字报。

字，伯伯也寫了八個大字：「誠懇接受，要看實踐。」我一算三個多月過去了，伯伯的生活習慣仍未改，休息得仍然少啊！我想我不能只簽個字，還要再加重些語氣多提醒他一下才行。於是，我便在伯伯的八個大字旁邊寫了一段小字，主要是說：「您的實踐還做得不夠，必須真正實踐才行。」

其實，在那種特殊的年代，指望用大字報來保證伯伯的健康，那當然只是良好的願望。但是，這一張大字報，卻成為戰友、部下和親人對伯伯一片真情的珍貴的歷史注腳。

記得那一天，我留在西花廳吃午飯，飯桌上我憋不住滿肚子火，大聲批評起西安各大學的造反派，衝擊陝西省委鬧什麼靜坐示威，不分清敵我矛盾還是人民內部矛盾，用對付敵人的辦法對付陝西省委，太不像話！

伯伯停住筷子，很認真耐心引導我：學生大方向對，只要符合《十六條》，擁護黨和毛主席，就是革命學生。

我想不通，忍不住又頂了一句：「那些造反派，殘酷批鬥革命老幹部，盡做讓親者痛仇者快的事，這也算大方向對嗎？」

伯伯語調嚴肅起來：「秉德，你不要只站在省委領導的立場看問題，只聽一面之詞，要透過現象看本質。」

我不服氣地堅持道：「伯伯，這可不是我一個人的意見，持我這種意見的人可多了。西安大多數黨政機關的幹部羣眾都想不通、看不慣呢！為什麼這次『文化大革命』只能相信少數學生羣眾，不能相信廣大的工農兵呢？」

回去的當天，我立即追記了伯伯當時的講話，所以我至今記憶猶新。伯伯當時就火了，他不客氣地批評我：「你太主觀了！你這人不行，還不如妹妹，妹妹是要革命，但說不出道理來。不管怎麼說，用多數派反對少數派就不對，有壓力，你怎麼能肯定少數派就不革命呢？要到最後才能做結論。」又說：「你好像是省委派來做我的工作來的，你總是袒護省委，為省委講話，你再這樣我就把你趕走了！」

「我可不是省委派來做您工作的！省委根本不知道我這個人。」我一下急了，連忙解釋，「我只是說我自己的看法，說大多數羣眾的看法。」

▶「文革」中，周恩來盡最大努力制止林彪、江青一夥挑動羣眾批鬥黨、政、軍領導幹部的行為。這是 1966 年 12 月他和受他保護的陶鑄（右一）、陳毅（右三）、賀龍（右四）在批鬥會上

　　「哈哈哈⋯⋯」伯伯笑出了聲，繼而一字一句地強調說，「我這裏可從來沒有後門，不能通過子侄們來要求我解決工作上的任何問題！

　　幾十年過去後，我明白伯伯也像絕大多數黨和國家領導人一樣，對毛主席親自發動和領導的「文化大革命」「很不理解，很不得力」，但他畢竟是中國共產黨的領導人之一，維護和執行中共中央的決定是他的職責。他曾不止一次地說過：我犯過政治錯誤，但從來沒犯過組織錯誤。確實，伯伯在加入中國共產黨後，從來沒在黨內拉過山頭、搞過宗派，一直光明磊落。在「文革」初期，他也是努力想跟上形勢，他批評我，也是希望我跟上形勢，不要與「文革」運動產生抵觸情緒，防止成為運動的對象。

小妹帶著七媽親筆信忽至西安

　　1968 年在我的記憶中是痛苦的、難忘的，每當回想起來，就覺得揪心。

　　那時西安武鬥很厲害，長矛對長矛地對罵，扔石塊早已不過癮了，兩派對立羣眾動輒就開槍，不長眼的子彈橫飛，公共汽車經常不通，尤其是郊區公共汽車。那天是周一，天還不太亮，我就趕緊起床，穿上大衣頂著寒風往汽車站趕，到那一問，城裏昨晚又打槍了，公共汽車不敢來，今天不通車。我一聽就心急了，沒車我怎麼去上班呢！其實，那會兒就是上班，也沒有具體的工作任務，只是上班對我來說，似乎像吃飯睡覺呼吸氧氣一樣，是生命的一種必需，工作多年，從沒有不去上班待在家裏的習慣。此時，我腦子裏轉的都是怎麼進城。走路？離城 38 公里，就是邁開雙腳快步走，只怕晚上也趕不到！攔車！也巧，剛想到攔車，就見一輛拖煤的軍用大卡車從營區開出來。我顧不了多想，立即衝上前攔住車。

　　「同志，我就是院裏的家屬，能帶我進城上班嗎？」

　　「不行，駕駛室裏坐滿了。」司機搖搖手。

　　「同志，幫幫忙，我不坐駕駛室，我站在車廂裏就行！」

　　「能行？車廂裏可全是煤炭，你從後面看看能不能上去。」司機把車停在路邊。

　　「謝謝！」我高興地跑到卡車中部，手抓車廂板，踩著卡車輪胎，再登上車幫，跳進卡車裏，一下跌坐在煤堆上，顧不上拍打就叫道，「行了，開車吧！」

　　汽車顛簸了半個多小時開進城裏，我又照此辦法從汽車上跳下來，擠電車，準時趕到班上。緊張興奮之餘，我也只略有點奇怪：怎麼自己憋不住尿了呢？來到衛生間一看，一位老大姐驚呼：「快上醫院，一定有問題！」

　　「我才懷孕兩個月，剛才還從卡車上跳下來呢，人家能收嗎？」我真是不懂。

　　「老天，你還從汽車上跳下來？肯定動了胎氣，先兆流產，快，我陪你到

醫院去！」

　　果然，我一到醫院就被醫生留下來，確診是先兆流產，徵求我意見是保還是流？我問醫生，如果留，孩子會不會缺胳膊缺腿？醫生搖頭不能保證，但因為來得及時，問題也不會太大。我一想，有點懸，失了這麼多血，如果孩子生出來有殘疾，那太痛苦了，還是做人工流產吧。進了手術室，剛要手術，卻停電了。第二天再說吧，第二天居然又停電！

　　這時，人驊趕到病房，我還給他開玩笑：「你的孩子命還真大，想結束他的生命還不行！」

　　「是嗎？」人驊一臉嚴肅緊張的神情。

　　「不用緊張！」我笑著安慰他，「醫生說經過治療我不流血，看來孩子已經保住了，我休息兩天就可以出院了。人驊，一定出了什麼事？」

　　「秉德，有件事我不能不告訴你了，你一定要有思想準備！」

　　「到底出了什麼事，你快說，我能挺住！」那一瞬間，我腦子裏一片空白。因為不用說，一定不會是什麼喜訊，在這個年月，耳聞目睹的噩耗已經是太多太多。難道伯伯、七媽，難道爸爸媽媽……我不敢想下去，兩眼死盯著人驊的嘴巴，連連催促他講，心裏卻真怕聽到什麼。

　　「六妹昨晚乘火車來了。」坐在床邊的人驊雙手握著我微微發顫的手，幾乎是湊在我耳邊輕輕說。

　　「小六？」我的心更緊了。六妹才15歲，從小一直跟著爸爸媽媽生活，從來沒有出過北京城，現在讓她一個人千里迢迢乘車到西安，一定是出了非常的事情！「她在哪？她怎麼沒來？」

　　「六妹只背了個挎包，裝著一封七媽的親筆信，她怕丟了，緊緊抱在懷裏，不敢離開座位，更不敢打瞌睡。太累了，現在還在家裏睡覺。」

　　「是伯伯、七媽出事了嗎？」我幾乎要驚叫出聲。

　　「不是，他們還好！」人驊趕緊輕聲說明，「是你爸爸被逮捕了！」

　　「被造反派？」我脫口而出。

　　「不，是衛戍區。」人驊輕聲說，「我本想過兩天再告訴你，可小六說，她要立刻趕回去，伯伯、七媽還等消息呢。所以不能不告訴你。」

　　我忍著眼淚，立刻找到醫生，告知

1968年9月，
沈人驊一家四口
在北京家中

愛人部隊太遠，來探視太不方便，反正已經不用再做什麼治療了，乾脆回家安安心心休息。醫生也很隨和，立即幫我開了出院證明，臨走前再三叮囑，回去一定要臥床休息，這樣才可能徹底保住孩子。我嘴裏一一答應著，走出病房，淚水便奪眶而出。在公共汽車上，我默默不語，心裏卻像開了鍋，千頭萬緒，湧上心頭。我強迫自己冷靜地思考，希望在知道全部情況後，有力量正確處理一切。

我愛我的父親，我相信他為人忠厚、熱情，他身體不好，退休也已多年，說他反黨反社會主義，我是堅決不相信的！但是，他現在是被衛戍區解放軍逮捕的，我只有相信組織，相信黨，可能爸爸確實有什麼嚴重問題沒向組織講清楚。我沒問題，一定經受住這次考驗，如果爸爸果真自絕於人民自絕於黨，我當然要與他劃清界限，就像伯伯當年與封建家庭決裂那樣。

但是，人驊是空軍軍官，我父親的問題一定會連累他，影響他的政治生命。如果因為我父親的問題，他再被處理轉業、復員，我如何忍心讓遠在北京的公公婆婆痛心和擔憂呢！我一定要快

刀斬亂麻，做出果斷的決定，寧可犧牲自己的幸福，也要保住人驊的革命前途！我對人驊說：「我們離婚吧，我不能牽連你！」人驊生氣地說：「你胡說什麼？有天大的事咱們也要在一起！」他是這樣說的，也是這樣做的，有天大的難題我們也是共同應對的。

汽車一顛簸，我無意中雙手觸到腹部，一下像摸到了已經在腹中形成的小生命。想到孩子，我淚水更是止不住：孩子，你真是不該在這個時候來到這個世界！都怪媽媽不好。

如果按現在的邏輯，出了什麼事，趕緊要找自己能說得上話的親戚，誰的職位越高，找誰越有希望，誰手中的權越實在，找誰越管用。大家很自然會想，你有個伯伯在當總理，找他說句話，別說衛戍區，就是到了最高人民法院，一個電話過去，那院長還不得手下留情。

可在那時，我怎麼可能這樣想呢！我從 12 歲進中南海，跟著伯伯、七媽這麼多年，太了解他們了！伯伯首先是黨和國家的領導人，其次才是我的伯伯。處理一切事情，他從來都是帶頭為人民服務，視人民的利益高於一切！任何想利用職權為自己謀利益的做法，哪怕是想法都是很可恥的！

4　爸爸半夜裏被祕密逮捕

我回到家裏，小六還在酣睡，七媽的信依然緊緊地握在手裏。我想看信，又想讓小妹多睡會兒，便用手輕輕地去抽信。小妹握得真緊，我一使勁，信沒抽出來，小妹渾身一顫，立即睜圓了眼睛。當看清是我時，只叫了聲大姐，撲在我懷裏像個受委屈的小孩子號啕大哭起來。我緊緊抱著小妹，輕聲勸道：「好妹妹，真難為你了！」妹妹的哭聲更響了。於是，我索性不再勸，就讓小妹好

好發泄一下，不然，對一個只有 15 歲的孩子來說，把爸爸被抓的打擊憋在心裏，承擔的壓力也太沉重了。

在台燈下，我讀了七媽讓小六帶來的信，信中反覆強調：「你們必須站穩立場，要立場堅定，旗幟鮮明。」「你們面臨著的一件具體的事件，是對你們最深切的考驗，你們要準備著能經受得住考驗！」

小妹斷斷續續講了事情的經過：那天，睡到半夜，她想去廁所，在過道裏，發現爸爸、媽媽屋裏有燈，還有輕聲的說話聲。推門進去，屋裏除了媽媽，還站著四五個解放軍，爸爸卻不見了！

「媽媽，出了什麼事？爸爸呢？」

「沒事。」媽媽平靜地攬過小六，對那位高個解放軍說，「王同志，這是我的小女兒秉建，我該怎麼對她說。」

「秉建，你爸爸要出趟遠門，今後無論是哥哥姐姐問起爸爸上哪去，你都告訴他們是出差去了，懂嗎？王老師，你明天也還是照常上班，該幹什麼，就幹什麼。至於周同宇的情況，我們會向你的學校說明。」

聽了這席話，媽媽和小妹都只能默默地點點頭。

那位大個子解放軍又轉臉對媽媽說：「王老師，請你告訴我一下，哪個是周同宇的抽屜，我們需要看一看。」

那時爸爸媽媽兩人只有一個書桌，爸爸只佔其中的兩個抽屜，無非放些筆記本、照相本、信封、信紙什麼的。那位解放軍從上到下大略翻看一下，就起身告辭出門，像來時一樣靜悄悄的，街坊鄰居誰也沒驚動。他們走後，平時膽子很小的小妹秉建才敢問：「媽媽，爸爸哪去了？真是出差了嗎？」

「那個大個子解放軍姓王，他先來過一次，把你爸爸帶走了。這是第二次回來，要檢查一下你爸爸的東西。」

「爸爸被抓走了？」小妹聲音都發抖了。

「他們不是軍管會，是衛戍區的。」媽媽摟過小妹說，「你不是看見了，他們說話和氣，講道理。你爸爸不會有什麼事的，不過要記住，對誰都要說爸爸出遠門了，懂嗎？」

那一夜特冷，後半夜，小妹又冷又怕，爬到媽媽身邊躺下，可年僅 15 歲本該無憂無慮的她，竟也和媽媽一樣，心亂如麻，兩眼睜到天明！

第二天天一亮，從來就是以校為家，對學生比對自己親生兒女還關心的媽媽就起身到學校去了，到晚上七八點了還沒回來。小妹跟著朱大娘在家裏坐了一天，雖然巷子裏有她潑水製成的冰道，昨天她一人穿上溜冰鞋在那興致勃勃地滑了半天，可今天她怎麼也提不起興趣。她擔心爸爸，更無法面對外人的詢問。她把自己關在屋裏，天黑了也沒開燈。沒有爸爸的家，空空蕩蕩的，少了許多溫馨。

有開鎖的聲音，進來一個男人的身影。「爸爸！」小妹驚喜地撲上去，燈一亮，是一身軍裝的二哥秉鈞站在屋裏。

「小六，你在家怎麼不開燈？爸爸、媽媽呢？」秉鈞有點奇怪地問。

「媽媽到學校去了還沒回來。爸爸出遠門了。」秉建低著頭說。

「爸爸出遠門了？怎麼可能！前天我給爸爸送煙回家，他也沒說出門的事嘛！」

「真的，是昨天才決定出差的。」小妹的聲音已經有了哭腔。

「不對，家裏一定是出了什麼事！小六，你有什麼事瞞著我！」秉鈞焦急地追問。

「真是出差了嘛！」小妹再也忍不住，一下撲在哥哥懷裏大哭起來，「昨天夜裏，衛戍區的解放軍悄悄把爸爸帶走了，他要我和媽媽對所有的人都說爸爸出遠門了。」

「真有這事？」秉鈞大吃一驚，扶起小妹反問道，「這事報告伯伯、七媽沒有？」

小妹搖搖頭。那時家裏也沒有電話。

秉鈞畢竟參軍七八年，加入了中國共產黨，是名優秀的空軍飛行員，政治上更成熟，想得也更多一些。他知道現在運動中情況非常複雜，他擔心有人背著伯伯冒充衛戍區抓走爸爸，或者是想從抓爸爸入手來整垮伯伯！他是從小在西花廳長大的，他知道自己應該把家裏發生的事，立即向伯伯、七媽報告。

在公用電話上，秉鈞撥通了那個熟悉的號碼：「七媽，我是秉鈞，您好！我想告訴您一下，家裏出了點事。」

「我知道了，你趕緊來一下。」七媽的聲音十分鎮定。

秉鈞立即騎車趕到西花廳，一進院門，遠遠看見七媽已經站在前廳的台階

上等著。

「七媽，我爸爸確實是被衛戍區帶走了嗎？」秉鈞喘著粗氣問。

「確實是衛戍區帶走的，伯伯和我都知道這件事。」七媽的表情十分嚴肅，「秉鈞，你是什麼態度？」

「既然是衛戍區出面拘捕審查，而不是造反派隨便抓人，那說明我爸爸有問題需要向組織講清楚。我的態度十分明確，相信組織相信黨。如果審查結果爸爸沒有政治問題，不是反黨反社會主義分子，他還是我爸爸；如果審查結果，他是個壞人，我一定和他劃清界限！」

「好，七媽就要你這句話！天已經不早了，你今晚就住在這裏吧！」

「不了，我們會議結束了，我東西都放在家裏，剛剛來時，媽媽還沒回家，只小六一人在。我還是回去睡吧。我還得和媽媽談一談。」

七媽囑咐說：「對，要和媽媽談談，讓她不要亂想，要相信羣眾，相信黨！你明天就要回部隊了，走以前，到這來一下，看伯伯還有什麼事要跟你談。」

1960年代，
周恩壽在機織衛胡同院中

秉鈞和七媽正往外走，伯伯的汽車開進院了。伯伯下車見到秉鈞，有點意外，七媽三言兩語介紹了剛才兩人的談話。

「秉鈞，你有這個態度很好。秉德在西安，你現在最大，回部隊前，一定要多和媽媽談談，勸她往開裏想。還是那句老話，相信黨，相信羣眾嘛！是非曲直，歷史自有公論！」伯伯握著秉鈞的手說。

「伯伯，爸爸被捕的事，回部隊後我要不要向組織彙報？」

伯伯摔緊了眉頭思索了一下，問秉鈞能否見到吳（法憲）司令？秉鈞說能。伯伯就讓秉鈞向吳司令報告此事。

第二天，秉鈞又到了西花廳，十點鐘伯伯從外面回來見面就說：「秉鈞，你爸爸的事我已經跟你們空軍吳司令說了。你回部隊就安心飛行，努力工作，什麼時候需要你向部隊黨組織彙報，怎麼說，等七媽通知你！」

……

「二哥回來時帶了一封七媽的親筆信。」小妹最後說，「七媽說現在寄信也怕丟掉，這是 50 元錢，讓小六乘火車去西安一趟，把情況告訴秉德，讓她

也了解情況，有個正確認識。」

第二天，我們把小六送上返回北京的火車。回到自己家裏，我讓人驊坐下，講出了自己的心裏話：「人驊，既然是衛戍區逮捕了爸爸，這總是事出有因。據我所知，爸爸除了大革命失敗後脫離了共產黨外，1947 年還被國民黨抓過一次，坐了半年牢。雖然我相信爸爸不會反黨反社會主義，但是歷史上的問題要審查清楚，不會是那麼簡單的事。我有思想準備。一定按伯伯、七媽的要求去做。但你是軍人，你是無辜的，我不願意因為我的家庭問題影響你的前途。人驊，我們離婚吧！沈清是沈家的長子長孫，爺爺一定捨不得，就給你撫養吧；肚子裏的老二，不管是男是女，就給我留下紀念吧……」淚水哽住了喉嚨，我嗚咽著再說不下去。

「你不要再胡思亂想了，天塌下來，咱倆也要在一起頂著！」平時脾氣隨和的人驊，此刻話語果斷，「伯伯、七媽不是講得很清楚嘛，相信黨相信羣眾，我也希望你相信我。你也知道，當年我們談戀愛，我絕不是衝著你是周恩來的侄女去的。說實話，如果一開始就知道有這層關係，肯定不去見你。既然

我們結為夫妻，當然要有福共享，有難同當，共同經受住運動的考驗。至於會不會影響我的前途，我並不把當一輩子兵作為唯一的前途，能繼續在部隊幹，當然很好；如果真讓我轉業到地方去，也沒問題，到哪兒不是為祖國效力，為人民服務呢！」

我含著淚笑了，慶幸自己找到的丈夫，真正是志同道合、正直善良的好人。

5 「你爸爸被抓，就因為是周恩來的弟弟！」

1968 年夏天，我已懷上第二個孩子七個月了。一個周末下班後，我提著兩個包挺著大肚子趕車回部隊的家。誰知走到街口，身後的一支遊行隊伍，與街邊樓裏的人是對立面，遊行的人一邊向前走一邊高喊著口號。兩派之間由對罵發展到互相扔擲石頭、磚塊。突然從街邊樓頂傳來了乒乒乓乓的槍響和子彈撕裂空氣的嘯聲。

「他們開槍了！快跑呀！」隨著人們的大呼小叫，遊行隊伍像炸了鍋，人們拚命向前跑。我想跑，手裏抱著兩個包，又挺著七個月大的肚子，怎麼也邁不開步。不一會兒，就落在了所有人的後面，子彈不斷打在我身前身後的牆上、地上，有的子彈離我只有半尺距離。我心驚肉跳，兩腿發軟，但拚命咬著牙往前邁著步。我心裏只有一個念頭，我不是一個人，為了肚裏的孩子，我不能停，不能停，只要有一口氣，我也要走下去！冷汗迷住了我的眼睛，我也顧不上去擦，終於到了拐彎口，我轉過了街口。相信子彈不會拐彎，我已經到了安全地帶，這才靠在青磚牆上直喘粗氣，越想越覺得後怕。

我對伯伯、七媽可以說是沒有祕密，無話不談的，但對這件事，我從來沒在他們面前提起過。

「文革」中我一直堅持著一個原則，對伯伯、七媽報喜不報憂，自己不能為他們分擔什麼，起碼不能再給他們添什麼亂了。直到 1974 年，人驊被調回北京，我也隨他回到北京工作，去西花廳看伯伯、七媽時，一見面，伯伯聽說我調回北京，眼睛一瞪，很嚴肅地問：「秉德，你在外地工作了九年，現在怎麼回來了？是不是因為我周某人的關係？！」「你放心，不是的！」七媽提醒伯伯說：「恩來，你不要忘了，秉德不光是你的姪女，還是軍人家屬，她是隨軍調動的。」

1968 年的 8 月下旬，我回到北京生下老二，又是一個男孩。每當我抱起兒子親熱時，心裏總有一點蒼涼，因為看見兒子，我就會立刻想起自己的爸爸。我的兒子十月懷胎出世了，可我爸爸被關已經六個月了，還不許探望，不知道任何情況。爸爸畢竟已經是花甲老人了，身體又不好，能受得了監禁之苦嗎？

這天，小兒子滿月，我也算月子做完了，看不得婆婆勞累，就搶著洗孩子的尿布。

「秉德，有人來看你！」婆婆招呼我說。

我聞聲到了客廳，看見一位完全陌生的解放軍同志。他身材魁梧結實，笑容真誠坦率。不等我開口，就握著我的手，像久別重逢的老朋友一樣熱情自然地說：「你是周秉德同志吧？你好，我叫王金嶺，是北京衛戌區的。嗯，像，真像！」

「像什麼？」我真有點丈二和尚摸不著頭腦。

「你真像老周，就是你父親周同宇啊！」

「您認識我父親？」

「何止是認識，是很熟悉。今年初，就是我帶人去你家帶走他的嘛！」老王說話的口氣很輕鬆，一點不像是抓了個壞人，倒像是帶走了一個朋友。

「真的？」我心急地脫口問道，「我爸爸現在身體怎麼樣？關在哪個監獄？他的問題弄清楚了嗎……」我的淚水隨著一連串的追問奪眶而出。

「唉，真是個孝女，難怪你父親提到你也落淚！」王金嶺快人快語，「我就是怕你月子裏擔心老人，特地來看看你，也讓你寬寬心。你父親一切都好，放心吧！」

「他到底因為什麼問題抓起來？組織查出什麼問題了嗎？」

「要問問題呢，就因為他是周恩來的弟弟！如果不是總理的弟弟，也就沒他的事！」

「真的？」我心裏仍然不明白底細！

「所有外調都是我和造反派一塊去的。什麼材料我都看了，沒問題，你放心！老周人品好，也有水平，他頭腦清楚，歷史上的事，哪年哪月，張三李四，他都記得清說得準，無論造反派怎麼跳著問，他都不會張冠李戴；他從不為開脫自己亂咬人，就是對已經落難的人，他一是一，二是二，也不做落井下石的事，不簡單！上個月我去看他時，他哭了。」

「為啥哭？」

「成天關著，不能看報紙，不能聽廣播，大半年了，外面的消息他一點也不知道，他擔心自己的問題連累你們伯伯，連累你們嘛！」

「唉！能不能讓我們去看看他？」

「我可沒辦法！」王金嶺搖頭說，「不過，我還是想出個辦法，讓人給他訂了份《參考消息》，那上面雖然看不

到你們的情況，起碼能看到你伯伯的消息吧！你媽媽那裏我也常去看望，你小弟弟、小妹妹去延安和內蒙插隊後，你媽一個人在家，她對我說房錢太貴，一個人住太浪費。其實我知道她內心的感受，總對鄰居說你爸爸出遠門了，半年多不見人回來，人家背後能不瞎議論嗎？我正在幫你母親找一套房子，準備搬家呢。」

「老王同志，真謝謝您了！」我又忍不住落淚道。

「謝我幹什麼，我也是在完成組織上交代的任務。我走了。總之，放寬心，不要急，我相信事情最終會弄清楚的！」

第二天，我去西花廳看伯伯和七媽時，還自以為是從組織上了解了父親的近況，興沖沖地說：「昨天，參加審查爸爸的解放軍同志王金嶺來看我了。他說，爸爸被抓，就因為是伯伯的親弟弟，爸爸其實沒有什麼問題。」

「這個王金嶺怎麼這樣說話！」伯伯板下面孔，對在座的人驊叮囑，「你明天去找他談一談，叫他今後講話要注意，不要影響關係！」

我一聽真後悔，心裏直罵自己頭腦

太簡單，連累了好心人捱批評，可對伯伯的話又不能不執行。第二天，人驊特意按照老王留下的地址找到他，轉達了伯伯對他的批評。人驊也和我一樣覺著對不住老王，最後向他道歉：是我們想問題太簡單，讓您受批評了。

誰知老王卻挺神祕地笑了，可能因為人驊也是軍人，軍人之間講話更坦率點，老王伏在人驊耳邊說：「沒關係！總理對我的表揚，都是通過組織傳下來的，說我們外調認真、辛苦，向我們致敬。對我的批評，就讓你們這些孩子轉達，這是對我的提醒。你想，表揚我讓大家都知道，批評我別人都不知道，所以，我只會膽更大，沒問題！」

以後，王金嶺一直關心著我媽媽和我弟弟妹妹的生活，成了我們家要好的朋友。當然，真正的內情，直到「文革」結束後，王金嶺才原原本本地告訴了我。

1968 年，王金嶺是從野戰部隊調到北京衛戍區的，他怎麼也沒想到接受的第一個任務，就是抓我父親——周恩來總理的親弟弟，而且還是總理親下的逮捕令！

那天，王金嶺奉命先來到謝富治的辦公室。謝富治沒開口，先遞給他一份文件。他一看，是周恩來總理的親筆批示的逮捕令：立即逮捕周同宇。旁邊周總理還用蠅頭小楷注明：其妻：王士琴；三女：周秉德、周秉宜、周秉建；三子：周秉鈞、周秉華、周秉和，家住北京機織衛胡同二十七號。

「這是外交部紅衛兵報到江青同志那裏的一個案子。」謝富治口氣平靜地介紹著情況的來龍去脈，「江青同志直送總理處，總理親自批准辦的一個案子，需要找一個比較強的幹部來辦此案。選中你，是對你的信任。」

「這個周同宇是什麼人？」王金嶺立即知道了問題的嚴重性。

「他是周總理的親弟弟。」

「總理的親弟弟！」王金嶺的頭「嗡」地響了起來：周總理親筆批抓自己親弟弟的逮捕令？！

「是啊，嚴格地說，這是無產階級司令部的家務事，你要多動腦子，實事求是，為無產階級司令部分憂解難。我現在還要去開會，具體如何執行，由傅崇碧司令員給你佈置。」謝富治完全是搞政治的口吻，話說得中性、簡潔，看不出他的傾向性，說罷便起身出門

去了。

王金嶺跟著出門，他敲響傅崇碧司令員辦公室的門。心裏依然在忐忑不安地猜想：老天，當總理的也無法保護自己的弟弟，還要親筆批准逮捕自己的弟弟，這到底是什麼嚴重問題？我如何才能處理好？

「把你從野戰軍調來，就是相信你有戰鬥力！你要敢跟紅衛兵幹！」一身軍裝的傅崇碧司令員聲音洪亮，態度明朗，「這個案子是紅衛兵搞起來的，周同宇就是與王光美的哥哥王光琦一塊吃過幾次飯，紅衛兵就說是什麼陰謀『聚餐會』，是特務活動！完全是無中生有，無限上綱嘛！誰知案子報到江青那裏，她倒動作快，不問青紅皂白，一下送到了總理辦公室。」

「總理找我去商量，我立即向他建議，與其讓紅衛兵亂來，不如由衛戍區出面用拘留的形式把周同宇保護起來，以免落在心術不正的壞人手裏遭人暗算，甚至殺人滅口！煤炭部部長張霖之不就是活活被打死的！總理接受了我的建議，不過他提筆批示時想了想，把『拘留』改為『拘捕』，這是總理想得

周到，拘留不能時間太長，而且不能搜查住所，拘捕當然就不同了！」

王金嶺此時知道問題的嚴重性了，他緊鎖眉心，非常專注地聽取傅崇碧下達命令。

「執行這個任務確實十分艱巨，而且政策性、機密性很強！光有勇沒有智不行！」傅崇碧接著交代說，「這案子是紅衛兵弄起來的。人抓起來後，還不能完全拋開紅衛兵，還要他們繼續介入調查，但你必須左右局面，這樣該怎麼辦？這是難點之一；第二，如果總理的弟弟被捕的消息在社會上傳開，肯定有居心不良的人唯恐天下不亂，借題發揮把矛頭指向周總理。所以拘捕周同宇的事，只能你知我知，絕對保密，最好不要讓社會上知道，而且越拖得時間長越好！你看有沒有什麼辦法？」

「第二個問題好辦！我在野戰部隊當過偵察科長，我馬上去看一看周同宇家周圍環境，夜深人靜時去悄悄執行任務，保證人不知鬼不覺。」王金嶺從傅崇碧前面的講述中，已經明白了拘捕的真正含義是保護，心裏輕鬆了許多，腦袋頓時清醒靈活，點子也多了。「至於

第一條，我一定牢記傅司令員的指示，決不給紅衛兵亂來的機會。況且，周同宇在我們保護之中，安全是沒有問題的！」

「好！」傅崇碧司令員緊握住王金嶺的雙手，提高聲音說，「周總理已經批准了，從今天起，周同宇一家的事，都由你出面關照。你要記住，這不是為哪一個人，是為無產階級司令部分憂解難，為無產階級司令部做貢獻吧！周總理為國事已經操碎了心，太忙太辛苦了，我們有責任不讓他後院起火！」

王金嶺一天中已經是第二次聽到「為無產階級司令部分憂解難」這句話了！他面對傅司令員，右手舉向帽簷敬了一個莊嚴的軍禮，擲地有聲地說：「司令員，您放心，保證完成任務。」

當天夜裏兩點半，一輛沒有打車燈的軍用吉普車停在離我家五百米外的巷子裏，一名身手敏捷的戰士順著院牆外大棗樹爬上牆，輕手輕腳翻過屋頂，跳進院內，輕輕開了院門。王金嶺帶人立即閃身進了院，用事先準備好的萬能鑰匙打開了我家的屋門，進

了客廳才開燈，輕聲把我父母從睡夢中喚醒。

王金嶺宣佈了拘捕命令後，先讓我父親穿好衣服並把他帶走，送到巷外的車上，然後第二次返回我家，我媽媽摟著小六兒還呆呆地坐在客廳裏。

「王老師，我們奉命逮捕周同宇，是有人揭發他與王光琦一塊吃過飯，說是反革命聚餐會。至於是不是劉少奇線上的，是反革命還是什麼，是不是反革命聚餐會，要審查。所以，按照上級指示，我們還要搜查。」說著，王金嶺壓低聲音對我媽媽解釋，「你們不必緊張，王老師您不屬於審查範圍，家裏的孩子也不屬於。所以，你和孩子的抽屜都不動，我們只查看周同宇的抽屜。」

於是，王金嶺檢查了我爸爸的兩個抽屜，拿走了我爸爸的筆記本和一個照相本。餘光裏，他讀懂了我媽媽臉上的痛楚憎惡和小姑娘的恐懼害怕，他心裏像壓上塊巨石，彷彿真是幹了造反派還沒幹的壞事！以他的個性，他恨不能立即將自己知道的所有真實情況都告訴驚恐中的母女倆，告訴她們這是

保護措施，告訴她們自己的打算和想法！但作為一個軍人，他只能不折不扣地執行命令，不該講的，一個字也不能露。臨走前，他又叮囑一句：「王老師，周同宇被逮捕的事，對誰也不准說，這是紀律！如果有人問，就說出遠門了。」

「孩子們問呢？」我媽媽追問道。

「你也這樣說。」王金嶺想了想，回答道，「我姓王，我還會再來看你們。」

兩天後，王金嶺把造反派找來，不卑不亢道：「你們告周同宇是壞人，現在根據中央指示，由我和你們一塊組織個審查班子，今天是不是選個組長？」

「我們是毛主席的紅衛兵，應該……」

「你們是紅衛兵，我是解放軍，我才是名副其實，地地道道的兵嘛！」王金嶺笑容滿面，嘴裏卻當仁不讓。

「那好吧，我們推薦你當組長吧！」

「好，既然你們選舉我當組長，你們就要聽我的指揮。約法三章：從今天起，要見周同宇，我單獨一個人不去，你們同樣也沒有資格單獨去見他。外調

我們一塊去，提審也要共同進行，目的只有一個，把問題查清來龍去脈，弄個水落石出，向中央報告。」

於是，去東北、上海、廣東等地的外調，王金嶺親自帶隊；每回提審周同宇，王金嶺也都必然在場。儘管造反派在提審時有過吼叫催逼，但有「王組長」在場，他們也沒法武鬥！短短幾個月，王金嶺已經查清了所有問題，但上面有命令：周同宇人還押在衛戍區，但案子全部移交給劉少奇專案組，王金嶺不再管此案。於是，「周同宇案」一拖再拖，我父親被關了整整七年多，直至1975 年 5 月才被釋放。

王金嶺雖然不再管理父親的案件，但仍常常到我家中看望和安慰我母親，幫助解決困難等，也常常到關押我父親的部隊中了解我父親的情況，向我父親傳遞家中老伴和子女的情況。父親希望通過報紙了解社會上的情況，更想了解自己兄長的政治動向。王金嶺就通過有關方面幫他訂了幾份報紙和《參考消息》。

幾十年來，我們全家人與王金嶺成了好朋友，經常往來。他有時還會談父

親在「裏面」的情況，說：「你父親在『裏面』七年半，頭腦始終清醒，無論怎樣被反覆引誘逼問，他從沒被問糊塗過。」「專案組的人逼你父親供出王光琦曾在美國接受特務訓練，從而為打倒劉少奇提供依據。但逼來逼去，拖了好多天，專案組也未能得逞！」

我永遠忘不掉第一次見到剛出監獄的爸爸的情景！

整整七年多沒見，爸爸的頭髮鋪了一層白霜，人瘦得很厲害，但因打過激素，臉顯得水腫。更讓人心痛的是，他兩眼似乎呆滯無光，神情也彷彿麻木遲鈍，再也不是過去那個眼睛明亮有神的爸爸！我忍不住抱著爸爸失聲痛哭。我無法想像，整整七年多沒有與家人見面，一張《參考消息》是他和世界的唯一聯繫，爸爸是靠什麼熬過來

的，他的心一定浸泡在無盡的委屈和不平之中！

「秉德，別哭，快別哭！」爸爸兩眼含淚道，「你知道我和什麼人關在一起，都是部長以上的大人物。多虧有你伯伯，把我這小舟拴在了大船上，這才闖過險灘，要不早就翻船沉沒了！被關的這七年中，我天天對自己講，我是個小人物，真是微不足道，他們整我，目的就是為了整你伯伯。所以，天大的壓力，我也要堅強地活下去。」

1979 年 5 月 30 日，在伯伯去世三年多後，在胡耀邦主持下，中共中央組織部幹審局在為大批老幹部、老同志平反冤假錯案的同時，也為我父親做了公正的結論，徹底推倒了當年中央專案組強加給我父親的誣衊不實之詞，這一複審結論最後說：「與王光琦同志等在一起聚餐沒有什麼問題。此案屬錯案，應予平反，恢復名譽。」

這時，父親對自己政治上的新生非常激動，11 年來壓在自己頭上的冤案終於昭雪了，這冤案不僅使自己身心受到莫大的摧殘，妻子兒女受到牽連，而且他最憂慮的是給兄長帶來極大的煩惱和被動。現在兄長雖然已不在人世了，但他仍感到此時可以告慰兄長：他是無辜的。父親更感到在精神上、政治上是極大的解脫，所以，雖然他年過七旬，身體瘦弱多病，仍拄著拐杖，讓我四弟妹李玉樹陪同乘公共汽車，興奮地向親朋好友去一一地報告：「給我平反了！給我平反了！」他多麼珍惜這一政治上的新生呀！

父親在家中享受了幾年天倫之樂，對他的一生也算是一種慰藉。但無情的疾病卻又來折磨著他。1985 年 5 月 13 日，病魔奪走了他 81 年的生命。因他囑不大辦喪事，母親帶著我們兄弟姐妹幾家人和幾位至親好友在北京醫院的小告別室為他送行。在現場佈置了許多鮮花，放在最中間的，是我七媽鄧穎超所送的大花籃。

而回想這個房間，也正是九年前我們與敬愛的伯伯告別的場所。這同一個地方，那兩個不同的場面，都永遠保存在我的記憶之中。

6 鄰居不相信我是周恩來親戚

1970年2月，我丈夫沈人驊被調到大三線，〇六一基地位於遵義的山溝裏，離遵義有七十多公里。他在那裏做軍工廠的軍代表，就是軍管組那樣的軍代表，不是驗收產品的。因為那時全國都在軍管，他就在那種大三線的國防工廠裏頭擔任軍管組組長。當時要求必須要紮根三線，親屬們都得調過去。我原來就已經隨軍在西安工作了五年。這年10月份我帶著大兒子沈清來到貴州遵義。

當時的貴州是「天無三日晴，地無三尺平，人無三分銀」，非常貧窮落後。我覺得只要人驊去了，我就應該跟著一塊兒去。住的地方叫五村，就是在五三三廠的五村。大家集體住在兩層小樓，我帶著孩子，我們三口人就住樓上一間半房。工廠離居住的地方要走25分鐘，得繞一個山溝，而且得走路。

在那期間，大概是在1971年冬到1972年初吧，有一陣子特別冷，北方人就不習慣南方的那種陰冷，所以我還託家裏用火車托運了一個煤爐到遵義。煤爐是老式的帶煙囱通到外面的那種，火白天着，到晚上得封火，就是要把爐門稍微關上些，以讓火着得慢一點而且不要滅掉。這時爐子上面還可以放上一壺水。有一次，人驊外出到貴陽開會，孩子也回了北京上學，我一個人在家，封完火就睡了。第二天一早我剛一坐起來，「噹」的一聲就倒在床上了。哎喲，我就想到肯定是煤氣中毒的問題，趕緊從床上滾著下來，向外爬。我清楚煤氣在上邊，地面煤氣會少一點，我就在地面上爬著從那個半間小屋爬過了大屋，然後到門口把門打開透氣，這樣才緩過來。

我們那煤是怎麼來的呢？用的是煤末。當時，如果有個手工的能打蜂窩煤的機器，那就是大好事了，我們最盼望的就是有這個，可是沒有！就用煤末，加上黃土加上水，用那個大鐵鉗，拌來拌去，攪來攪去，攪拌好長時間到黏糊了的時候，把它鋪在地

面，鋪平以後再用大鐵鉗給切成大約四五公分的小方塊，曬乾後堆起來用。儘管很艱苦，我們也都過得朝氣蓬勃。

另外，由於當地氣壓的原因，麵粉蒸不熟，蒸出來的麵都是黏的，煮出來的麵條也是黏的，反正就是不利落。有時會蒸一蒸米飯吃，但是很難得；在那兒生活，也吃不著鮮肉。當時有很多成建制的從上海遷過去的工人，所以就從上海運一些鹹肉過去，那就算是伙食有很大改善了。不過，倒是可以在當地買農民養的雞和雞蛋。因為工人多，買的人多，價格也就上去了。然後，偶爾的能夠到遵義城裏頭去開個會，順道可以到商店去買上一點能夠解饞的、比較有油的、鬆軟的蛋糕，那就算大大地改善生活了。不過，進城的時候車都是在懸崖上開，就是那種盤山道，一看就看到底下很深的溝。風景是很美，一眼望去是一片黃色的油菜花，那看著真是漂亮，眼睛是挺享受，但身臨其境感覺卻是驚心動魄。

在五村的時候，大家都是幾家人合著用廚房，一次，我這門外剛好聽到有人唸叨說，你看咱們這兒這麼艱苦，有人還說她是周恩來的親戚，那怎麼可能呢？要真的是周恩來的親戚，能到咱們這個窮山溝裏來麼？"另一位說：「哎呀，誰知道真的假的。要是也是遠親，八竿子打不著的！」我聽後一笑了之，我們家的孩子就是紮根在普通百姓之中啊！

第八章　鞠躬盡瘁

整個「文革」的十年，是伯伯最後
的十年，是他一生中最艱難、最無奈、
最痛苦，但也是最輝煌的十年！是最發
揮他的超人意志力的十年，是他在極其
錯綜複雜的形勢中處理好各種矛盾、各
種關係，保障了大局的穩定，使國家沒
有陷入崩潰深淵的十年！

1 「四人幫」利用「伍豪事件」來整伯伯

1968 年 8 月下旬，我由西安請產假回到北京公婆家，準備迎接我第二個孩子的出生。

一天，七媽來電話約我去，我到了西花廳。七媽看到我身體笨重的樣子，還走得滿臉是汗，忙讓我去洗把臉，吃點西瓜。看我歇過來了，就問：「秉德，你生了老二之後，老大沈清準備怎麼安排啊？」

「我和人驊及兩位老人已說好了，用老二換走老大。沈清三歲了，也該和我們在一起，讓他到託兒所過過集體生活了。」

七媽聽了很滿意，似乎想起了三年前我臨去西安時他們對我的囑咐：孩子應該自己帶，放在老人身邊容易嬌慣，對孩子的成長不利。接著她話鋒一轉，很嚴肅、詳細地講了一件使我十分震驚的事情，大體是說現在有人利用三十多年前敵人製造你伯伯發表脫黨聲明的謠言來整伯伯，但這事中央當時就已清楚。1943 年延安整風時，中央又有明確結論，就是「伍豪事件」，這是非常

清楚的事。最後她說：「現在形勢複雜，什麼意想不到的事情都可能發生，你平時在外地工作，不論發生什麼事情，你心裏要明白你伯伯是怎麼回事。這也是你伯伯讓我對你講的。」

1972 年下半年我到北京出差時，七媽又對我說：「我前幾年對你講的『伍豪事件』，中央又進一步搞清了這問題，毛主席說這事早已清楚了，讓你伯伯在中央的高級幹部會上再講清這問題，並做好錄音，要給中央和各省都留一份材料和錄音，存入檔案，以便後人了解此事。」

對我的這些談話，她老人家對秉鈞、秉宜也都分別談過。

我想中央對此事已有了非常清楚的結論，應該是不成問題了。特別是粉碎「四人幫」之後，十年浩劫已成為過去，我在思想上對這事已感到無需再提了，卻沒想到七媽在一次特別的場合，又談起了這件事，這次我做了記錄，所以可以較詳細、全面地回憶起她當時的談話。

1979年國慶，我那去內蒙古插隊11年的小妹秉建要結婚了，她丈夫拉蘇榮是蒙古族青年歌唱家。伯伯在世時就希望秉建既然在內蒙古插隊，最好找個蒙古族青年成家。現在雖然伯伯不在了，但秉建仍按伯伯的遺願找了蒙古族青年為伴侶。七媽也特別高興，說六姐弟都結婚了，都到西花廳來聚一聚吧。

我們兄弟姐妹們也都很高興，難得都在北京湊齊了，六對夫婦共同去西花廳也不容易；又想七媽把我們從小照顧到大，費了多少心血，現在我們都已長大成人，成家立業了，對她老人家的報答是怎麼樣也不過分的，那麼我們這次就做一點小小的表示吧。我們事先講好：10月2日我們去看望老人家之後，集體請她去北京飯店吃頓西餐。她欣然接受了。

10月2日上午九點鐘，我和丈夫沈人驊，秉鈞和妻子劉軍鷹，秉宜與丈夫任長安，秉華與妻子李玉樹，秉和與妻子岳五一，還有秉建和拉蘇榮，都來到了西花廳。一看七媽，她穿著一身筆挺的西裝，精神特別好。我們除了給新郎、新娘戴上大紅花外，還給七媽左胸前也別上了朵鮮花，她高興地與我們集體在院子裏合影，還分別與每一對夫婦都留了影。

然後，七媽招呼我們進到客廳，與我們談話，她說：

今天是我們中華人民共和國30周年國慶的第二天，我心裏很高興，我們家裏也很難得有這麼個機會（這時她很激動）；秉建結婚了，現在你們從六個人變成十二個人了，在一起聚會，你們也很難得有這個機會。

在這個難得的機會裏，我除了祝賀新婚夫婦外，還有個重要問題，我要向你們講一講，讓你們年輕一代，也要懂得一些老一代的歷史。

我要講的是30年代最初的一二年發生的事情。當時我們黨內出了一個叛徒顧順章，他與國民黨特務結合起來誣陷你們的伯伯脫黨，偽造了一個「伍豪等脫離共黨啟事」，當時黨中央就了解事實真相，也妥善地處理了這事。

但1967年上半年，「文化大革命」初期，南開大學「八一八抓叛徒集團」從舊報紙上發現了當時的這個啟事，像得了寶，交給了戚本禹；你們伯伯知道這事了（注：當時七媽並未講伯伯是怎

▼ 1979 年 10 月，
拉蘇榮、周秉建一對新人

▼ 1979 年 10 月 2 日，
鄧穎超與六對夫婦，
前排：李玉樹、周秉
建、鄧穎超、拉蘇
榮、岳五一。中排：
周秉宜、劉軍鷹、周
秉德、沈人驊。後
排：周秉鈞、任長
安、周秉和、周秉華

麼知道這事的，現從大量史料看是：1967年5月12日江青收到材料後，如獲至寶，不做任何調查研究，突然於5月17日給林彪、周恩來、康生三人寫了一封信，把偽造啟事的抄件擺在他們面前，信中說：「他們查到了一個反共啟事，為首的是伍豪（周××），要求同我面談。」5月19日，周恩來在江青的信上批道：「伍豪等脫離共黨啟事，純屬敵人偽造」，「我當時已在中央蘇區，在上海的康生、陳雲同志均知為敵人所為，故採取了措施」）。當時我們都明白這是偽造的，是「四人幫」要以這個事來陷害你們伯伯，有人就知道是偽造的，就拿了當時的證據交給毛主席，毛主席說這是當時敵人偽造的，不能相信。

這事是在1932年2月18日左右，在上海的幾個大報紙上都陸續刊登了「伍豪等脫離共黨啟事」，下款是伍豪等243人，但沒有第二個人名。

其實，1931年12月你伯伯已到了江西的中央蘇區，這個聲明是叛徒顧順章和國民黨特務共同假造的，他知道伍豪這名字在人民羣眾中不知道，而在共產黨內是知道的，他要製造混亂，給人們一個共產黨內出現了大批叛徒的假象，達到煽動黨內同志動搖的目的。而且他還要報復，為什麼他要報復？顧順章這人原來在黨內是做情報保衛工作的，他知道我們黨內的組織、人員等機密。一次他去漢口辦事，不注意隱蔽，還去變魔術，被國民黨 C.C. 特務抓了。被捕後他叛變，一定要見蔣介石才講出我黨機密。這事當時就被我黨中央知道了，中央機關和工作人員立即轉移，但他的家屬都認識我們的人，為了免於後患，防止我中央機關被全部破獲，我們對他的家人都進行了處置，保了密，中央的局勢才得以轉危為安。但顧順章為了報復，在報上登了懸賞捉拿周恩來的啟事，想用金錢收買叛徒告密，都未能達到目的。這樣又與國民黨特務想辦法登了「伍豪脫黨」的啟事。

對這份在各大報上都刊登的啟事，怎麼向社會說明是假的呢？當時在上海的中央同志很費了周折，採取了側面說明的辦法，在上海《申報》登了報館廣告部的啟事——「伍豪先生鑒：承於本月十八日送來廣告啟事一則，因保人否認擔保，手續不合，致未刊出。」用這辦法來公開講明原來的啟事是假的。

接著，黨還採取了更加明確有力的公開闢謠的辦法，用你伯伯另一個別名周少山的名義，請法國律師巴和代登啟事，以否認偽造的啟事。1932年3月4日的《申報》上刊出了《巴和律師代表周少山緊要啟事》。啟事說，「茲據周少山君來所聲稱：渠撰投文稿曾用別名伍豪二字，近日報載伍豪等二百四十三人脫離共黨啟事一則，辱勞國內外親戚好友函電存問。惟渠伍豪之名除撰述文字外，絕未用做對外活動，是該伍豪君定係另有其人；所謂二百四十三人同時脫離共黨之事，實與渠無關；事關個人名譽，易滋誤會，更恐有不肖之徒顛倒是非借端生事，特委請貴律師代為聲明，並答謝戚友之函電存問者云云。」這第二個聲明，在黨內外又進一步澄清了問題。

1967年5月，你伯伯為了要抓緊時間澄清問題，讓西花廳的所有工作人員通通翻閱30年代的報紙，找到了當時伯伯已不在上海，顧順章叛變、報復，黨中央安排的《申報》廣告部刊登的不能給伍豪刊登啟事的聲明以及巴和律師的聲明等資料，就充分說明問題了。

你伯伯寫了非常詳細的信給毛主席，還附了當時報紙有關的影印件。這些影印件洗了十幾本，並分送當時的中央領導人，毛主席當時批：「閱，存中央文革。」

七媽很鄭重地接著說：

1972年6月的批林整風彙報會上，毛主席告訴周恩來最好向會上的二三百名高級幹部說清楚這件事。會上你伯伯講話，還有三十年代我們黨中央在上海的領導人陳雲同志也有講話證實了這問題。在這個會上決定：根據中央政治局和毛澤東主席的意見，把這個講話錄音和根據錄音的記錄稿以及有關的文獻材料，都作為檔案，保存在中央檔案局。同時，各省、市、自治區黨委各保存一份，以便黨內都知道這個問題的真相，避免今後有人利用它製造事端。但是這決定後來根本未做到。

現在「四人幫」已經粉碎了，組織上要搞一套材料，詳細說明這件事。你們如今都已長大成人，也該知道這件事的來龍去脈。

我們現在革命取得成功，「四人幫」

也粉碎了，我們還要紀念那些為建立新中國而獻身的無名英雄們。在顧順章叛變後，我們怎麼能很快得到消息，迅速轉移，挽救了中央的？是因為我們有地下黨員在國民黨 C.C. 特務機構做機要員，就是現在的電影導演錢江的父親錢壯飛同志！他得到消息，馬上趕到上海去向黨中央報告，後又去了中央蘇區，對革命做了很大貢獻。可惜長征途中，在貴陽大休息時，再也未得到他的消息，犧牲了。我們紀念他，我們應該對烈士、先烈們給以懷念。

我們過去革命時，只想如何打敗日本侵略者和國民黨反動統治，要建立人民當家做主的新中國，隨時準備獻出自己的一切，直至生命；根本沒有想過能活著看到新中國的建立，更沒想到做什麼官，比起那些為革命獻身的同志，我們只是幸存者，是從死人堆裏爬過來的幸存者，只有認真工作的責任，沒有享受特權的權力。所以你們也同樣應該認真工作，不爭名，不爭利，要想到過去的無名英雄，更要向千千萬萬個先烈們學習！

七媽談了這一事件後，我們似乎又成熟了一些，對有關「伍豪事件」更加關注，也不斷地翻閱了一些文獻資料。

對這一事件，伯伯一直放心不下，因為 1972 年 6 月中央會議上關於將伯伯的講話錄音及錄音記錄稿存入中央檔案館，並發各省、市、自治區黨委各保存一份的決定，一直被「四人幫」一夥拖延擱置起來不辦。他們還繼續派人在上海尋找所謂「伍豪事件」的材料。他們還大搞所謂「批林批孔批周公」「評《水滸》，批投降派」等等，矛頭都指向了伯伯。

1975 年，伯伯病情加重，9 月 20 日準備進行手術治療。可伯伯卻遲遲不肯進手術室，他唯恐「四人幫」還會在這個問題上興風作浪。他要來了講話錄音記錄稿，用他顫抖的手，簽上了自己的名字和報告日期，並寫上了當時簽字的時間和環境是「1975 年 9 月 20 日，於進入手術室之前」。這說明伯伯對此事十分關注。在進入手術室時，他又大聲說：「我是忠於黨，忠於人民的，我不是投降派！」我想，他是擔心自己萬一下不來手術床，一定要在生命的最後時刻向人們發出自己內心的吶喊，捍衛自己歷史的聖潔！但直到

他與世長辭時，這件事竟成了他生前未了的遺願！

「文革」結束後，一些黨史工作者對「伍豪事件」進行了深入細緻的調查研究，獲得了大量確鑿的證據，才使這一事件的真相徹底大白於天下。

② 伯伯送照片與我作別

伯伯和七媽平時吃的都很簡單，有機會時我就想幫他們也改改口味。1974 年我調回北京後，學會了醃鹹鴨蛋，醃得很成功，就拿去給伯伯和七媽品嘗，他們吃了都很高興。那時我的工作單位在北京首飾進出口公司，一次下鄉組織出口貨源時買了二斤國內不好買到的栗子（那時要用來出口換外匯）。到西花廳後，我一進門就把包放在了門廳，七媽看見後說：「你這包裹帶了什麼東西，這麼沉？我看看。」她打開一看是栗子，很高興。由於她平時也吃不到，就抓了兩把去廚房，留著做菜時候用。

5 月 31 日上午，我接到七媽打來電話，說伯伯約我中午去西花廳與伯伯七媽一起吃午餐。

到了西花廳後，我看到一貫衣冠整齊、隨時準備辦公、外出或開會辦事的伯伯，今天穿著睡衣來到客廳，心情很放鬆。以為他總算有點自己的休息時間了。不過，伯伯消瘦的面龐上又添了幾許老年斑，眼神也顯得疲憊。

見到七媽，我趕緊問發生了什麼事？七媽笑笑說：「是你伯伯讓我打電話，還親自叮囑燒飯師傅，今天秉德來，加個菜！」

飯桌上，伯伯顯得特別放鬆，沒像往常那樣快節奏。他微笑地遞給我一個兩頭彎彎的麵包：「秉德，你先嘗一嘗這個麵包。」

我咬了一個角，又香又酥，到嘴

即化！

「怎麼樣。好吃嗎？」

「真好吃！」我又咬了一大口，連連稱讚說，「幾日不見，大師傅的手藝又上一層樓！」

「哈哈，這可不是大師傅做的！」伯伯樂了，「這是地道的法式羊角麵包，是小平同志剛剛從法國帶來送我的。他還記得我們在法國留學時，都喜歡吃這種皮酥心軟的麵包。」

伯伯吃得很少，放下碗筷，他沒有離席，好幾次為我夾菜！餘光中，我發現伯伯一直在看我，那眼神顯得格外溫柔、親切。這在過去是很少有的，往日他吃飯總是很快，無暇聊天，無論是家庭聚會，還是與西花廳的工作人員會餐，他總是第一個離開。一是為讓大家不拘束、多吃點；另外他也的確太忙，他總是快步走進辦公室，忙他的去了。

吃完飯後，伯伯告訴我：「我現在有點病，明天要住院一些時間，以後見面機會少了，送你兩張我和你七媽去年在大寨的照片。」

「謝謝伯伯！」我高興地接過照片收了起來。在我記憶中，伯伯除了送我手錶、自行車（一半由我自費）、七媽拍攝廬山風景照片、毛主席像章、《毛主席語錄》、精裝《毛選》四卷等外，這是伯伯又一次親自送給我照片。那手錶是 50 年代，伯伯看到上海能在國內首先製造出手錶，為國產品牌高興，也為了支持民族工業發展，自己花了 120 元購買了一塊上海牌男錶。後來上海手錶廠造出了坤錶，他又花 60 元買了一塊上海牌坤錶送給我。

送了照片，伯伯又囑咐我說：「你以後除了認真工作，還要好好教育沈清、沈桐兩個孩子。對孩子不要交爺爺奶奶帶，老人帶孩子容易嬌慣。你們要自己帶，不要嬌慣，要認真教育，但也千萬不要打罵，打罵的結果只能適得其反。」

以後回想這次的見面，其實，伯伯是在向我道別！送的照片，是給我留下的永久紀念！但當時，我完全沒有意識到！還以為伯伯到醫院調養些時日，就可以又像以前那樣精力充沛的工作了！我還很認真地對伯伯說：「伯伯，這回您可是想通了，您忙了一輩子了，也沒有機會好好去休養一下。這次去住院，您就好好養養身體吧！您的身體底子好，就是缺少休息。到醫院白天體檢，

晚上好好睡個完整的覺，如果能堅持半個月，不，最好能休息一個月，您又能像過去一樣精神煥發了！」

伯伯答道：「我爭取吧！」

多少年來，我一直慶幸伯伯有個健康的身體！他有過人的精力，敏捷的動作，走起路來步伐又快又有力。冬天他衣服也穿得十分單薄，去機場迎接外國來賓，就是嚴冬，他也不戴帽子。常常伯伯在西花廳前廳站起身向外走，身後年輕衛士趕緊跟上遞大衣，伯伯邊走邊穿，他左手一伸，右手一套，穿大衣的工夫，人已經走出七八米邁步出門。衛士如果不小跑兩步就趕不上給他開車門。

記得成元功說過：1965 年 3 月 23 日伯伯率中國黨政代表團抵達羅馬尼亞，24 日參加喬治烏‧德治主席的葬禮。清晨，他向總理報告：「今天很冷，外面氣溫已達零下 18 度，您的中山裝裏一定穿上毛褲和厚毛衣。」伯伯平時在國內，最冷的天也從沒穿過毛褲。伯伯反問道：「有這麼冷嗎？」正巧，他的俄文祕書馬列一身雪花從外面跑進來。伯伯就問：「馬列，外頭冷不冷？」體壯如牛的毛頭小夥子馬列回答說：「不

冷！」於是伯伯就不肯穿毛褲，成元功堅持了半天，他只在襯衣外多穿了一件毛背心。

在步行送葬的數公里路上，大雪紛飛，寒風刺骨，隊伍行進十分緩慢，再加下葬儀式，在戶外呆了將近五小時！東歐許多國家首腦穿得圓圓滾滾，厚厚的皮大衣，毛茸茸的皮帽、皮手套，還一個個凍得鼻青臉腫直跺腳。而呢子大衣裏只穿一身中山裝和一件毛背心，在整個隊伍中獨一份的單薄精幹的中國總理，臉色紅潤，表情從容，身體筆挺，步履穩健，那份英俊和灑脫令許多外國首腦驚訝和羨慕，私下裏還有人向翻譯打聽：周恩來吃了什麼藥，會有如此神奇的抗寒能力？

知道實情的成元功急壞了，馬列也嚇壞了，大家都料定回國後總理一定會大病一場！可也真神了，伯伯回來後啥病沒有，照樣黑天當著白日，連軸轉地開會、見外賓、批文件。成元功和馬列這才鬆了口氣，大夥都打心眼裏佩服伯伯的身子骨真棒！

但自「文革」以來，他既要維護黨的穩定與威望，又要不斷地保護和「解放」老幹部，更要顧及全國八九億人口

的衣食住行等國計民生。他太勞累了，也太傷神了，對身體健康的損傷太大。我聽七媽說過，伯伯最近常發心臟病，所以聽到伯伯要住院，我只想到他有時間睡覺了，只要睡覺好，他的心臟就能恢復往日強勁的「力量」，壓根沒往壞處想，更沒想到這竟是我倒數第二次與伯伯見面。

如果那時我知道伯伯已經得了膀胱癌，知道第二天伯伯就要上手術台，我恐怕就不會那麼輕鬆了！可是，我真的一點也不知道！

「秉德，你媽媽身體好嗎？算起來，我們也已經有七八年不見面了！」伯伯的語調很有些感歎。

「媽媽身體還行，就是總唸叨爸爸。」我原本小心地避開這個可能讓伯伯心煩的話題，硬壓著自己內心對爸爸問題的擔憂，現在伯伯提起，我就忍不住放開講了。因為我知道伯伯的心特細也特善，爸爸被捕後，他從來沒有在我爸爸和媽媽之間畫等號。

記得 1968 年爸爸被抓後，在伯伯和七媽的教育下，我們六姐弟都明確表了態：如果周同宇真是特務，我們就與他斷絕一切關係；如果經過審查不是特務，他還是我們的爸爸！唯獨媽媽想不通，她常向我們叨叨：「要說你爸爸這人糊塗，這就算了，可他怎麼會跑到『特』字上去了呢？怎麼陷進去的？去聚餐時他知道他們是特務嗎？你們想想，他已退休，六十多歲，年紀不小了，拿著人民的退休金，好好養老多好，為什麼還幹那些事？」我們從最壞處打算，一條一條向媽媽講明專案組提供的爸爸的「罪狀」，媽媽總是你說你的，她有一定之規：你爸爸這個人就是是非不分，就是瞎熱情，對不知底的人也熱情！他要是真的幹特務，就不想想他哥哥和兒女們？你們的爸爸，你們也不是不知道，他平時講話和思想認識也很革命呀，怎麼可能是這樣的？

我回京生孩子，去西花廳看伯伯和七媽時，他們問到家裏情況，我便把媽的「活思想」和盤托出。在講媽的情況時，伯伯一直靜靜地聽，沒有任何表示。但當我講到小妹看不起媽，說她不是黨員，太落後，至今與爸爸劃不清界限時，伯伯一下提高了聲音：「怎麼能連自己媽媽都看不起！你當姐姐的，一定要教育她們，媽媽不是黨員怎麼了？她是你爸爸的妻子，對問題認識不足，

這不奇怪，可以幫助她嘛。但無論什麼時候都要記住，是媽媽把你們送到了這個世界上！」

伯伯接著說：「秉德，我知道你媽媽對我不理解。哥哥當總理，卻不為親弟弟說話。其實，平心而論，你爸爸被隔離審查已經六年多了，難道我這當哥哥的是鐵石心腸毫不關心？當然，如果是國民黨，可能不用開口，也有人看面子趕緊放人了；可我們是共產黨，是有組織原則的！只能依靠組織，耐心等待。你是老大，要和秉鈞把兄弟姐妹團結好，也要多多勸慰、關心媽媽。我想，你爸爸的問題總會搞清楚的。」

坦白地說，這是伯伯最後一次單獨與我談心，而且是以對同志的態度而非長輩教育晚輩的口吻。當時我心靈受到了極大的震動，鄭重地點頭承諾。

直到粉碎「四人幫」後，我才知道伯伯當時的險境。

在劉少奇被打倒後，伯伯就成了「四人幫」的眼中釘，而「伍豪啟事」就是「四人幫」顛倒黑白，企圖把伯伯置於死地的一把毒劍。他們利用手中篡奪的權力，把一個明明是早有結論的事，既有當年江西中華蘇維埃政府發佈的公告《「伍豪啟事」是敵人造謠，周恩來早已到達蘇區》，也有當年《申報》上律師發表的闢謠聲明在，更有當年留在上海的黨內同志在，但「四人幫」依然翻出來製造事端，煽動不明真相的羣眾，不斷地在社會上散佈「周恩來是叛徒」的輿論，妄圖達到「謊話說一千遍就能成為真理」的目的，從而把伯伯打倒！

從張穎阿姨的回憶中，我更了解了伯伯的苦衷。

「文革」期間，原來的體委主任榮高棠也在被隔離審查，他的兒子小樂天心臟病發作，生命危在旦夕，在半昏迷狀態中嘴裏一直在喊著爸爸。守在一邊的媽媽以淚洗面，心都要碎了，萬般無奈，只有給總理寫一封信。她知道張穎曾經給總理當過祕書，便懇請張穎把信送到西花廳，希望總理批准榮高棠去醫院一趟，讓父子見上最後一面。第一封信送去，毫無音訊；第二封信送去，石沉大海。張穎不忍心看著小樂天不停地呼喚，又第三次走進西花廳，那天，正巧總理在家。

「我已經批了兩次了，怎麼還沒讓榮高棠去醫院？」伯伯吃驚地反問，立

即提筆在信上批了同意的字樣，按鈴讓祕書取走時叮囑，「事不宜遲，不能按常規辦了，你拿著這封信，直接去榮高棠關押處，說我已經批准了，立即讓榮高棠到醫院去！」祕書走了，好長一段時間裏，伯伯一直沒有開口，他眉頭緊皺，雙臂抱在胸前，在辦公室踱步，以此平靜自己激動的心情。好一會，他才深深歎了一口氣，說：「張穎，為了小樂天，讓你接連給我送了三次信，你知不知道，對這些被審查的老幹部的事，要政治局七個人簽字才能生效啊！」

張穎阿姨非常熟悉我伯伯的組織紀律性，遇事他總是自己承擔責任，作為他的下級，她從沒聽我伯伯談論過領導層的事，這真是唯一的例外！

至此，我更明白了，在外人看來，尤其是林彪垮台後，伯伯地位顯赫，已經是「一人之下，萬人之上」，彷彿應該説怎樣就能怎樣！所以，有些「文革」中被關押數年的老幹部也不免埋怨説：「我是什麼人，你周恩來能不了解？關我一年、兩年，説你出於無奈，可你為什麼關我七年、八年？」殊不知，一向不會搞陰謀詭計，更不會拉幫結派的伯伯，充其量只是政治局

七票中的一票，他並沒有決定權。他總是在等候時機，利用時機，抓住時機，爭取毛主席的同意，分期分批地解放幹部！説實話，榮高棠最終與兒子見上了最後一面，與其説是伯伯的權力所致，倒不如説是他在解放軍中的威信和聲望所致！

那天，伯伯彷彿很願意繼續談下去，倒是我擔心伯伯身體不好，應該休息了，就主動告辭了。離開西花廳，我心情輕鬆極了，嘴裏情不自禁哼唱起《洪湖水浪打浪》的老歌，彷彿回到十幾年前，我按七媽的「佈置」，在大門口迎到伯伯，陪他一塊散步回家 —— 心情放鬆的伯伯，總愛用受過傷的右手打拍子，字正腔圓地唱起《洪湖赤衛隊》的插曲，我挽著伯伯胳膊，和著伯伯的節拍邊走邊唱……

是呀，我從小就認為伯伯能休息下來就能身體好，所以 1974 年我才會認為伯伯肯住院就好了！因為伯伯最大的問題是沒有時間休息，沒有時間治療，只要能住院，能休息下來，就沒有治不好的病！我從來沒有把伯伯與可怕的癌症聯繫起來，總認為癌症是痛苦、憂鬱的人才會得，而我的伯伯永遠那樣精神

▶ 1973 年 4 月 23 日，
周恩來在大寨

▼ 1973 年 4 月 23 日，
鄧穎超在大寨

抖擻，神采奕奕，充滿樂觀、信心和力量！他與癌症應該無緣！

第二天，伯伯住進了 305 醫院，到逝世前的十九個月零八天中，只回西花廳家中兩次：1975 年 5 月 20 日，我接到七媽電話，趕往家中與伯伯見面交談，看到伯伯雖然瘦弱，但兩眼仍炯炯有神，絕無老態龍鍾之感。心中很寬慰，盼望他能早日痊癒出院。過了不到一個月，6 月 15 日，伯伯又回家一次，只有秉華與伯伯見了面，這成了其他兄弟姐妹的極大遺憾！

那兩張伯伯和七媽在大寨虎頭山上的照片，是在我與伯伯倒數第二次見面時，伯伯住院前夕親自送給我的紀念，我常恨自己太傻太憨，竟然一點兒不知道死神已經逼近伯伯，他心裏非常清楚地在與我作別！

③ 我與伯伯最後一次通電話

1972 年 5 月 12 日，醫生在伯伯的尿液中發現了四個紅血球，5 月 18 日被專家確診為「膀胱移引上皮細胞癌」。1973 年 1 月 13 日，醫生發現他「血尿」，經過化療、電療後，同年 10 月再次出現血尿。但因當時的政治形勢不同尋常，患重病的他非但未得到進一步治療，反而受到批判。「四人幫」抓住這一次機會開會，狠狠地整了伯伯十多天。伯伯卻一邊受批判，一邊還要為人民不停地操勞，哪裏有時間治療呢？

如果 1972 年 5 月發現了膀胱癌就立即住院治療；如果 1973 年 1 月發現血尿就及時停止工作，認真治療；如果 1973 年 10 月再次發現血尿後，工作雖然勞累，但心情能舒暢些；如果……伯伯的病會這麼迅速地惡化嗎？他的生命歷程會是僅僅 78 年嗎？他原來的身體是多麼棒啊！

我於 1965 年隨軍調離北京，1974

年初又隨軍調回北京，這期間也曾出差來過幾次北京，每來一次就看到伯伯的老年斑又多出幾塊，面龐又消瘦一圈，白髮又多了一些，但卻永遠不給人老態龍鍾的感覺。而我當時，卻不知道他已得了不治之症。

1974 年 1 月我回到北京後，伯伯見到我很高興，問我在外地的工作情況、單位情況、孩子的教育等。由於伯伯的病情是絕密的，七媽並沒有告訴我伯伯得了絕症，只是說，伯伯現在身體不大好，有時小便排不出來，非常痛苦。我沒有醫療常識，根本想不出這事情的嚴重性，只是希望伯伯能有機會好好休息一下，積極治療，總會好起來的。

而實際上，到 1974 年 5 月上旬，病理報告單上寫著「發現脫落的膀胱乳頭狀癌組織塊」，說明腫瘤長大較快，癌組織壞死脫落，或許是惡性腫瘤發生轉移的信號。醫生向當時的中央領導緊急彙報病情，請求中央下決心批准伯伯及早住院治療，但他仍然要接見完幾批外賓，處理好一件件難題，才能考慮住院的事。

伯伯住院後，我常常去西花廳看望七媽，並提出要去醫院看望伯伯。七媽卻說：「不行呀，中央有規定，為了保證他的治療，除中央政治局委員（按：其實這時大部分成員已是中央文革小組成員）外，只有我可以去看他，我會把你的關心和問候帶給他的。」我奇怪，我去看望一下，會影響對他的治療嗎？

1975 年 5 月 12 日下午，我接到了原來曾擔任伯伯保健護士的王力的電話，說有急事找我。我一下就趕到她在北京醫院宿舍的家。她說：「昨天總理到北京醫院來看病人，事先通知我們幾個曾在他身邊工作過的醫生、護士在他路過的走廊裏見面。我們幾個都很高興，因為離開他多年了，他還想著我們，我們當然特別想見到他，都提前早早地等著他。他來了，我們大家都高興地與他交談，請他保重，養好身體。他走著走著突然轉身問護士鄭淑芸：『小鄭，你說我還能不能活一年？』他轉身的動作非常快、有力，不像是身患重病，但他的性格是不會輕易說出這種話來的。當時幾個女護士都哭了。我們一夜未睡，想來想去只能找你了，你得去見他，他有病，要積極治療，但是這種

▶ 周恩來於「文革」時期

情緒會影響治療效果，對身體非常不利。」

我一聽也急得直哭，這對我來說太突然了。當即就去了西花廳找到七媽，請她聯繫一定讓我去見伯伯，要去「批評他說的錯話」。七媽見我這麼著急，又要遵守原有的規定，只得叫通了電話，讓我在電話裏與伯伯好好談。

伯伯在電話裏的聲音還比較有力，知道是我就親切地問：「孩子們好嗎？跟你們住嗎？」他希望我們自己帶孩子，不要太依賴爺爺奶奶，所以上來就問這個。

伯伯接著問道：「你媽媽好嗎？她忙不忙？」

我心裏憋著話，回答了他的幾個問題後，就立即主動說：「我今天打電話是為了糾正伯伯的一句錯話和錯誤想法的。」

伯伯一直是我最敬仰、最崇拜的人，對他的話，我從來都認為是絕對正確和極富智慧的，從沒有過任何懷疑。今天我忽然要來「糾正他的錯話」，他也著實沒有想到，忙問：「怎麼了？」我理直氣壯又非常心疼地說：「伯伯去北京醫院見到幾位醫生、護士說了一句什麼話？」

伯伯當然立即就想到了昨天的情境，卻故作輕鬆道：「開個玩笑嘛，有什麼？」

我急不可耐地告訴他：「哎呀！伯伯你不知道這句『玩笑』的後果！」

他卻問我：「你從哪兒聽到這句話的？誰講的？」他這話本身就說明確有其事了。

我顧不得正面回答他，而只是告訴他：「我知道了這話，而且知道小王、小鄭、小焦幾個人都哭了，一夜未睡，今天告訴了我。我一聽也急得哭了！」

「這有什麼好哭的，我是開個玩笑。就是真的這個樣子也是應該想像得到的。共產黨員應該是辯證唯物論者，人總有那麼一天，活了77歲了，還不夠嗎？天有不測風雲嘛！」伯伯在開導我，也在給我打預防針，讓我有這種思想準備。

「不夠，不夠！這是黨和國家的需要，伯伯還應為革命多做貢獻！」

「我是在努力了，但不能對我要求過急。我自從去年6月1日住進醫院，

已快一年了，一直不見風雨。現在我成了溫室裏的花了，生命力就不強，只有在大草原，在廣闊天地裏的花朵，才長得壯，活得好。」

「那伯伯就不要住在醫院裏了，回家裏來住吧！」

「這你可要問七媽，這事由不得我呀！再說家裏的溫度也不一定適合我。」

「那伯伯就走得遠一些，到南方去療養一段時間不好嗎？現在整天接觸的都是醫生、護士，總是想著病的事，心情怎麼能好呢？」我實在是太天真了，其實他那時怎麼能離得開醫院、醫生和護士呢？

伯伯又耐心地告訴我：「療養不一定對我合適，醫生、護士也沒有總用病的事來纏我。但你說的周圍都是醫生、護士，這倒說對了，現在就是醫生、護士太多了，我反而要做他們的工作了，要想著如何去對付他們！」

「我希望伯伯從兩方面做出努力，好嗎？一個是希望伯伯能在晚上睡覺，白天活動活動，見見陽光。」伯伯的習慣是夜晚辦公，白天睡幾個小時覺。

「我這裏的房子你也不了解，有個走廊，房裏冬天還能見到太陽，現在慢慢地也見不到太陽了。我還不能一下子就到露天去見太陽，一年沒到室外了，還得慢慢適應才行。這房子就是不透氣，密閉，因此換空氣的事麻煩一點兒。」

「我的第二點，是希望伯伯能適當地做點體操鍛煉，七媽堅持做體操，身體就很有好轉。」

「體操適合她的身體、她的病。」

「那您也可以根據病情，做些相應的運動呀！」我還是這麼不開竅地瞎出主意。

伯伯也只能無可奈何地應付我說：「這可以努力。」然後他又開導我，「你看，我的一句玩笑話，我想他們幾個都向我問過好，我去北京醫院看病人，有機會就見見他們，見了以後隨便脫口而出。我想著以後不知什麼時候見面，就隨便問了小鄭一句，其實小鄭又不了解我的病，我問她幹什麼？就是開個玩笑，這有什麼？隨便一句話，就引起了一陣小風波！」

我急忙辯解說：「是大風波，不是小風波！」

「不就是你們幾個人嘛？」

「人數是不多，但在我們每個人的心裏都是大風波！」

伯伯嚴肅地說：「不能這麼說，只有對偉大領袖才能有這樣的心情。別人誰沒有了，都可以有人代替，要相信我們的幹部。」

「可我是出於家人的心情呀！」

「對家人、對親人也不要這樣，要想開點嘛！人都總要有那麼一天，怕什麼？」

我仍然認為伯伯有這樣的思想負擔，就會影響他的身體和治療，再次懇求道：「伯伯，您一定要自己注意身體，做好治療，那句話也千萬別隨便說了，這種玩笑，別人經受不住，這心情對您健康也不利，好嗎？現在您累了。休息吧，人驥問您好！」

「好，你問他好！他工作忙嗎？」

「他還好，就是工作忙。」

伯伯又問道：「兩個孩子好嗎？不要把他們養嬌了，你要注意這個問題。你現在在哪兒工作了？」從我隨軍調回京，到伯伯住進醫院時，我的工作還未落實，所以雖然此時我已工作近一年了，他還不清楚我在哪個單位。

「我被分配到北京首飾進出口公司工作，屬北京外貿局。」

「那你要研究哪些東西出口，成本又低，換取外匯又高？要利用農村的東西多出口，又增加農民收入，又給國家創造外匯。你要在工作中好好學習呀！」

我實在擔心伯伯太累了，就忙說：「伯伯休息吧，我談的時間太久，您累了。」

「我馬上要見外賓，不公開的。」

「七媽馬上要去看您的。」

「我等她，讓她快來。好，再見。」

這次電話談了大約半個小時，我說了我想說的話，心情輕鬆些，但同時也增加了思想負擔。看來伯伯的病情肯定不一般，不然他住院不會這麼久！特別是他的那句話，他不會輕易這樣說的。

4 錯過見伯伯最後一面

在與伯伯通電話後，我仍對七媽要求去看他。功夫不負有心人。過了一個星期，5 月 20 日，我在辦公室午休，忽然聽到電話響。一聽是七媽打來的，她說告訴我一件高興的事：「伯伯今天有事離開醫院一段時間，下午可回西花廳家裏坐一坐，你不是想看他嘛！你也來吧！」

我立即請了假，騎車趕到西花廳。看見伯伯回來了：他的臉龐更加消瘦，頭髮更加灰白，走路慢了，眼神的光芒也稍顯暗淡了，但衣服依然平整，身板兒依然筆挺，神態也顯得輕鬆，給人以信心！我想他很快會好起來的，急忙奔過去緊握住他的手：「伯伯您好！您什麼時候可以真的回家呀？」

「這可由不得我，要聽醫生的呀！」

我一看，醫生、護士都跟著回來了，隨身衛士們也回來了，並在他就座的沙發前擺了一個有斜坡度的小木墩，好讓伯伯放腳。以前從未見如此，看來又是為了他的病。但伯伯還是顯得很輕鬆地與我們聊天，平時不大見到他的那

幾位祕書們，也都早就過來等他、看他、與他談話。大家都關心伯伯的身體，問他的飲食怎麼樣？睡覺好不好？是否可以改變原來的作息時間，晚上睡覺，白天適當安排一些活動……

「你沒把孩子帶來嗎？」伯伯問我。

「我們擔心影響您的身體。」

「我好久沒見到他們了。」伯伯的口氣中不無惋惜，他扳著指頭算道，「沈清是 1965 年出生的，今年該上三年級了；沈桐是 1968 年出生的，今年也該上學了吧？」

我眼睛一下子濕潤了，心裏直埋怨自己太拘謹，也直後悔沒把兩個兒子帶來，讓伯伯享享當爺爺的樂趣！

過了最多一個小時，伯伯說該回醫院了，我俯在他耳邊小聲請求道：「伯伯，我跟您照張相，行嗎？」

伯伯握著我的手，輕聲回答：「你瞧，家裏有那麼多老同志和醫生護士，咱們下次再照吧！」

我聽話地點點頭。回想起來，我只在 1964 年結婚以前與伯伯合過影。60

年代，包括我和人驊結婚後，我們帶孩子去中南海看他，「文革」期間我也多次進中南海，與伯伯多次交談過，但都沒再拍一張照片。按當時的規矩，像伯伯這樣的黨和國家領導人，都是由新華社記者為他們拍照，底片統一歸新華社存檔。我從來是守規矩的人，因此我從未將伯伯送給爸爸的「卓爾基」相機拿到西花廳去與他拍照，而新華社攝影記者又並非隨時都在。所以，這麼多年中，雖與伯伯照過相，但卻是與家人一起的，我很想再拍一張單獨與伯伯在一起的，特別是站在他身後的照片。

不出一個月，6月15日，星期天上午，七媽給我家打電話，說今天上午伯伯又可回家來了，讓我去，並通知在京的妹妹秉宜和弟弟秉華都可去看他。而我當時正在離城很遠的家中接待丈夫一位多年未見面的老同學，給他們做飯，心想不到一個月，伯伯又可以回家，說明身體已有好轉，下一次可能就出院了，出了院，我看伯伯就容易多了，那麼我這次就不去了。結果，這天只有秉華去了。

七媽有嚴格的組織紀律性，可也十分看重親情。伯伯住院時，她堅持按照中央的規定，不讓親屬去探視，也從來沒有向我透露一點伯伯病情的嚴重程度（如果我知道伯伯的體重只剩61斤了，還要經受手術之苦，那天我無論如何都會去西花廳的）。可一有伯伯回西花廳的機會，她立刻通知伯伯在北京從小看大的侄女，想讓伯伯得到一點親情的安慰，也能滿足我們想見伯伯的迫切心情。她那個身份，能做到這樣，實在是無可挑剔的！

可是，我卻與這樣一個難得的機會輕易失之交臂。我在想，看著我們兩個在西花廳長大的孩子都沒去看自己，伯伯的心裏一定會隱痛的。如果我們去，伯伯可能會與我們拍一張最後的照片 —— 因為上一次見他時，我提出要與伯伯合影，伯伯貼在我耳邊輕輕說：「今天人太多，下一次吧！」這次他清楚自己的病情，也許是最後一次回西花廳了，也許會安排我們合個影。當然，這種近似永別的團聚，伯伯更可能要給我們說點什麼，可能說到對爸爸問題的看法，也可能對遠在邊疆的秉和、秉建提出一點什麼希望……即使什麼也不說，我們的到來，對伯伯也是一種慰藉。

但我絕沒有想到，這次沒有見到伯伯，造成了我終生的遺憾！從此再也見不到我敬愛的伯伯，再也沒有機會拍一張站在他身後的照片了！一直到他去世後，我才得以站在他身旁，泣不成聲地與他拍了最後一張照片。

5 伯伯抱病堅持工作，力挽狂瀾

隨著時間的不斷流逝，越來越多在伯伯領導下工作過的人都已雙鬢斑白，也大多步入古稀之年，住進了幹休所，邁入了離休幹部的行列。可是，強烈的責任感和使命感仍使他們無法忘記過去的日子。他們口頭講，揮筆寫，使伯伯許多鮮為人知的事情公佈於世，讓我一步又一步進入到伯伯的內心世界，使我受到了一次次強烈的震撼！也更使我掂量出伯伯苦澀輝煌的分量。

1971 年 9 月 13 日林彪乘飛機外逃，伯伯立即停止在人民大會堂正在開的會議，緊急處理這一事件，並規定所有人員不得離開。有人立即提出用導彈打掉。毛澤東主席搖搖頭：天要下雨，娘要嫁人，隨他去吧。而伯伯抱著最大的誠意，希望挽回局面，他拿著話筒向林彪乘坐的三叉戟喊話：「林副主席，無論在國內哪個機場降落，我周恩來都去機場迎接。」接著，為了處理這一突發事件，伯伯吃住在人民大會堂，幾乎整整三天三夜沒合眼。有一個情節鮮為人知：中國駐蒙古大使館派人帶回的照片，證實了林彪的確折戟沉沙，自取滅亡。原本彌漫著高度緊張氣氛的東大廳裏終於恢復了往日的平靜。其他人都已經如釋重負地離開了，屋裏只剩下周恩來、副總理紀登奎。突然，一陣號啕之聲如江水崩堤猛然暴發，這是一種長久的壓抑到了極限，終於無法再壓抑而暴發的哭聲，一種痛楚無比、撕肝裂肺的痛哭。紀登奎一下呆住了：不是親眼目

睹，他壓根兒不會相信，發出這種哭聲不是別人，正是面對牆壁雙肩顫抖的周恩來！就是剛才還和大家一樣露出久違的笑容，慶幸這不幸中的萬幸的周恩來！像今天這樣的失控，紀登奎是第一次看見，真感到太意外了，太震動了，以至於平時反應敏捷極善言辭的他，此刻也亂了方寸，話說得結結巴巴：「總理，總理，林彪一夥摔死了，這是不幸中的萬幸，應該說是最好的結局了，您該高興才對呀！」講完他自己才意識到，自己分明在重複著總理剛才講的話。周恩來回過身來，雙肩依然在顫動，臉上老淚縱橫，他搖著頭，聲音嘶啞地反覆說：「你不懂，你不懂！」這段內容是中央文獻研究室的力平同志後來採訪紀登奎時，他所回憶的。

林彪墜機後，伯伯除了處理內政外交，還趁機為恢復老幹部們的工作做了許多工作，但他自己的處境卻並沒有變得多好。

1973 年 11 月，因為和基辛格的一次談話，政治局擴大會議，對伯伯進行了二十多天的無情批判，批他「搞外交部獨立王國，犯投降主義錯誤，要當兒皇帝……」「等不及了，急於搶班奪權。」江青大叫「這是第十一次路線鬥爭」。

每一次和美國人會談，伯伯總是先到毛澤東主席那兒去請示彙報，會談方案都是伯伯拿去，經過毛主席點頭同意。只有一次，因為一切都已經談完了，基辛格準備早晨七點鐘上飛機，五點鐘左右他給西花廳來了一個電話，還要和周恩來見面，有些問題還需要討論。伯伯立即給「游泳池」打電話，但回覆說：主席已經睡了。伯伯考慮不見不好，反正按這次談判的中央精神辦事嘛，他便與基辛格再次見面。會談的全部內容都記錄下來，報到主席那裏。

第二天早晨五點，正好是張樹迎值班。哨兵來電話說：王海容、唐聞生兩位要見總理。張樹迎趕緊報告。正在批文件的伯伯沒抬頭只應道：「讓她們來吧，先在中間會客廳裏等一下，我批完文件就出來。」她們坐下不一會，伯伯就出來了。她們拿著前天會談的記錄稿，不同的是，在有些段落下面已經畫出了紅槓。

王海容、唐聞生將有槓之處唸出來，一一詢問伯伯：「您是這樣講的嗎？」

伯伯一一回答：「對，這是記錄稿嘛，我就是這個意思。」

談了個把小時，她倆告辭出門。

11月17日，「游泳池」傳來話：政治局會議多加幾把椅子，外事口多出幾個人，一塊兒討論討論。但這次會議已經發生了帶根本性的變化：過去凡是研究外事口問題的政治局會議都是伯伯主持，這次明確指定王洪文主持會議。很明顯，伯伯已經被置在了受審席上！

會議在人民大會堂東大廳召開，輪流在外等候的張樹迎、高振普明顯感到了問題的嚴重性。原來開政治局會，都是伯伯第一個到會議廳，看看會場佈置情況，最後一個離開會場，與會場裏的服務員聊會兒家常。這次則不同：是其他人都在會場坐好了，才讓伯伯進去。會議結束，第一個讓伯伯出來，可會議還繼續進行，研究下一次怎麼繼續批判。再則，會場外其他等候首長的衛士、醫生，原本與張樹迎、高振普熟悉且十分客氣，這時都彷彿不認識，「唯恐避之不及」。連續二十多天，警衛人員不准進會議室，只有服務員能進去倒水。有一回，服務員大劉從會議室裏出來，正碰上張樹迎在水房裏打水，大劉再忍不住強壓的痛苦，淚如泉湧地反覆唸叨：「他們怎麼能這樣對總理！他們怎麼能這樣對總理！」

有一次，會議開得很長。伯伯該吃治療心臟病的藥了，張樹迎管不了什麼規定了，他拿著藥推門走進會場。會場裏的緊張氣氛一下把他的心揪緊了：真難以置信和忍受，總理單獨坐在大廳的一個角上，前面擱個茶幾，一人孤零零地坐在一張單人沙發中。其他人圍成一個圈，完全是一個批鬥的架勢。雖只聽了隻言片語發言，張樹迎便血向上湧，心「怦怦」亂跳，他幾乎不敢相信自己的耳朵，卻又不能不相信自己的眼睛：似乎眾口一詞，聲色俱厲，都在批伯伯和葉劍英「喪權辱國，投降主義」，「迫不及待搶班奪權！」江青、姚文元還嚷嚷「這是第十一次路線鬥爭」。

伯伯每次走出會議廳，總是面色灰白，緊抿雙唇，眼神悲涼，步履跟蹌，有好多次都是張樹迎和高振普迎過去，趕緊用雙手插進他的腋下，幾乎用盡全力架著他挪步上電梯。成天守在伯伯身邊的張樹迎和高振普真是心如刀絞：為著國家日夜操勞，功勞都是毛主席、黨中央的，錯誤總是自己攬著的人還被批

為迫不及待要「搶班奪權」，還有什麼天理！如此黑白顛倒，還有什麼真理可言！他們兩人私下裏已經做好了精神準備：跟著總理一起去蹲大獄！

「文革」初期，在老幹部紛紛被抓被鬥的時候，伯伯在門廳裏掛著一個包，裏面放著簡單的洗漱用具。他肯定是有過這樣的思想準備：真被抓走再無法回來時，就提上這隻小包。到了1973年11月，已經身患絕症的伯伯更有心理準備：有人想利用「伍豪事件」，像對劉少奇一樣把他打成叛徒。因為一切工作上的錯誤，哪怕是路線錯誤，也還是認識問題、是人民內部矛盾，而只有被打成叛徒，才可能定為勢不兩立的敵我矛盾！所以，一向不愛爭名爭利的他，在1975年9月20日那次進手術室前，吃完術前藥，又在病房裏給中央寫信，並在進手術室的前一刻，用顫抖的手在所有有關「伍豪事件」的史料上簽上自己的名字「周恩來」及當天的日期！

後來我還聽一位與會者說過，當時已經身患癌症的總理身體虛弱，右手發顫。他曾向幾位與會者提出：我手顫記不下來，你能不能幫我記一下？那位平時謙和笑容可掬的小姐，此刻杏眼圓睜，板著臉怒斥：「那怎麼行？你自己的錯誤，你就得自己記！怎麼，你想秋後算賬？是批你還是批我？自己記！」而且她們的發言也是慷慨激昂、無限上綱，唯恐批得不徹底。多少年後的今天，我一閉眼睛，彷彿還能看到伯伯那一刻痛楚的眼神，還能體味伯伯以病體承受的千鈞壓力！

有人告訴我，江青一夥因抓到了批判伯伯的機會，回到釣魚台就大喝紅酒，歡慶勝利！每天碰頭策劃再拿什麼事情做批判內容，如何批得火力再猛些……

據《周恩來年譜》記載：在批判周恩來二十多天後，12月9日，毛澤東先後同周恩來、王洪文談話，提出這次會開得很好，就是有人講錯了兩句話，一個是講「十一次路線鬥爭」，不應該那麼講，實際上也不是；一個是講總理「迫不及待」，總理不是「迫不及待」，江青自己才是迫不及待。對江青所提增補常委的意見，毛澤東表示「增補常委，不要」。這樣才算未讓江青一夥進一步得逞。

粉碎「四人幫」之後，張樹迎最少接受記者採訪，尤其不願談及「文革」。我很能理解他的心情，他跟隨我伯伯將近二十八年，近在咫尺地守護在我伯伯身邊。他跟著我伯伯一起辛苦，一起快樂；「文革」中又跟著我伯伯一起苦撐，一起痛苦。1976 年 1 月 15 日，是他代表西花廳黨支部捧著「人民的好總理」的骨灰盒走進人民大會堂；當夜，又在高空嚴寒的飛機上，滾著熱淚一捧捧把人民的好總理的骨灰撒向祖國大地。他過去胸悶揪心，總認為是太累，送走我的伯伯周恩來後，他才知道自己已經得了心臟病。

伯伯被確診膀胱癌的準確日期是 1972 年 5 月 18 日。

保健醫生張佐良大夫了解和熟悉我伯伯的堅強，為著伯伯能注意休息和配合藥物治療，他堅持把真實的病情向我伯伯和盤托出：已患膀胱癌。當然，在中央工作幾年的張大夫也有經驗，他隻字不曾向伯伯提及毛主席的三條批示。

「九·一三」事件後，得了病的伯伯依然全身心地投入領導批林、解放幹部、外事迎來送往、談判簽字等，直至當年 8 月 4 日尿血，他曾到北京西郊玉泉山邊工作邊休息了五天。繁重的工作日復一日，伯伯每天幾次血尿，痛得在床上打滾，醫生真焦心，血壓隨時可能掉到零！然而接待外賓的任務一直不停，最多時一天還安排兩三次。張佐良大夫急了，他找到張春橋衝口而出：「總理有個三長兩短，你負得了責嗎？」張春橋把嘴一撇，惡狠狠地說：「周恩來不出來接待外賓，造成的惡果你能負責嗎！」其實，張大夫很清楚他們平時處理問題時對總理的意見的態度 —— 即便不當面頂撞，也是陽奉陰違！現在這樣強調總理的作用，分明以此拖延伯伯的治療，讓病魔充當他們的打手，以達到掃除他們政治障礙的目的！張大夫唯一能做到的事，是如實向伯伯彙報。

伯伯聽完張大夫的話，臉上絲毫看不出慌亂和憤怒。他平靜地讓張大夫詳細講述了膀胱癌的發展和治療方法，就像他平時了解其他領導人患病情況那樣，問得十分細。談完，他又請張大夫把所談內容寫下來，「我需要真正弄懂再想辦法」。

1973 年 3 月 2 日，伯伯約來葉劍英、張春橋、汪東興，談了自己病情的發展及檢查治療的問題。三天後，葉帥

▶ 周恩來在 305 醫院
所住過的病房

陪同毛主席接見外賓。送走客人後，葉帥對毛主席講了我伯伯病情的嚴重，並拿出了裝著伯伯血尿的瓶子讓他看。毛主席當即批准先檢查、後治療。3月6日，伯伯去「游泳池」開會，會前，又將自己的病情及檢查治療安排等向毛主席作了簡要報告。終於，伯伯以他特有的方式爭取到3月10日檢查治療的機會。

翻開《周恩來年譜》第582頁，伯伯去玉泉山檢查病的前一天，即3月9日，做了兩件大事：

第一，致信毛澤東主席，彙報中共中央政治局幾次討論關於恢復鄧小平黨的組織生活和國務院副總理職務的情況，提出：政治局認為需要中央作出一個決定，一直發到縣、團級黨委，以便各級黨委向黨內外羣眾解釋。並告：現在小平同志已回北京。毛澤東當日批示「同意」後，周恩來即批告汪東興，將中央關於鄧小平復職的文件及其附件

中共通知（草案）

中发〔73〕第12号

各省、市、自治区党委，各大军区、省军区党委，各野战军党委，军委各总部、各军、兵种党委，中央、国家机关各部、委党组、党的核心小组，或党的领导小组：

遵照毛主席的提议，中央决定：邓小平同志为中共政治局委员，参加中共领导工作，待十届二中全会开会时予以追认；邓小平同志为中共军委委员会委员，参加军委领导工作，特此通知。

中央中共
一九七三年十二月二十二日

（此通知可下传到支部以外党员）

◀ 在周恩來積極推動下，經毛澤東主席提議，鄧小平於1973年3月恢復副總理職務，12月進入中共中央政治局。這是周恩來親自起草的「中共中央關於鄧小平參加中共中央和中央軍委領導工作的通知」

送鄧小平本人閱，並對有關內容提出意見。10日，中共中央發出《關於恢復鄧小平同志的黨的組織生活和國務院副總理的職務的決定》。

第二，主持中共中央政治局會議，根據毛澤東的意見，向政治局簡要說明自年初以來病情發展情況。為防止病情惡化，提出檢查治療的具體的步驟。為此，正式向政治局請假兩周。提議：在自己離開的兩周內，政治局會議和報告由葉劍英主持和簽署；組織、宣傳工作由江青、張春橋批辦或上報；中央軍委事務由葉劍英處理或上報；國務院事務由李先念和國務院業務組處理或上報。關於落實幹部政策及幹部處理問題由紀登奎、李德生、汪東興等提出先易後難的方案，送交政治局會議討論後報毛澤東批准。次日，將政治局會議研究各事報告毛澤東，毛閱批「同意」。

1973年3月10日，是伯伯自從1972年5月18日被確診為膀胱癌整整十個月後第一次進行對症檢查治療。從這次開始，伯伯先後進行過13次手術治療，每一次都是他親自給毛主席打報告，每一次被批准手術後，他總要把中央的工作先安排交代一番，每次都準備永遠不能回來，不能延誤中央的工作。

我永遠感激吳階平、卞志強和張佐良三位大夫，為了我伯伯，他們將個人的安危置之度外。進手術室時他們已經定下了「攻守同盟」：只要電鏡檢查時有用激光燒掉癌症原發病灶的可能，不再請示，立即燒。因為治療癌症，最重要的是搶時間，越早發現、早治療，效果越好！伯伯確診膀胱癌已經十個月了，原本發現是最早期，拖到如今，已經是耽誤太久，再耽誤不起了！為了總理的生命，他們再不能隨便放棄這「第一次」。

無影燈下，吳階平教授從電鏡中看清了：總理膀胱內癌症原發病灶只有綠豆大，燒灼方便也有絕對把握。三人無言地交換了一下眼神，吳教授果斷拿起激光槍，在電子顯微鏡下，迅速消滅了伯伯膀胱內癌症病灶！

我經常設想，如果不是他們三位醫生的無私和對我伯伯的真摯感情，恐怕伯伯的生命是無法再支撐近三年的！

伯伯十分相信科學，尤其對專家裏手的意見，總是十分尊重。就像上了飛機，伯伯就一切聽機長指揮，對治病，

他都是仔細聽取專家的意見。伯伯在發現身患癌症的三年四個月零十天中，前後進行過大小 13 次的手術治療，都是根據醫生的意見。醫生從來不向伯伯隱瞞病情，所以伯伯給毛主席的報告，總是寫得十分準確和具體，那種冷靜鎮定的口吻，彷彿不是在說自己的病情而是說的別人。

當然也有例外。

1974 年底，醫務人員發現伯伯便中有潛血，需要立即進行檢查治療，那時四屆人大在即，為著不被「四人幫」奪權，他必須立即飛往長沙向毛主席彙報。當時他無法對醫生說明內情，只感慨道：既然把我推上歷史舞台，我就得完成歷史任務。

1975 年 12 月康生病逝。從沒對伯伯隱瞞病情的醫生和張樹迎、高振普相約，第一次也是最後一次向他隱瞞了真相：他們為伯伯專門印製了《人民日報》的第一版，替代了當天第一版上康生病逝的消息。因為伯伯每天都要看《人民日報》，病情嚴重時，他總要讓值班的張樹迎、高振普或張佐良大夫給他唸報紙。而伯伯與康生患的同是膀胱癌，伯伯對康生病情的每一步發展可謂了如指掌，大家擔心伯伯看了這條消息產生聯想而受到刺激。其實，那天伯伯一直在昏睡，並沒有要求讀報⋯⋯

伯伯去世後，七媽也親口對我說過：「你伯伯是很堅強的，大無畏的。他對自己的病情一直了解得很清楚。對他的病情分析、醫療報告、治療方案，向主席報告的病情，他都要親自過目、修改，才送主席。哪裏不確切，他要修改。到（1975 年）9 月 20 日手術，發現癌症全面轉移了，為了避免他受太大的刺激，才不給他看報告了。」

1975 年 12 月底，伯伯生命最後的活動，中央文獻研究室編寫的《周恩來年譜》有著詳盡的記錄，也成了我永遠的紀念：

得知給自己理髮多年的北京飯店職工朱殿華幾次捎信請求來給理髮後，囑託身邊工作人員：朱師傅給我理髮二十幾年了，看我現在病成這個樣子，他會難受的。還是不要讓他來了，謝謝他了！

在同葉劍英談話中囑咐：要注意鬥爭方法，無論如何不能把權落到「他們」（指「四人幫」）手裏。

▲ 1974年5月29日，毛澤東主席與
周恩來最後一次握手的瞬間

▲ 1975年9月7日，周恩來在醫院會見訪
華的羅馬尼亞黨政代表團團長維爾德茨，
這是他最後一次會見外賓

在病痛中，同守候在身邊的鄧穎超低聲吟唱《國際歌》，「團結起來到明天，英特納雄耐爾就一定要實現。」

在病重期間，曾專門交代醫務人員：現在對癌症的治療還沒有好辦法。我一旦死去，你們要徹底解剖檢查一下，好好研究研究。能為國家的醫學發展做出一點貢獻，我是很高興的。

根據 50 年代與鄧穎超共同商定、相互保證，死後將兩人骨灰全部撒到祖國的江河和土地上。關於喪事，對鄧說：葬儀要從簡，規格不要超過中央任何人，一定不要特殊化。在此之前，周恩來還向鄧穎超表示，他心裏還有很多話沒有說出來。

在與病痛作頑強的、最後的鬥爭之際，多次詢問毛澤東的身體情況，詢問中央其他領導人的健康，並對一些回憶得起來的黨內領導幹部、民主黨派人士、高級知識分子、文藝界人士和過去身邊工作人員的處境、下落等表示關切。

自 1974 年 6 月 1 日住院到 1976 年 1 月 8 日逝世，共做大小手術十三次，約四十天左右要動一次手術。只要身體尚能支持，仍繼續堅持工作。除了批閱、處理一些文件外，同中央負責人談話一百六十一次，與中央部門及有關方面負責人談話五十五次，接見外賓六十三批，在接見外賓前後與陪見人談話十七次，在醫院召開會議二十次，出醫院開會二十次，外出看望人或找人談話七次。

對一位患了絕症的重病人來說，有誰能以如此驚人的毅力，如此忘我的精神，為了國家民族的穩定，而堅持承受了這麼多一般人難以承受的病中工作呢！1975 年的八、九月間，一位多年前給伯伯當過衛士的同志喬金旺，又來到他身邊工作。伯伯見到他的第一句話就說：「老喬啊，『文化大革命』把我累垮了！」

整個「文革」的十年，是伯伯最後的十年，是他一生中最艱難、最無奈、最痛苦，但也是最輝煌的十年！是最發揮他的超人意志力的十年，是他在極其錯綜複雜的形勢中處理好各種矛盾、各種關係，保障了大局的穩定，使國家沒有陷入崩潰深淵的十年！

第九章　送別伯伯

在長安街上，由東往西方向，除
了車隊外，沒有車輛通行；但是由西往
東方向並未進行交通管制，車輛照行不
誤。不過，有一個感人的細節，對面所
有的車輛，不論是公交車還是機關的
車，遇到車隊都會自發停下來，搖下車
窗，等靈車通行，向人民的總理作最後
的告別。

1 向伯伯遺體告別

1976 年 1 月 9 日一早 6:30，我出差正在上海和平飯店的睡夢中，忽聽到廣播電台裏傳出了哀樂聲。我猛然爬起來，聽到了伯伯的名字！我悲痛欲絕，好像有塊大石頭不斷錘擊我的心胸。我強忍悲痛，找到同事，購買機票，立即回京！

回到北京，我隨即趕到西花廳去看望七媽。我想七媽此時肯定是躺在床上，悲痛萬分！未想到七媽正站在客廳裏向祕書交代事情，我撲到七媽身邊，抱頭痛哭！七媽卻異常冷靜，堅強而又莊重地說：「不要哭，不要哭！要化悲痛為力量！化悲痛為力量！」她還特別向我強調：「伯伯是共產黨員，他首先是黨的人，他的後事由他所在的黨支部操辦。你們這些孩子們都有自己的工作崗位，重要活動你們參加，但盡量不要影響你們的正常工作……我還要告訴你們：我和你伯伯多年前有約定，我們死後的骨灰是不保留的，你伯伯擔心我能不能做到，十幾天前又對我囑咐了這事。我是一定要做到的。你可要有思想

準備！」我聽了實在想不通，捨不得，不忍心！但七媽要求我不但要想通、要理解、要支持這樣做，還要我做好我父母和弟弟妹妹的思想工作！這時我沒有看到七媽一滴眼淚！看到的只是她堅毅、果斷的眼神！我也只能強忍悲痛，去父母家中，向父母和弟弟妹妹們轉達七媽的心情、現狀和囑託。

當我回到自己家中，將一眼望到的所有物品，只要有紅、綠、黃、粉等鮮豔色彩，一律清除，換成素色！似乎不如此不足以表達內心深處無比悲痛的心情！

1 月 10 日、11 日兩天，是向伯伯遺體告別的時間。而 10 日是周六，七媽要求孩子們仍要堅守自己的工作崗位，通知我們 11 日早晨 7:30 到西花廳門外的中南海西北門集合。在集體乘車出發前，七媽囑咐她的祕書趙煒對大家通報了情況。當晚我將趙煒的通報做了追記：

今天我先向你們報告七媽的健康狀況，這也是你們都關心的問題。七媽現

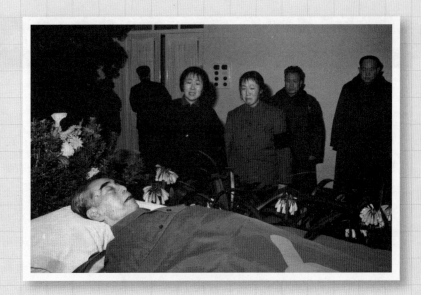

▲ 1976 年 1 月 11 日下午，周秉德和周秉建守望著周恩來的遺體

在吃飯、睡覺都基本正常，她很能克制自己，她很堅強。當著我們的面，沒有掉過一滴眼淚，反而鼓勵我們。我們現在四個人陪她，你們儘管放心。

12 月 31 日我陪你們七媽去看你們伯伯，他情況很好。《元旦社論》和毛主席兩首詩詞發表後，我們又去時，他還讓我給他唸了三遍，讓衛士又給他唸，他自己還要看。

7 日晚上我陪你們七媽去看時，還看不出有明顯的變化。8 日準備晚點去，早晨我正在給七媽讀文件，電話來了，伯伯突然心力衰竭！我們立即以最快速度到了醫院，當時他僅有一點微弱的呼吸（我問：當時他知道七媽已來到他的身邊了嗎？知道嗎？！），他已認不出你七媽來了……9 點 57 分心臟停止了跳動。

你們伯伯在臨終前非常堅強。這種病極為痛苦，但他從來沒有喊過、叫過，尤其你七媽去看他時，他再痛也連吭都不吭一聲！醫生們知道他很痛苦，告訴他：喊一喊會減輕一點兒痛苦，你想怎麼喊就怎麼喊吧！他也沒有喊過一聲！

由此可見，伯伯的意志力是何等堅強啊！

② 七媽撲到伯伯棺槨上：「我再也見不到你了！」

十里長街送總理的感人情景，我是坐在汽車裏看到的。當時靈車車隊的排列第一輛是開道車，第二輛是靈車，第三輛是七媽坐的車，第四輛是中央領導坐的車，我們親屬坐在第五輛麵包車裏。

當天非常冷，寒風凜冽。但是，一上長安街，人卻特別多，路兩側的人羣擠得水泄不通，從東單到八寶山，一直沒有中斷過。人雖然多，但是很安靜，只有哭聲，氣氛很壓抑。

在長安街上，由東往西方向，除了車隊外，沒有車輛通行；但是由西往東方向並未進行交通管制，車輛照行不誤。不過，有一個感人的細節，對面所有的車輛，不論是公交車還是機關的車，遇到車隊都會自發停下來，搖下車窗，等靈車通行，向人民的總理作最後的告別。

就在這時，秉鈞突然看見前面車上的趙煒隔著後窗向大家擺手，秉鈞不明其意，以為她在給他打招呼，也擺了擺手。下車後，她才告訴秉鈞，七媽讓她通知我們：不要哭！

下午 6:05 到了八寶山，秩序完全亂了。因為人實在太多了，都要再看總理最後一面。趙煒一下車，就拉住了七媽，然後告訴我們：一個人抱著一個人的腰，不然非衝亂不可。於是，七媽拉著我的手，秉鈞抱著我的腰，後面結成一串，但還是給衝散了。

在最後告別時，我們看到伯伯的樣子，臉特別特別瘦。據說，他死時體重還不到 61 斤。在整個喪事過程中，七媽非常堅強，一直沒掉過一滴眼淚。直到這時，她才一下子撲到棺木的玻璃罩上，撫棺大慟道：「恩來，我們永別了，讓我最後再看你一眼吧，以後我再也見不到你了！讓我痛痛快快哭一場吧！」說著，就泣不成聲了。

七媽走出告別室時，回顧左右叫著：「孩子們呢？」看到我，她一把抓住我的手說：「你們要記住，你們的伯伯走了，毛主席還健在。要化悲痛為力量。」

告別儀式、弔唁和追悼大會，我們

當載著周恩來遺體的靈車開往八寶山火化時，人們望著遠去的靈車，跟他作別

鄧穎超向周恩來遺體告別

親屬都在，參加了全過程。我們排成專門的一列，但不站在顯眼的地方。七媽有交代：對親屬不拍照、不報道。這也是伯伯一貫的要求，他不願讓我們出頭露面。當然，在「四人幫」肆虐的時候，七媽的這種安排也出於對我們的一種保護。

伯伯去世後，我就向七媽提出要一件伯伯的舊衣服作紀念；只要是伯伯的遺物，越舊的越好，越破的越好！因為伯伯一生儉樸，衣服越舊，就是跟隨他的年代越久，我就越感到親切，越感到離伯伯更近些。細心周到的七媽讓工作人員整理出十份伯伯的遺物，給了我的父母及六姐弟和幾位堂兄一人一份，我分到的有伯伯生前常穿的幾身中山裝和那件幾十個補丁的毛巾睡袍。第一天，我睡覺前手捧著伯伯的睡袍，眼睛潮潤，彷彿又像過去那樣生活在伯伯身邊。轉念一想，千萬別弄壞這份珍貴的紀念物品，我又細心包紮疊放整齊，珍藏在箱子裏。當心裏難過時，便取出來看一看，摸一摸，説説自己的痛苦和思念。1977 年，革命博物館辦伯伯的展

▶ 聯合國為周恩來逝世降半旗

▲ 聯合國安全理事會為周恩來逝世起立默哀

覽，七媽動員我將這件毛巾睡袍捐出來，同時七媽又補給我一件補丁稍微少一點的睡袍。1997 年底，我又將這件睡袍捐給了天津市正在籌建的周恩來鄧穎超紀念館，以使廣大人民羣眾更真切地了解他、懷念他。

伯伯去世後，西花廳裏只剩下了它的女主人。我經常去看望七媽，我知道她身體不好，如今，失去了伯伯的悲痛，孑然一身的孤獨，會令她的日子更難過。但是七媽非常堅強，她一直不屈不撓地和疾病，也和寂寞作鬥爭，她對我説過：「我在苦鬥，苦熬。」

3 「外面有任何傳言都不要相信」

1976 年 1 月 18 日，我和大弟秉鈞如約前往西花廳。一進門，七媽就説我們：「怎麼還戴著黑紗？紀念沒必要通過這種方式，你看我們這裏的同志都不戴了。」我們也只好把黑紗取下。

七媽先是講了伯父的病情，説從發現癌細胞到去世，大大小小做了十幾次手術。1975 年 9 月 20 日，在膀胱底部又發現了一種新的、更毒的癌細胞，這種癌細胞在 2000 例病人中才會出現一例。因此，就沒有再動手術，病確實是治不好了。因此，「外面有任何傳言都不要相信！」（當年，在其他領導人去世時，確實有一些傳言，比如陳毅去世時，就有傳言説是因為林彪授意醫生手術不做乾淨等。）七媽這樣特意解釋，是怕醫務人員承擔壓力。

此外，七媽又解釋説，追悼會那天，我讓你們站在工作人員後邊，是不想讓你們出現在鏡頭上，太過張揚。後來，我們自己也琢磨，當時，「四人幫」正是囂張的時候，七媽此舉也是想保護我們。

然後，七媽又說：「你們還有什麼問題，可以問我。」

秉鈞是軍人，不敢隨便亂問。我比較膽大一些，就問道：「伯伯病重時，主席究竟有沒有去探望？」

七媽說：「你們都知道主席和伯伯是多年的戰友，對伯伯是多麼器重。但是，你們不知道伯伯病重時的樣子，而且，主席身體也不好，見了面刺激太大，對兩人的心情和身體都沒有好處。」

我又問道：「告別時，江青為何不脫帽？朱老總那麼大歲數了，都還敬了個軍禮。」

七媽解釋說：「江青同志有病，不方便脫帽吧。」

後來秉鈞知道我和六妹秉建在和伯伯遺體告別後，爭取機會在伯伯遺體前照了一個相。他回到部隊後，在給七媽寫信中提出，希望得到一張七媽陪著伯伯遺體的照片，「以便增強我的鬥志」。七媽委託趙煒給他回了信，信中引用七媽的話說：「難道沒有這張照片就沒有鬥志了嗎？」說歸說，七媽還是理解侄子的心情，不久真的給他寄了一張珍貴的照片。

4 七媽在伯伯追悼會後的重要講話

1976年1月15日伯伯的追悼會後，七媽在人民大會堂台灣廳對我們親屬和身邊工作人員、醫療組成員，做了一次非常重要的講話；後來以《繼承遺志，永遠向前》為題收入了《鄧穎超文集》。內容如下：

剛才，你們都參加了周恩來同志的追悼會，我在這裏同你們見見面，有些話談一談。

恩來去世了，你們都很悲痛，我也很悲痛。但是，悲傷和眼淚都不能使死去的人復活了。

毛主席在《為人民服務》這篇文章中，講得非常好。他說，人總是要死的，但死的意義有不同。一個人，為人民的利益而死，就是死得其所。恩來同志正是這樣的人。他是一位人民的勤務員。他一生的追求，一生的奮鬥，都是為人民的利益，為了實現共產主義遠大理想這樣一個崇高目標的。你們在座的，有的是共產黨員，有的是共青團員，有的雖然不是黨員團員，但都是革命同志，都要響應黨中央的號召，化悲痛為力量，繼承恩來的遺志，努力做好我們各自的工作，為把我國建設成為社會主義現代化的強國而奮鬥。

　　今天在座的，有為恩來治病的醫務人員、護理人員。這些同志，他們政治上是可靠的，醫療技術是我們國家第一流的。他們受到了黨中央的最大信任和委託，對恩來的病作了精心的多方面的治療和護理，不分晝夜，廢寢忘食，盡了最大的職責。他們的革命精神和工作態度是十分感人的。恩來生前曾經多次對他們表示由衷的感謝。在這裏，我也要代表大家向這些醫生，向參加護理工作的人員，表示深切的感謝。

　　癌症終於奪去了恩來的生命。我自己是共產黨員，我用無產階級的堅韌性，高度地克制我內心的痛苦，在他病中還要用愉快的精神和恩來一起同疾病作鬥爭。當他知道自己的病不能挽救時，一再叮囑我，死後不要保留他的骨灰。這是我和恩來在十幾年前共同約定下來的。我們國家在對人死後的葬儀方面，從古代到中華人民共和國成立，都一直是土葬的。50年代，在黨中央和毛主席的倡議下，許多高級幹部簽名，決定死後實行火葬，這是對我國幾千年的舊風俗的重要改革。1958年，恩來首先把他死去的父親，我把自己死去的母親以及重慶辦事處的一些死去的同志的墳墓平掉，進行深埋。恩來還把他在淮安幾代親人的墳墓，也託人平掉，改為深埋，把土地交公使用。在中央做出人死後實行火葬這個決定不久，我們二人共同商定，相互保證，把我們的骨灰撒到祖國的大好河山去，撒到水裏、土裏去。從土葬到火葬，從保留骨灰到不保留骨灰，這是思想觀念上的重大變化，是移風易俗的重要改革。他自己就曾經講過：人死後為什麼要保留骨灰？把它撒在地裏可以做肥料，撒在水裏可以餵魚。他還主張人死了以後應該做屍

體解剖。在他病重住院期間，他曾專門交代醫務人員：現在對癌症的治療還沒有好辦法，我一旦死去，你們要徹底解剖檢查一下，好好研究研究，能為國家的醫學發展作出一點貢獻，我是很高興的。恩來對於自己個人離開人世沒有絲毫掛慮，對祖國的科學發展和未來卻充滿了熱情和期望。從感情上講，你們很難過。恩來雖然去世了，但他給我們還留下了精神財富，在他彌留之際，想到的是死後還要如何為人民服務。你們要支持恩來的這一行動。他的這一遺願實現了。他的心願，我已經了卻了。

恩來對他的後事，曾經對我說過，葬儀要從簡，規格不要超過中央的任何人。這件事，我已經向黨中央做了報告。中央給了他很高的榮譽。他還向我說過，一定不要特殊化。我個人是堅決執行的。對於喪事，我是嚴格按照三大紀律八項注意的第一條，一切行動聽指揮，沒有提出一項個人的要求，一切都由治喪委員會決定。恩來的遺體是由西花廳黨支部保護下火化的，並將他的骨灰盒放在弔唁的地方，因為他是西花廳黨支部的黨員，在具體執行弔唁他的儀式時，有些事情應該放到支部裏去做，由支部的同志來承擔。我想這是符合他生前願望的。

恩來生前是黨和國家的一位領導人，但他總是按照一個普通的共產黨員嚴格要求自己。他把自己看作是黨的人，是一個人民的勤務員。在幾十年的革命生涯中，恩來始終如一地遵守著這條共產黨人的最重要的準則。他永遠保持和群眾的最密切聯繫，從不搞特殊化。他一生為黨和人民雖然建立了許多功勳，但他從不居功自傲，而是經常檢討自己。他功勞越大，越是虛懷若谷；地位越高，越是感到肩上的責任重大，兢兢業業，戒慎恐懼。特別是我們黨處在執政黨的地位以後，他更是時時刻刻注意這個問題，嚴於律己，把搞好我們的黨風放在一個十分重要的戰略地位。作為他的親屬，又有什麼理由把自己放在一個特殊的地位呢？我們千萬記住，不要以為自己在革命的征途上有什麼特殊，不要誇耀，不要吹噓，一定要謙虛謹慎，要多向革命的老前輩學習。

恩來同志和我們永別了。你們要堅強，不要過分的悲傷。我們要繼承他的遺志，為了黨和人民的事業，在新的革命路上永遠向前進！

在這次接見中，七媽還滿懷感情地對我們兄弟姐妹們講了一段語重心長的話，使我們深受教育：

在參加了你們伯伯的追悼會以後，我在這裏和大家見面。我們要響應黨中央的號召，化悲痛為力量。痛苦、悲傷、眼淚都不能把死者讓他復活。我們要用馬列主義、毛澤東思想對待一個人的死，要正確地對待，這也是自然的規律，毛主席在《為人民服務》的那篇文章中講「人總是要死的」，這是自然規律。你們在座的有的是共產黨員，有共青團員，即使不是共產黨員、共青團員，也一定要學習馬列主義、毛澤東思想，對待具體事務。

你們的伯伯他是黨的人，他是人民的勤務員。你們不要僅僅把伯伯的關係看成是一個個人的親戚關係，這就把感情降低了，而要提高到階級的感情，革命的感情。《訃告》裏所說的，今天《悼詞》裏的內容你們都應該好好學習。

伯伯在住院期間是非常遵守紀律的，毛主席、黨中央對他非常愛護。在他入院時，為了保護他能治好病，休息好，規定只有最負責的領導同志的範圍才可以去看他，別人一概不能去看他。他能出來活動的時候，曾在向陽廳（按：西花廳在「文革」中曾改名為向陽廳）約見過你們在座的。你們的伯伯是非常遵守紀律的，當小六回來的時候，小六想見他，伯伯向我挑戰說：「小六回來了，你就是不帶她來！」我說：「我要遵守紀律，不能陷於被動。」因為小六最早去農村，堅持在插隊的地方，非常堅定，我和伯伯對這個孩子無疑的已超過親屬的感情，是革命的感情，非常喜愛她。但為了遵守紀律，伯伯採取了另外的辦法，給小六通了電話。

伯伯在病中，主席、中央對他經常關懷。調去給伯伯治療和服務的醫務護理同志也來了，現在在座。他們得到黨中央的最大信任，他們在政治上是可靠的，技術和醫療實踐是第一流的，他們為你們的伯伯進行了精心的多方面的治療，夜以繼日，廢寢忘食。伯伯在病中一再表示對他們的感謝。你們下一代在這方面沒有任何提意見的權力。伯伯說：「這不要責怪任何人。」這是我向你們傳達的伯伯講的話。

我自己是共產黨員，我用無產階級的堅韌性，高度地克制了我內心的痛苦，還要鎮定、沉著，用愉快的精神，在你們伯伯的病苦中跟伯伯共同鬥爭。你們伯伯在他知道他不能挽救時，一再叮囑我，這是我和伯伯在十幾年前共同約定的：死後骨灰不保留。中國在對死人的葬禮方面，從古代到中華人民共和國成立都是土葬。五十年代，黨中央在毛主席的倡議下，每人簽名，決定實行火葬。從土葬到火葬，這是革命，是對中國幾千年舊習俗的革命，現在中華人民共和國已成立了二十六年。在做出這個決定後不久，我們兩人共同商定，相互保證，把我們的骨灰撒到水土，大好的山河、水土裏去。這也是一場革命，由火葬保留骨灰，到火葬不保留骨灰，這也是一場革命，這符合於徹底唯物主義思想。從感情上你們難過，用唯物主義的觀點來看，伯伯雖然肉體不存在了，他的骨灰要在祖國大地河流裏作為肥料仍為人民服務，物質不減，生生不已。你們要支持伯伯的這個行動。伯伯的遺言，我向中央政治局報告，得到毛主席的批准。這使我得到最大的安慰，最大的鼓舞。1958年「大躍進」時，

你們的伯伯把死去的父親，就是你們的祖父；我把我的母親，還有幾位死在重慶的同志，由土葬改為深埋在深山石洞裏，原來埋葬的土地交公使用。還有在淮安幾代人的墳墓，也讓爾萃、桂雲去改為深埋，把原土地交公使用。總而言之，死的已經死了，我們活著的人，要很好地活下去，要繼續革命。你們回去在各方面要以階級鬥爭為綱，抓緊思想改造、世界觀的改造，以優異的成績，無愧於做在毛主席領導下的社會主義祖國的一個革命者。尤其是你們青年一代，要堅持繼續革命。

我還要講一點，雖然你們都來了，我理解你們的心情。但為了打破舊習俗，我事先打電報通知了不在北京工作的人不要來北京，在北京的當然已經在北京了。這個通知發出去後，有幾個表現很好，爾萃、榮慶（二伯恩溥之子——作者注）、保常都尊重了我的意見，向我表示了慰問，沒有來，很好。華章來了沒有？華章的弟弟沒有得到我的通知，昨天趕來了（趙煒：前天來的），不但大人來了，還帶了幾個孩子。我真不理解，他們對待舊的習俗是什麼觀點，什麼態度？！你們大概都感

到我和伯伯對你們要求是嚴格的。為了照顧他們的心意，昨天我允許了他們去參加了弔唁，今天我不能不把他們除外，因為今天人數限制很嚴。

伯伯對他的後事，對我說，第一「對於我不要超過任何人」。我也向中央報告了，但中央做的決定，你們都應感覺得到，中央給了你伯伯很高的榮譽，你們都看到了。伯伯還說：「不要特殊化」，還交代了這件事。你們作為伯伯的親屬，千萬記住，不要以為在你們革命的旅途上有什麼特殊。你們參加

今天的追悼會，是個向革命老前輩學習的機會，回去以後不要誇耀，不要吹噓。我個人堅決執行。

還有，你們還有一個責任，你們不但對親屬，對凡是遇到的人的過分悲哀的，要勸導。你們要堅強，伯伯是堅強的！你們也應該堅強，要比伯伯更堅強，因為你們是年輕一代，是下一代。

伯伯的死去是對你們一個很大的考驗，我希望你們大家用不斷改造思想，不斷繼續革命，來紀念你們死去的伯伯。

▶ 人們到勞動人民文化宮
弔唁周恩來

當晚，七媽就含淚送別了載著伯伯骨灰的飛機遠行。伯伯的骨灰全撒了。這件事對我的震撼真的極大，但我深知，縱有千萬個捨不得也是無濟於事的，我只能接受。因為這是兩位老人家早就約定了的移風易俗的革命。在接受事實的同時，我心中也更增強了對伯伯的敬仰！

不久，我的公公沈謙身患絕症，在病痛中他留下遺囑：「我一直敬佩周總理，更要學習周總理。我死後的骨灰，你們千萬不要送進八寶山，你們幫我撒到江湖或樹下。」對此，我婆婆張絢也深表贊同。

1977 年 3 月 23 日，我公公病故，我們晚輩都懷著悲痛和敬佩的心情，將他的骨灰撒入了天津塘沽海河入海口。

如今，每當回首這些往事，我就會想起前人的那兩句詩：「落紅不是無情物，化作春泥更護花。」這不正是對伯伯身後的寫照嗎？

第十章　七媽的歷次談話

七媽：粉碎「四人幫」，我和全國人民一樣高興，我的高興不比你們差一些，但也不比你們多高興什麼。在這樣一個偉大的革命變革中，不能把個人的恩怨擺進去，要看到這是黨的勝利，人民的勝利。個人的作用在黨的事業中猶如汪洋大海裏的一個小泡沫，這個小泡沫在就起它的作用，當它消失了，大海還依然存在。

1 粉碎「四人幫」後七媽與我的談話

伯伯過世後，我常去看望陪伴七媽。

自從 1949 年 6 月，12 歲的我被伯伯接進中南海，在西花廳這個院落出出進進已經二十多個春秋，對西花廳自然是十分熟悉。若說院內的景色，如今仍然是綠草青青，綠樹成蔭，鮮花盛開。只是失去了伯伯，這裏的一切彷彿都失去了往日的魅力。我不願多看，更不敢多想，因為那海棠樹、芍藥花和園中小徑，到處都有伯伯的身影，都迴蕩著伯伯朗朗的笑聲。想到這些永遠地失去了，我就傷心，就要落淚。可是從理智上說，我現在不應該顯露出悲傷，我是來看望和寬慰七媽的，不能再增添老人的痛苦。

這天，我又到西花廳看七媽。在談到粉碎「四人幫」，全國人民都歡欣

周秉德與鄧穎超談話追記

鼓舞時，七媽說：「有人對我說，在這時我應更加高興。我告訴他：粉碎『四人幫』，我和全國人民一樣高興，我的高興不比你們差一些，但也不比你們多高興什麼。在這樣一個偉大的革命變革中，不能把個人的恩怨擺進去，要看到這是黨的勝利，人民的勝利。個人在整個革命事業中是非常渺小的。你伯伯雖然是副主席，是總理，但他個人的作用是很小的，個人的作用在黨的事業中是滄海之一粟，是汪洋大海裏的一個小泡沫（說時她用拇指捏著小指尖頭比劃著）。這個小泡沫在就起它的作用，當它消失了，大海還依然存在。」

七媽又說：「這樣認識問題，才能正確對待個人和黨的關係，不然就要強調個人的作用，就是搞個人英雄主義，就不能正確對待自己。」

後來，有人說鄧媽媽向中直機關和八三四一部隊控訴「四人幫」對總理的迫害，講了三個小時（還有說五、六、八小時的），台上台下哭成一片，很感人，問我要講稿。我當即認為不會有此事，根據就是七媽上述那番話。她的心胸是多麼廣闊，她的革命情操是多麼高尚，怎麼會哭哭啼啼在羣眾面前去控訴個人的冤曲呢？

1976 年 12 月 13 日，我去看七媽，向她講了以上的想法。七媽很滿意地說：「在這個問題上，你是了解我的。」

2 七媽講身世

1977 年 4 月 10 日，在談論家常時，七媽親切地對我詳細談了自己的身世。

當晚回家，我就做了追記：

我的父親在清朝是廣西的一個武官，原有一位妻子，生有三個兒子。妻子死後，他娶我母親做續弦，只生了我一個。

　　我父親在廣西工作不順利，想調動工作，另外找事做。但清朝時你想調動工作是很困難的，他就向上司請假，回河南老家修墳，上司同意他走了。但他並未回河南，而是到昆明去找妹妹、妹夫。妹夫做個小官，也給他找了個小官做。後來被上司發現了，說他犯欺君之罪，定罪流放三年，發配新疆，說三年後回來還可官復原職。

　　我母親從小識幾個字。她認為女人光靠男人不行，要自己學點本事，就決心學醫。她三年學醫，邊學邊看病，不要報酬，很得周邊人愛戴。闊家人、達官貴人家的夫人小姐們也很喜歡找她看病，她與她們搞得很熟，我們的生活也能維持。

　　但朝廷上又說我父親賬目不清，有貪污。我母親每天早晚整理父親的賬目，一筆一筆都整理得很清楚，向朝廷證明沒有貪污。

但母親不願再在廣西住下去了，帶著我去昆明不行，去廣州行醫也賺不了幾個錢，就帶我去上海，未想到在上海也根本賺不到錢。我那時不明白，後來才知道，當時在上海不認識幾個流氓、阿飛、「青紅幫」，根本就做不成生意。那時我三哥在天津，以為我媽手裏一定有筆錢，就寫信讓我們去天津，說可以給母親找個事做。母親帶著我到了天津。

到了天津一看，三哥生活很潦倒，只住一間小屋，沒有事做，更不能給我母親找事做。而他看到我母親並沒有錢，兩個人都很失望。幸虧有個老鄉是從新疆回來的，幫媽媽在一個學校找了個校醫的工作，但一個月只有幾塊錢收入。

這時聽說，我父親在新疆很肯幹，有不少收入，還找了兩個新疆老婆（那時新疆女人多，男人少）。到三年時，已經準備回來了，我們已經得到通知，說他要回來了。但又突然聽說他死了！有人說可能是那兩個老婆怕他把財產都帶到內地而圖財害命了！

我們收入太低，經朋友介紹我母親到北京的江西會館做事。這個江西會館在南城的南橫街，這是我到北京的最初

印象。1949年進城後，我還去看了，是幾進的大院。母親在一個學校兼職，我就在這個學校讀書。

原來我二哥就已死了，這時我三哥肺結核也死了，母親通知了大哥來辦三哥的喪事。大哥走後，母親只准我的鞋頭上縫塊白布，因為是住在學校裏，不是自己的家，母親十分注意影響。後來聽說大哥也得肺結核死了。

我上學一直跳班，功課緊，晚上很晚都認真讀書，後來13歲時吐血了，母親不讓我太用功了，還說鄧家的孩子大概都得得肺結核死。她就自己給我開藥方，治好了。後來長征途中，條件太差，才又犯了這個病。

辛亥革命後，國民黨以外，還有個好像是社會革命黨的。母親的單位，就是這個黨辦的。大人們常常談論些革命的道理，我也從小受了這些影響。

母親做學監，是後來跟著我和你們伯伯的時候。她不願依靠我們，給我們增加負擔，要出去做事，在廣州執信中學做學監。

所以我和你伯伯完全相反，你們周家人多，來找的人也多；我這邊是伶仃一人，沒有人來找我。

天津市達仁女學校民國十一年開學攝影

一九二二年達仁女學校開學
前排右起第五人為鄧穎超同志   由曹美安保存

▶ 1922年，鄧穎超在天津
達仁女校開學典禮上

前排左起第一人為鄧穎超同志
由曹美安保存

▶ 1922年，鄧穎超和天津
達仁女校的同仁們

3 七媽回憶伯伯與張若名的故事

　　1977 年 6 月 8 日下午，我又到西花廳看望七媽，和她談起了日本人寫的《周恩來》一書：「我讀這書裏還講到您和伯伯談戀愛的事，在北海、白塔下等。我想這麼細，可能是臆造。」

　　七媽說：「哪有這回事？全是臆造的。『五四』後被捕入獄的不是我，是我的同學張若名，以後去法國的也是她。我因要贍養母親，沒有去法國勤工儉學。

　　「談戀愛的事，原來根本未有這個想法。你伯伯原來一直大談獨身主義的，在獄中寫了三篇文章是《獨身主義》《念娘文》和《警廳拘留記》，前兩篇已丟失，後一篇現在在展覽館展出了。你伯伯大談獨身主義，我當然未考慮到這，想著應該幫助他實現自己的想法，少去找他吧。而且我自己也覺得，女人一結婚就完了，什麼也不能做了，也不打算結婚的。

　　「和你伯伯一塊去法國的，也有張若名。原來他們接觸就比較多，又一起去法國，所以我腦子裏認為，如伯伯不

堅持獨身主義的話，也就是和她了，別人也這麼認為。但伯伯到法國後不久，1922 年就常給我來信，我還奇怪，怎麼會給我寫信？寫了三年信，最後才在信裏明確表態，說他經過觀察，和張若名不能志同道合，不可能有發展，就轉到我這兒來了。

　　「你伯伯 1924 年回國，沒經費，就『烤黃魚』。在船艙邊上，不給人家發現，回到廣州。當時廣州工作需要他，就留在廣州了，搞黃埔軍校。那時我還在北京和平門外師大一附小教書，搞運動。北京的黨組織，當時有人不願讓我早見到你伯伯，另有人就想促成我們。開始一直不讓我去南方、廣州。直到天津、北京的警察局通緝我了，我在北京待不下去了，同時已經把我選為國民黨第二次代表大會代表，要去廣州開會了，才不得不讓我去廣州，臨行時還囑咐我 3 個月必須回來。我到了上海，沒有去廣州的船，那時我們就那麼傻，就不懂沒有中國船可以坐外國船的，就等中國船，等了一個月。到了廣州的第

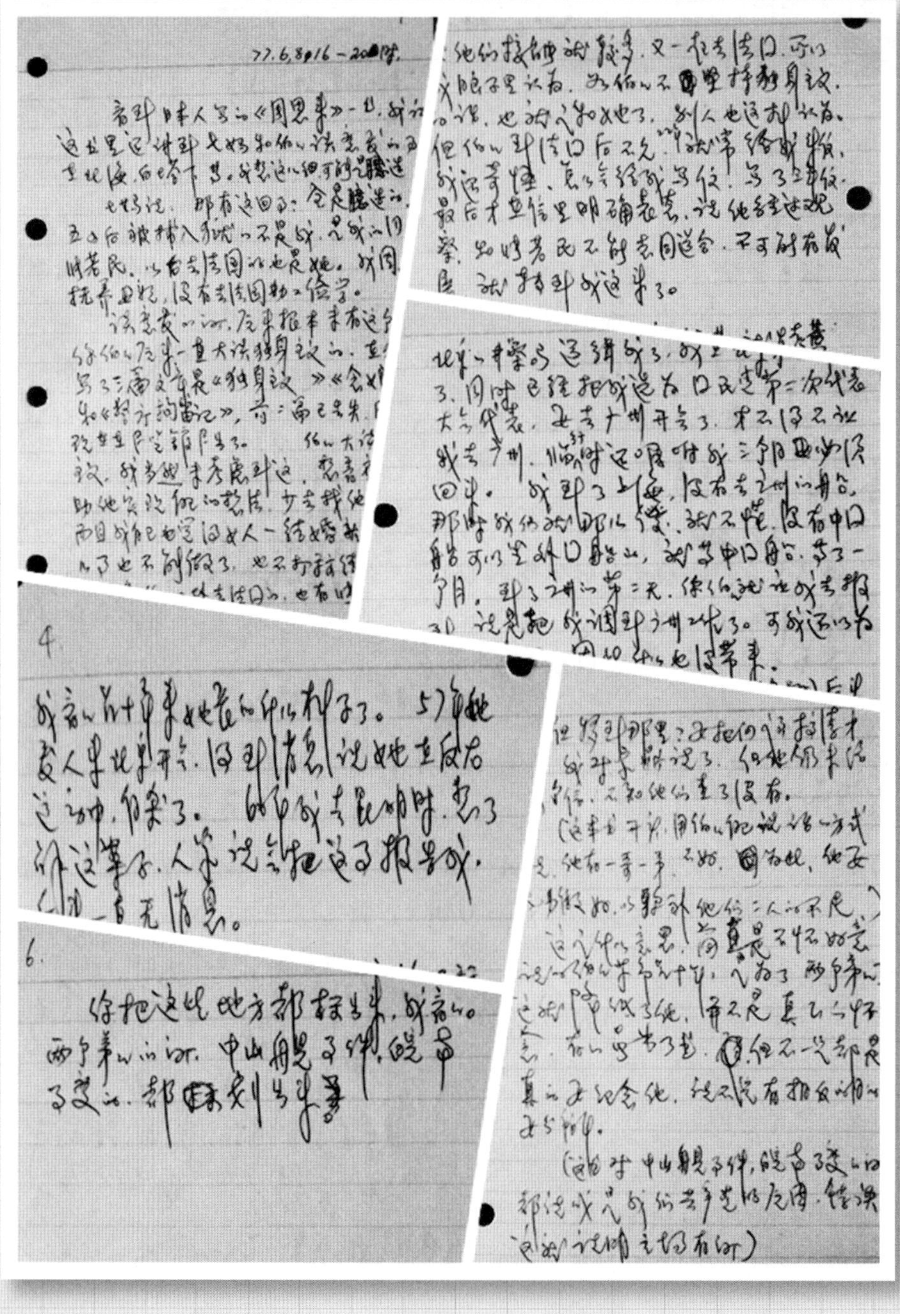

▶ 周秉德為鄧穎超此次談話作的記錄稿

二天，你伯伯就讓我去報到，說是把我調到廣州工作了。可我還以為要回北京呢，因此什麼也沒帶去。

「1925 年我們在廣州結婚了（8 月 8 日）。後來才把媽媽接到廣州的。

「後來張若名退了團，與一位旅法姓楊的人（楊堃）結婚了，以後回國在北京，又去美國，又在北京教書；全國解放前，跑到昆明去了，在西南聯大教書。1955 年，伯伯去萬隆開會，路過昆明時，還把她接去看了看；回來告訴我，我說怎麼沒照個照片讓我看看幾十年來她長的什麼樣子了。1957 年她愛人來北京開會，得到消息說她在反右運動中自殺了。1960 年我去昆明時，想了解這案子，人家說會把這事報告我，後來一直無消息。」

聽七媽講了張若名的事後，我接著說起日本人寫的《周恩來》：「這本書開頭用伯伯自己說話的方式說，他有一哥一弟不好，為此，他要盡力做好，以彌補他們二人的不足。」

七媽氣憤地說道：「這是什麼意思？簡直是不懷好意！說的伯伯革命幾十年，是為了兩個弟弟了。這就降低了他，並不是真正的懷念。有的雖出了書，但不一定都是真的要紀念他，說不定有相反的目的，要分辨。」

我接著說：「這本書對『中山艦事件』『皖南事變』等，都說成是共產黨的原因，錯誤，這就說明立場有問題。」

七媽表示：「你把這些地方都標出來，我看看。兩個弟弟的事，『中山艦事件』『皖南事變』的，都劃出來。」

4 伯伯他鄉痛失親子，七媽產後幾度脫險

我從小來到伯伯周恩來和七媽鄧穎超身邊，就知道兩位老人沒有兒女，只有一位乾女兒——孫維世。我和弟弟妹妹們來到中南海西花廳他們的家中，兩

位老人家對我們都是諄諄教誨，嚴格要求，同時又關懷備至，就像是親生父母。

一個周末，我又照例回到西花廳，只見庭院裏幾株海棠樹，盛開著一簇簇白色、粉色的花朵，使這古樸的院落增添了熱烈、歡快、繁榮的氣氛，一片生機盎然。

七媽見到我，很高興地聽我談了些工作、生活及我的父、母、弟、妹的近況外，又不無傷感地對我談起了一些我從未聽說、而又非常遺憾的往事：

「秉德，你一直以為我和你伯伯從來沒有自己的親生孩子，是吧？其實1927年3月下旬我在廣州時，生過一個男孩。因為這孩子體重太大，有十磅（注：相當於9.09斤），超出正常標準，我在醫院難產，三天三夜生不下來。雖然是德國的教會醫院，條件算是好的，但當時的技術還沒法進行剖腹產手術，只能用產鉗幫助，因用力過大，孩子頭部受到嚴重損傷，沒能成活！不然到現在也有35歲了，比你整整大十歲呀！」

聽了這話我實在非常惋惜，不然我這位大哥，在伯伯、七媽的培育下，如今一定會是位剛毅、果敢、英俊、熱情、足智多謀的好大哥，他會在艱苦的工作崗位上勤奮地工作……想著想著，我就不由得大叫：「太可惜了，太遺憾了！那當時伯伯見到自己這大胖兒子了嗎！」

七媽從容地說道：「那是大革命的年代，你伯伯已在1926年12月由廣州調到上海的黨中央去工作了。我在醫院的生產過程由我的母親陪同。」接著，七媽又嚴肅地回憶起這之後的往事。

孩子沒保住，七媽的身體虛弱，但卻無法安心調養。當時正趕上「四·一二」蔣介石叛變革命，突然大批逮捕、屠殺共產黨人，各大城市一片白色恐怖。伯伯在上海已經轉入地下，七媽在報紙上看不到他的任何消息，廣州也已吃緊。

這時，一位打扮入時的貴婦人，戴著耳環，塗著口紅，走進七媽的病房。七媽以為她走錯了房間，再定睛一看，原來是陳鐵軍。她和七媽都是在中國共產黨的廣東省委婦女部工作的，她平時著裝簡樸，現在形勢緊急，為了避免暴露身份，才有意這樣裝扮。她是專門來通知七媽的：「現在上海、廣州都發生反革命事變，黨組織讓我來通知你，趕快設法離開廣

州！」隨即七媽的母親在外面剛好收到我伯伯從上海發來的電報，讓她設法到上海，以岳母的名義在報紙上發尋人啟事找他。

分娩時，孩子沒能存活，醫生和護士不僅惋惜而且內疚。七媽雖然很難過，但對醫生、護士沒有一句責備的話，反而安慰她們說：我知道你們盡了最大的努力，這也是沒有辦法的事。醫生護士們很受感動，對她就很同情，很尊重，關係處得非常好。這時她只好把這緊急險惡的形勢告訴了醫生王德馨，這位醫生馬上幫助想辦法：醫院定期派護士乘坐德國領事的船隻去香港採購藥品和醫療器械，到時可以把她們打扮成護士與工友，乘坐德國使館的小電船去香港。但當時還沒到日期，當前怎麼辦？隨時可能有軍警來搜捕，這位醫生又把她們安排在後院的一間小屋中，反鎖著門，一天三餐都是護士送進來。果然，那天七媽剛離開病房不久，就有一名軍官帶了幾十名士兵，衝進醫院，追問鄧穎超在哪間病房？王德馨醫生回答他們：是有位姓鄧的產婦，但孩子死了，人已出院了！軍官就指揮士兵搜查。這時德國院長聽到吵嚷聲，走過來厲聲喝道：這裏是德國教會辦的醫院，決不允許中國軍隊搜查！一見洋人出來，那個國民黨軍官帶著士兵灰溜溜地走了。

幾天後，七媽和母親在巡邏軍警眼皮底下，順利離開廣州，去了香港。又買船票轉去上海。海上風浪大，船顛簸得厲害，七媽又身體虛弱，真的把黃水都吐出來了。

回憶到這兒，七媽站起來在房間裏踱著步，邊走邊說：「我們是 5 月 1 日到的上海，馬路上到處都是巡捕在巡邏，氣氛很緊張。我們找到一個旅館住下，母親就按照事先約定的辦法去上海最大的《申報》登了尋人啟事：伍豪（注：伯伯的這個代號、筆名，當時國民黨還不知道）鑒：你久已不要你的妻子。現在，我帶她到上海找你。你見報後速到某某旅館來，岳母振德。」

伯伯住在工人家的小閣樓上，仍在緊張地工作，那天他看到這則尋人啟事，很高興，認為她們總算脫險了，大大地鬆了一口氣。但仔細一看旅館名字，卻又大吃一驚。正是前一天，就在那個旅館裏，軍警剛剛抓走幾個外地到上海來找中共中央的幹部。伯伯馬上派人趕到那個旅館，把她們轉移到一家日

本人開的福民醫院養病。經過檢查，醫生告訴七媽說她產後未得到休養，又過於勞累，精神緊張，現在子宮未能恢復，今後也難再懷孕了！過了兩個星期，伯伯找到一處隱蔽、安全的房子，他們這才見了面。

這段幾度脫險的經歷，已過去整整35年了。七媽講起來已經很淡然，但我聽了之後卻久久不能平靜，至今都無法不為伯伯、七媽痛失愛子而惋惜，也為七媽幾次脫險而深感慰藉。

如果不是為了革命，伯伯會在七媽身懷六甲時調離廣州嗎？如果伯伯在七媽臨產前守在身旁，完全可以提醒醫生，使用產鉗時，動作輕柔些。那麼，我的這位大哥該給伯伯、七媽帶來多大的快慰與幸福啊！退一步說，大哥未能成活，至少伯伯可以親眼看自己的孩子一眼呀！

七媽在這過程中的幾次遇險，如果不是她對人友善，可親，幾位醫生、護士會冒著風險，為她做掩護嗎？如果沒有陳鐵軍烈士當時冒險送信，沒有醫生、護士的掩護，七媽在白色恐怖下能脫離險境嗎？而陳鐵軍卻在幾個月後被捕入獄，備受酷刑，英勇就義。在上海，如果不是伯伯及時發現那一旅館的危險性，立即設法將七媽轉移，她可能也被抓捕而犧牲了。這件事固然顯示了伯伯高超、豐富的敵後鬥爭經驗，可同時也反映出了伯伯對七媽極其深厚感人的夫妻之情。

幾十年過去了，伯父伯母也相繼離開了我們。但老一代革命者為大家捨小家，為民族解放犧牲個人幸福的事例，常令我沉浸在對親愛的伯父伯母的懷念中。這也使我更加深刻地體會了伯伯、七媽經常對我們說的一些話：

我們參加革命，是隨時準備犧牲的，必要時，是不能考慮個人安危的。我們這幾十年的革命，犧牲了多少優秀的同志，是那些千千萬萬革命先烈，用他們英雄的壯舉，用他們寶貴的鮮血和生命，才換來了我們今天的幸福和安寧。他們的光輝形象在人民革命的歷史中熠熠生輝，永不磨滅！我們能活到今天，只是革命隊伍中的倖存者，我們要時刻想到他們。這樣我們還有什麼權利考慮個人的得失呢？有什麼權利不全身心地投入工作，全身心地為人民服務呢？

5 七媽指出：歷史劇、政治劇要尊重歷史

　　1979 年 3 月 15 日，聽說七媽 4 月 8 日要去日本，我又去西花廳看望她。

　　談到江西話劇團在電視中轉播的《八一風暴》，七媽說正要找人找他們，對戲中加上從武漢來的兩封信不滿意。

這兩封信是指七媽在武漢、又有孩子照片等。

　　七媽說：這不符合歷史，要有歷史唯物主義。伯伯 7 月 29 日離開武漢，根本未說到什麼地方去，都是保密，我

▶ 周秉德為鄧穎超談話作的記錄稿

怎麼可能寫信去？而且剛走兩天就寫信，加之當時黨的交通聯絡也沒那麼方便。孩子三月生的，就沒活下來。他們

這戲的寫法是對當時歷史的歪曲，這也完全不符合歷史，不能編。歷史劇、政治劇要尊重歷史。

⑥ 叔嫂相聚，七媽道委屈

1982 年 4 月的西花廳後院，伯伯生前喜歡的幾株海棠花正在盛開，花團錦簇，清香撲面。午後的陽光給佇立在門邊的七媽披上一身溫馨的色彩。

「同宇，你好！」七媽大聲招呼道。

「姐姐！」爸爸兩手緊緊握住七媽的手，淚水奪眶，聲音也有些發顫，「我聽說姐姐生病，做了手術，不放心，早想看看姐姐。」

「他們告訴我，你要來看我。」七媽拉著爸爸一同緩緩地走向客廳，邊走邊說，「但那時我正在醫院，這五塊石頭（膽結石）與我和平共處 15 年，現在拿出來了。」

客廳裏，人一邊落座，談話已經在進行了。

「姐姐，于樹德原來住在 202 病房，您住 201。他去世前十天，我們看了他。」爸爸說，「他是糖尿病，到後期全身都包著，只留兩隻眼睛，很痛苦。頭腦很清醒，他準備死後獻身。」

七媽點了點頭道：「喔，他要獻身。你們說到這裏，現在很多人的思想比我們更先進，不但不保留骨灰，而且獻身醫學事業。我也是這樣，已經交代了，我的哪個器官可對醫學有用，都可以貢獻。而且我講了，到我病危時，不要搶救。恩來最後兩個月，我看那簡直是讓病人活受罪，健康人也受罪。我與孩子們常見，與同宇、士琴十五六年未見。我也想讓你們來，上次同宇來電話時，我正在病中。」

七媽又對著我們說:「今天你們來,是因為你們的伯伯病危時握著我的手說:『一切都拜託你啦!』我要把這些事辦好,那時同宇的事情尚未處理。他拜託我的事,我處理得都比他想像的要好,有的出乎他的意料。打倒『四人幫』後,我仍不能見同宇,我要等六中全會後有這個機會。但我又病了,做了五個月的室內人。

「六中全會對我黨建國以來 32 年的歷史作了全面總結,對『文化大革命』作了結論,現在叫『十年動亂』,好多人受衝擊、迫害,有的傷殘,有的死去,有的人搞錯了,受了冤枉。在這個問題上,我想應該講一講,同宇是什麼樣的問題。這時期士琴背著這麼重的包袱,一直堅持工作、教書。」

媽媽說:「大姐,同宇 1975 年出來後偏癱了,我才退休的。」

七媽感慨萬千道:「是很不容易的。同宇就不必講了,關了這麼多年,你們這些孩子,承受著黨的政策的陽光,沒受到你們爸爸的牽連,也沒受到你們伯伯的牽連。你們當時哪裏知道,你們伯伯是眾矢之的,是林彪、『四人幫』要打倒的對象,不過未打倒就是了。那時很多人因同你們伯伯有關係而捱整,所以『文化大革命』中我就宣佈『三不』。有些人來,我就不見,這是為了保護他們。秉華 1967 年初從四川來,我不見;後來秉華復員回來對我有意見,見到我第一句話就講:你主觀主義。我說:你就不是主觀主義嗎?他當時完全不能理解我。第二,我與誰也不通信。第三,要我寫什麼材料,也不寫。實行『三不』。」七媽拿起一份文件,接著說道:「在六中全會決議上,講到你們伯伯一段。來,秉德,你把這段唸一唸。」

「行。」我接過七媽遞過來的《決議》,她已經在那段話下面畫了紅槓,「一九七六年一月周恩來同志逝世。周恩來同志對黨和人民無限忠誠,鞠躬盡瘁。他在『文化大革命』中處於非常困難的地位。他顧全大局,任勞任怨,為繼續進行黨和國家的正常工作,為盡量減少『文化大革命』所造成的損失,為保護大批的黨內外幹部,作了堅持不懈的努力,費盡了心血。他同林彪、江青反革命集團的破壞進行了各種形式的鬥爭。他的逝世引起了全黨和全國各族人民的無限悲痛。同年四月間,在全國範

圍內掀起了以天安門事件為代表的悼念周總理、反對『四人幫』的強大抗議運動……」

七媽接著說：「是呀，在『文化大革命』中，恩來是在極端困難的情況下進行工作的，林彪、『四人幫』想方設法整他，就要抓他的辮子。第一就抓了個『伍豪啟事』，鬧得多厲害，要把你們的伯伯當叛徒打倒。上次已有材料，但他在批陳整風時講的這個問題還不夠清楚。現在黨中央又收集了更全面的材料。這是關係到黨的歷史、你們伯伯的歷史，也關係到你們下一代的問題。毛主席對這件事是清楚的，但當時林彪、『四人幫』拿這個材料當寶貝。林彪還對清華、北大的學生說，總理的弟弟在坐班房。同宇怎麼會坐班房？當時是世界知識出版社送來了一大堆材料，說有一個五個人的聚餐會。」

爸爸歎口氣說：「姐姐，其實我沒有搞什麼聚餐會，只是幾個人有時見見面，吃吃飯。」

七媽問道：「你是這幾個人的召集人？」

爸爸解釋道：「召集人是王光琦。他發通知約會，總把我的名字也加上，用兩個人的名義發。」

「戚本禹拿來一大堆材料，找到恩來這裏，話中有話地說：『牽扯這案子的五個人，其中兩個人自殺了，一個跑了，一個是王光美的哥哥，另一個是周同宇，是你弟弟，請你辦。』送來叫恩來處理。恩來親自下命令把同宇逮捕。當時秉鈞正好在北京，我們叫他不要回家住了，住在我們這裏。我現在才知道，為什麼當天晚上恩來讓衛戍區立即把同宇逮捕。現在才明白，他不處理，群眾組織會處理，那更不得了，那是非常慘的，要逼供。又怕同宇軟弱，走了下策。（媽媽插話說：那就死無對證了。）死無對證，自己死了，更得不到什麼證明。搞不清是非了，其實，在那種非常時期，凡抓到衛戍區的人，生命能受到保護的。」七媽說道。

爸爸感慨地說：「確實，衛戍區的人的態度都好，就是專案組的人兇。」

七媽說：「管你的專案組就是專審劉少奇同志的『一辦』。今天是讓大家把是非搞清楚，兩代人都搞清楚。為什麼你伯伯要這樣做。要是交群眾組織去搞清，那可是……」

爸爸搖著頭脫口而出：「那可是不

堪設想，不堪設想！」

七媽點點頭：「對，同宇自己説不堪設想。在那種非常時期，你伯伯只能採取這樣的措施來保護廣大幹部。」

如今回想起來，在那種無法無天的特殊年代，伯伯不僅是對自己的親弟弟採取這樣的非常手段，對許多被造反派審查的省、部級高級幹部，伯伯都親筆批准衛戍區採用了逮捕的辦法。目的只有一個，先把人保護下來，免遭毒手。這都是無可奈何才出的下策，卻被事實證明是十分有效的下策！

曾擔任衛生部部長的錢信忠親口説過自己的一段經歷：

1967 年上海「一月奪權」後，造反派更是無法無天，有恃無恐。我被百般批鬥折磨之後扔進了地下室。一個星期過去了，恐怕是忙於奪權鬥爭，造反派幾乎忘了我這隻「死老虎」。數九寒天，又凍又餓，我已經是奄奄一息。於是，我求了一個看管我的好心人給西花廳送了個信。周總理立即趕到衛生部造反派的司令部，鐵青著臉對造反派説：我看了你們報上來的揭發錢信忠材料，如果都是事實，那真是罪大惡極！把錢信忠給我押過來！

我很快被造反派架去了。只見周總理迎上來，緊皺濃眉，怒火衝天，劈頭蓋臉地對我訓斥道：「錢信忠，你執行修正主義衛生路線，真是罪大惡極，來人，立即押送衛戍區關押審查！」

我是在造反派的掌聲和歡呼的口號聲中被衛戍區的兩名戰士架出造反派的司令部的。汽車七拐八拐，呼嘯著開進了中南海。這時，跟著我一塊兒上車的同志扶我下車，輕輕在我耳邊説：總理讓您在中南海先休息幾天再説。當然，當年的中南海也不是世外桃源，我吃了睡，睡了吃，一周後，我身體基本恢復，確實被送進了衛戍區。可是，如果不是總理下令關押，只怕我早像煤炭部部長張霖之那樣冤死在造反派的地下室……

原鐵道部部長呂正操將軍也曾説過：

我看過專案組的檔案，康生在上面的批示是：「十惡不赦！」江青的批示是：「立即槍斃！」到周總理的批示是：「交衛戍區收監審查。」於是，我坐了

七八年牢，卻留住了生命。得以看到粉碎「四人幫」的偉大勝利。如果不是總理，就是有十個呂正操也都槍斃了！

七媽說：「所以六中全會決議未出來時，我又不能找你們講。現在能把這些事講清楚，應是個很振奮人的事情。今後怎麼生活下去？孩子們不錯，你們家幾個，還有榮慶、爾輝、爾萃都不錯，沒有走上邪路，有的還入了黨，現在你們三房是兒女滿堂。我勸同宇你身體不好，政協開會別去了。恩來去世那幾年，說什麼的沒有？我說什麼了？我沒講過一句話。我去黨校講話談紀檢，有人遞條子，我才說了一句，周恩來從未把自己當作官，就是人民的公僕。在《建國以來若干歷史問題的決議》中，關於恩來的一段，我也未講一句話，由中央去決定。

「所以要說因果關係，辯證地看，同宇有這個弱點。你們伯伯親自下令逮捕，恩來沒有把柄，人家整不倒；不然讓羣眾抓去，那就不得了，連彭老總都被搞得那麼慘。

「當然，同宇問題不大，1975 年被釋放出來。

「你們孩子們不錯。你們要注意，你們做了伯伯的親屬，要為黨為國家增光，為伯伯增光，以後要老老實實、實事求是地工作、生活。黨員要有黨性。

「你們千萬別打著你們伯伯的關係，讓人家照顧。現在有人用這關係照顧你們，說這是對周總理的感情問題。」

七媽在講話中批評了我爸爸，爸爸沒有做解釋。因為他明白，七媽仍然在按照伯伯的意願，帶領全家向無產階級投降：因為是周恩來的親屬，所以就只能默默無聞，不可以張揚自己和周恩來的關係，乃至不可以講自己真實的歷史和經歷。

不過，我真沒有想到，七媽的心裏也壓著許多委屈！

「今天我倒要說說我的委屈。你們做了名伯父的侄兒、侄女，名兄的弟弟、弟媳婦，沒有沾光，反而處處受限制，是不是感到有點委屈？可你們知道嗎？我做了名夫之妻，你們伯伯是一直壓我的。他死後我才知道，人家要提我做副委員長，他堅決反對。後來小平同志告訴我說，就是你那位老兄反對。

「解放初期，政務委員會，人家要

1984年4月18日，鄧穎超與周同宇夫婦

我上，他不讓，說他在政務院做總理，我就不能在政務院工作。我也君子協議，我不與他在同一個部門工作。我就向主席報告去婦聯工作。組織上安排我在婦聯做副主席，他和人家吵架，不同意我上。定工資時，蔡大姐（按：蔡暢當時是婦聯主席，鄧穎超是副主席）是三級，我知道他的作風，我按部長級待遇不定四級而定到五級，報到他那審批時，又給壓到六級。國慶十周年上主席台的外賓多，他看到名單有我，又劃掉了。因我是名人之妻，他一直在壓我。我的工作是黨分配的，不是因為他的關係，你們不要以為我現在又是副委員長，又是政治局委員、紀委書記，都是因為你伯伯的關係。這是黨組織選的，是我自己的工作決定的。我們黨內開會，都是會上反映的意見，人家認為應提我選我。如果你伯伯在，他一定不會讓我擔任就是了。」

可能出自對哥哥的維護，也可能是想緩解七媽激動的心情，當時爸爸沒

有說起 1975 年自己就已經放出來了，只因為沒得到最後結論，1976 年 1 月便失去與親哥哥最後訣別的權利，只能在自家設立的靈堂前，面對著哥哥的遺像肝腸寸斷，痛哭失聲：哥哥我對不起你，我對不起你！爸爸又開始講起了自己被抓後的事情：「姐姐，1968 年抓我時，我想就是我有錯誤，我把所有的問題全寫出來了。」

於是，話題又扯回爸爸身上，七媽的情緒也平靜了些：「你倒是寫材料沒有亂寫，你寫的材料他們都拿來給我看了。

「我希望你們仍然要謹慎謙虛。

「今天我見你們，是恩來握著我的手說，一切都拜託我的事情之一。

「我們大家要相互幫助，你們別認為七媽句句話都是對的，哪不對，我歡迎不同意見。今天講的，你們有意見可以提出來。我想今天聚會是一個很令人振奮的會議。」

七媽的講話總是很親切的。

7 七媽「空前絕後」的牢騷

1988 年 8 月 19 日下午，七媽又把我找回西花廳後客廳。當著趙煒和高振普的面，讓我看了她在 1984 年改寫的遺囑，然後，語氣緩慢但十分莊重地對我們三個人說：「在遺囑中我委託了五個人（遺囑中是六個人）料理我的後事，今天你們就佔了三個人，我要求你們支持我，幫助我實現我的遺囑的內容。希望在我死後，你們再幫我這一次忙，能幫我實現遺囑，我就感激不盡了。

「現在我向秉德說說我的身體情況：

「1980 年摔了膀子去住院。

「1981 年底膽囊開刀住院。

「1982 年得了肺炎，發高燒多日不退，又加上植物神經失調。這種病如常人得了就得了，而我這樣的人得了這

病，還要保密，不能向外講，不過當時趙煒已對秉德略談了此事。這個病就像蛇一樣纏著我，我擺脫不了它，只有忍受，可就沒有辦法，它常常要發作起來。發作時我就常想到過去為革命而死難的同志，及受到敵人嚴刑拷打、各種刑罰的同志，還有那些『四人幫』時期受迫害的同志，想到他們，我還有什麼受不了的嗎？想到這，就可減輕我的痛苦。

「但這種病就增加了我老年性的痛苦，解脫不了，我要辦什麼事就緊張，下午要到大會堂開會，我頭天晚上就睡不好覺，早晨、上午都緊張，中午也休息不了，心裏裝不下事。睡覺不好，常常夜裏起夜三次，要吃三次安眠藥，仍睡不好。有時兩條腿冰涼像冰棍。

「1982 年又牙痛，痛得沒辦法。元旦開始，一個月不能吃飯。韓大夫查出來是牙骨的多年勞損，有破損，控制不了牙齒。韓大夫給我做了牙套才好些，還常常咬了舌頭、腮或嘴脣等。現在我上下牙靠不上，嘴都變形了，歪了。這個月 2 日下午四點咬嘴脣，到八點還不好，第二天又發現了牙神經糜爛，又要治療。我的牙套一天要拿下來戴上去五次。

「眼睛眼壓高，一天要點藥四種，點九次，現在是三種藥點六次。三頓飯後西藥吃六七次，中藥兩次。一天到晚忙治病忙不過來，眼睛不好就沒法看報。秉德，我與報紙隔絕已經有一年了，我只能看他們誰有空時，給我唸報。

「有病、疼痛我都可忍受，但就是痛苦在不知什麼時候，這植物神經（自主神經）的毛病在我身上什麼時候作怪。

「我的泌尿系統也不好，小便常常失禁，常像小孩子一樣用尿布。（我問：這是老年性肌肉鬆弛，擴約肌（括約肌）彈性差了吧？）可能是，但也是因為那個植物神經失調！

「有時我遇到了一些不愉快的事情，就要強壓著，有時自己都感到兩手或全身發抖。

「遇到事情就會緊張。

「最近 17 天，小紀大夫統計我接待醫生 19 次。

「近來秉德對我不常讓你來看我有意見，我要向你說明白。我不是不想你們，不是不讓你們來，是我實在沒有精

力見你們。在所有親戚中，你算來得最多的。我和你伯伯的習慣是生病住院就不要互相看望，又費精力，影響體力恢復，又互相傳染。」

我忍不住說道：「七媽，看望病人，特別是住院的病人是人之常情，是一種真正的關心。」

「我看這不是個好習慣。我生病就願意自己安心休養，不願讓人看我。」七媽依然堅持自己的意見。

「在經濟問題上，我手中從沒拿過一元錢，我和你伯伯的錢都是祕書、衛士們管，三人小組管理，他們有賬。伯伯死時，留下不到 5000 元，都交了黨費。別人死都有六個月的撫恤金，我這兒一分錢也沒要。過去我和你伯伯在經濟上對你們的幫助，不是因為親屬關係，而是以一個共產黨員對國家、對社會應盡的一份責任來管的。管了你們一家外，還管了國盛的媽媽、榮慶的媽媽、孫桂雲等，都一直管到了死。爾輝來信說有 2000 元債，我用婦聯出版了我一本文章、詩的稿費，補了他 1000 元。我不能全部管他，只能幫他一部分。那次秉建結婚時欠了賬，我幫她 300 元。

「你伯伯在錢上更是不管，偶爾地在散步時問問何謙、成元功他們：我現在有多少錢？他連『我們』這句話都不說，只說『我』。他腦子裏沒有我，大男子主義！可是一個人的世界觀改造是一輩子的事，這是 1960 年前後的事，此後我向他們交代將我和你伯伯的錢、賬分頭記，有時到月底他只剩下兩毛六分錢！一次他和陳毅自費請《霓虹燈下的哨兵》劇組吃飯，只好用我的錢。一入場他就宣佈：『今天請客的是小超！不是我，我已經沒錢了！』這樣分頭記賬記了一年。我這個人是不管錢的，今天我也算發發牢騷！我這樣發牢騷，不但空前，也要絕後了。

「最近我冠心病又常發作，今天就說到這兒吧。」

我當時說：「這太難得了！七媽在我面前發牢騷。我看該發就發，不要悶在心裏。我不怕聽牢騷！」

話說得輕鬆，我心裏卻在流淚。七媽沒有至親，可她老人家為了伯伯和我們周家這一大家人真是沒少操心啊！她的牢騷並不是為了生活的清廉，而是伯伯的「大男子主義」！當然，這牢騷其實也是「愛之深，責之切」吧。

第十一章　陪伴七媽

伯伯去世後，西花廳裏只剩下了它的女主人。我經常去看望七媽，我知道她身體不好，如今，失去了伯伯的悲痛，孑然一身的孤獨，會令她的日子更難過。但是七媽非常堅強，她一直不撓不屈地和疾病，也和寂寞作鬥爭，她對我說過：「我在苦鬥，苦熬。」

1 我和七媽互送禮物

1978年1月24日晚上，我到西花廳看望七媽，回家後又做了追記：

七媽21日剛從柬埔寨訪問回來，22日又會見了法國總理巴爾。看來她的身體、精神都好，我當然想去看看她老人家。昨天打電話去，趙煒說七媽要送我些東西，要我去取。

今天下班後，我先去朋友家取了套她送我的《中國工藝品》大畫冊，雖然只有一本，但是這太好看了。我拿去給七媽，請七媽在工作餘暇時欣賞欣賞。又送她四套年曆卡，她很高興。

見到七媽的第一面，她就指著我笑著說：「你可是特殊待遇，我什麼人都不見，還是對老大特殊了。給小咪的東西，給小五的婚禮都由你轉了。」

我一看，呵，七媽穿的是中式的棉衣，我從未見過。她說這是這次生病後總感到冷，才穿上的。這件絲綿襖是在伯伯去世時，天津一個區屬小廠72名青年工人每人一針一線縫起來的。七媽收到後給他們寄去了30元錢。這些年輕人把這30元錢買了魯迅著作大家學。粉碎「四人幫」以後，他們又買了喜糖，大家吃了，還給七媽寄了來，並請七媽回信、簽名。

七媽說：「我給他們寫了信，簽名我未簽鄧穎超，我簽的是『為共產主義奮鬥的老戰士』。」

那件衣服太肥了，七媽只好改了一下穿，又穿了棉褲。這棉褲是伯伯五十年代做的，那時準備下鄉踩點穿的，但一直未穿。伯伯還一直考慮著深入到基層的事。

七媽說在柬埔寨的歡迎宴會上，她的講話出乎了人們的預料，國內國外人士都反應非常強烈：「沒想到我的講話那麼有勁，有力、激憤的情緒給人印象深刻。趙煒說從來未見過我這樣激情的講話。講了25分鐘，柬埔寨領導人擔心我太累，要給我拿椅子。我告訴她們不要拿，拿了我也不會坐的。我當時也不知道累了，這稿子唸的有力一個主要原因是我自己寫的稿子，外交部只是潤潤色，而且是革命的情誼。電台錄了音，電影可以聽到，可惜最後兩句，我

願相會於中
華騰飛世界时

弟翔宇臨別預言

最滿意的兩句沒錄上。」

然後，七十四歲的七媽幾次感慨地說：我現在還可以做個宣傳鼓動員，如果打起仗來，我就到部隊去做宣傳鼓動員。

談到身體，她剛病好就出國，臨走時腿還有點軟。到柬埔寨後，住的地方有 44 個階梯，開始還常腿軟，每上每下都要歇三四次。就這樣每天至少要上下六次，也鍛煉出來了。我說，為什麼要住這種地方？七媽說這是好地方，高貴客人來了才能住，一般人去了，人家還不給住呢。

回來後第二天就會見法國總理巴爾。七媽說，人家提了三四次要求，特別是因為伯伯年輕時在法國住過，一定要求見。見了四十多分鐘。七媽對他說：「恩來在法國是留學生，但他不是個好的留學生，沒有好好學習，淨搞革命了。」

七媽又對我說道：「你知道你伯伯是怎麼從法國回來的嗎？是坐的四等艙，坐在底艙當『鹹魚』，由法國的海員、工人掩護回來的，當時沒有錢買船票呀！回國是中央調他回來的，他直接回到廣州，又到上海中央去。廣東一定要他去工作，就到了廣州。」

七媽乘飛機，民航送給她旅行包，她想到我出差多，就送我一個。又送給秉宜一塊裙布，給春元（秉宜的女兒），說這是柬埔寨工人織的，要代代傳友誼。

劉九洲等三人寫的回憶伯伯的書《崢嶸歲月》，七媽有五本，送我一本；又想弟弟妹妹沒有，便說：「好，這是送給人驊的，姓周的一個沒送！」這樣她似乎內心得以平衡。

柬埔寨有種水果叫奶油果，過去未吃過。七媽這次一吃很好吃，也帶回來幾個，只有五隻，她自己只留一隻，四隻給我，讓我一定給奶奶（即我的婆婆）一隻，我們四人分三隻。帶的香蕉，也讓給奶奶分些去。

民航送她一本掛曆，她讓我專門送給奶奶，說讓她每月看一張畫，解解悶兒。還問現在情況好些嗎？

七媽國家大事那麼多，還總惦記著周圍一切人，對我婆母又是那樣地關心。我先替婆母謝謝她！

記得七媽曾對我婆母說過：「我們同病相憐，都是剛剛沒了老伴。」聽了真是讓人心酸不已！所以，七媽有什麼

好吃的都會囑咐送一份給「沈奶奶」（即我婆母，沈清和沈桐的奶奶）。而每逢新年，我也總會送掛曆給七媽。

當時，秉鈞還讓我交給七媽一套照片，是伯伯在瀋陽時的同學郭思寧交出的伯伯在瀋陽上小學時的照片、題字等，七媽說：「這個就放在你那吧，我不要了，反正將來都是你們的！」這套照片中就有著名的「願相會於中華騰飛世界時」的伯伯手跡，字體恢弘、雄偉，這可是伯伯在百年以前的中國夢啊！

他給郭思寧的題詞是「願相會於中華騰飛世界時」，對這句話我挺有感慨的。因為這句話是在他當初離開南開到日本之前路過東北，看到郭思寧，給他寫的。這可是他 19 歲時寫的啊！今年

（2017 年）是他 119 周年誕辰，也就是說在百年以前說的這句話。

百年以前啊，那個時候中國非常貧窮落後，外受帝國主義的侵略，內部則是軍閥混戰、民不聊生。敢於想到中華要騰飛於世界，這是了不起的雄心壯志！所以這實際上就是百年以前的中國夢。年輕人都要有夢想，那個時候的夢想，到現在我們還要繼續努力地去奮鬥。我覺得那時候沒有什麼人敢想到中華能騰飛於世界，誰能敢想得到？在那麼個貧窮落後的時候，敢於想這句話的人是了不起的。而且，伯伯在落款上寫的是「臨別預言」，而不是「臨別贈言」，這說明他對自己的中國夢充滿信心！

② 與七媽共賞海棠

1979 年 4 月 15 日，又是一年中的海棠花開時節。七媽心情愉悅，約了我全家和她的世交友人、北京醫院牙科主任韓宗琦副院長夫婦前來觀賞，敘談。晚輩們的到來又給七媽增添了一點天倫之樂！

▼ 1979年4月15日，
鄧穎超與沈人驊夫婦在海棠花前

▶ 鄧穎超與沈人驊一家
在海棠花前

20 世紀 70 年代末 80 年代初，七媽鄧穎超身體尚健，曾以全國人大常委會副委員長及全國政協主席身份，多次出訪，受到各國議長，特別是總統、元首的歡迎。許多國家對她的歡迎規格之高，遠遠超過對全國人大常委會副委員長的程度，顯然是表示對已故周總理的尊敬與懷念。

這是七媽 1978 年 1 月 19 日在柬埔寨吳哥石窟前的留影，回京後給我看照片時還讓我猜：「你看，找找我在哪裏？」她顯然已有融於畫中之感。我覺得這些照片的確很美，七媽站的位置和她的倒影，都極為優美壯觀！

1979 年 4 月 16 日，七媽鄧穎超赴日本京都嵐山，為廖承志手書周恩來早年在日留學時所寫詩「雨中嵐山」的石碑揭幕剪彩。回京後送了一些在日本的照片給我。

▶ 1979年4月16日，
鄧穎超在日本京都嵐山
參加周恩來詩碑揭碑儀式

▶ 鄧穎超在嵐山
周恩來詩碑前

4 追蹤伯伯的足跡

1980年6月，七媽應邀去法國訪問時，專門到伯伯20世紀20年代曾經住過的小屋參觀，回來後將幾張照片送給了我。1993年10月，我出差法國時，也急切請人把我帶到這個地方。意外的是，原來的樓房已不見蹤影，而只有鑲嵌著周恩來紀念銅牌的那一段牆壁被完整地保存了下來，並融合進了後來營造的新建築之中，可見法國人民對周恩來的情誼和懷念。

▶ 鄧穎超在巴黎參觀周恩來住過的房間

▼ 鄧穎超在巴黎周恩來曾住過的房間留影

▶ 鄧穎超在塞納河的遊艇上

▶ 鄧穎超在《國際歌》詞作者歐仁·鮑狄埃墓前憑弔

七媽接受《沉思中的周恩來》作者的吻

攝影作品《沉思中的周恩來》是意大利攝影家、《時代》周刊記者焦爾喬·洛迪先生 1973 年隨意大利外長梅迪奇訪華期間,在 1 月 9 日於人民大會堂內用小型萊卡相機為我伯伯拍攝的。照片上的伯伯微側身軀,面容剛毅,雙眉微蹙,眉峰間凝聚著無窮的魄力、意志和信心 —— 這成為一幅記錄伯伯晚年形象的風靡世界的經典作品,一直深受人們的喜愛。

不過,伯伯生前其實沒有看過這張照片,但在他去世之後,流傳得特別廣。據悉,早在 20 世紀 80 年代這張照片印量就已超過 9000 萬張。

七媽生前也非常喜愛這張照片。1980 年洛迪再次來到中國,到了西花廳見到她時,她緊緊握住洛迪的雙手,對他說:「你拍了一張很好的照片。這是周總理生前拍的姿勢和神情最好的照片之一。」洛迪先生感動不已,一時激動得說不出話來,過了一會才喃喃說道:「不,這要感謝周總理。」

當時,洛迪將四張《沉思中的周恩來》原版照片送給了七媽。七媽又將其中一張送給了我,我立即在背面寫下了標記,保存到現在。

我還聽說了一個故事:洛迪跟七媽相談甚歡,臨別之時,他對七媽說:「我可不可以向你提一個請求?」七媽說:「請講。」洛迪說:「我希望你能接受我一個吻。」七媽同意了,額頭略下低,他就在額頭上親吻了一下。這讓洛迪特別驚喜,說:「我真沒想到,一位亞洲的老婦人能用我們歐洲的習慣接受我的這個吻。我特別的驚奇!這比我的作品被翻印上億份都珍貴得多!」

這是七媽在對外交往中的一段佳話,讓我至今記憶猶新。

▶《沉思中的周恩來》原版照片及背面周秉德所作標注

意大利攝影記者焦爾焦 · 洛迪本人的原版照片。来北京西花子送给七妈四张，此其一。

一九八〇年

6 七媽立遺囑

1982年7月11日上午九時，我應約與秉鈞同去看望七媽。七媽臨時搬到中南海游泳池去住了，因西花廳的房子屬於古建築，要保護，而且電纜太陳舊了，如不維修一下，容易出危險。不得已，七媽才同意臨時搬出去一下。七媽說，準備9月底搬回去住，現在住的是高級招待所，這裏房屋高大、講究、安靜、空氣好，又有個大花園，但她說還是喜歡原來陳舊的西花廳。

七媽對我和秉鈞說：「現在老大、老二都來了，我得向你們倆交代幾件事，現在得向你們說清楚。我已經寫了遺囑，已向組織上和趙煒交代了。

「一、我死了，不搞遺體告別，不開追悼會，也不發消息。就把我的遺囑公佈一下，說明我這個人已經不存在了，就行了。

「我的骨灰，不保留，去丟到海裏，去肥田。遺體如果對醫務部門有作用就先解剖。

「二、我死後，我原來的文件、書刊以及衣物的處理，也已寫了交代。

「三、這一點，我總是說，趙煒最近才接受下來，但還說不敢做，我說我給你寫下來，交給你。就是我得了重病，當臨死時，千萬不要搶救，到那時的搶救是沒有意義的，只能延緩一兩天的生命，但搞得病人及醫生都痛苦，何必呢？你伯伯那時候，我就看他太痛苦，但是我沒權利說，那時最後一次手術的搶救，只拖了他五天的生命，但他受很大的罪，有什麼意義呢？我對我周圍的醫生們都說了這個意思，我說這才是人道主義的。我看報上說，美國有一種叫安樂醫院的，只要老人感到自己年齡太老了，該辦的事都辦了，進了這種醫院，就可以安靜地沒有痛苦地死去了。我看這也是人道主義的。」

七媽是看到伯伯最後時刻的痛苦有感而發的。這天她幾次說到伯伯，都提到：你們伯伯那時候受的罪太大了，一共做了13次手術，最後一次手術搶救，只拖延了他五天的生命，實在沒有意義，但是我沒有權利說這個話。

就在這一年冬季，七媽又添上新的

病症。她的保健醫生張大夫和我商量，能否來西花廳陪陪七媽。「我當然沒問題。」我說，「但七媽不會同意。她一貫的規矩，是不讓我們正在工作的家人去服侍。她總是說你們都有工作，別管我，我這裏有人。」不過從那時候起，她常常和我談論一些生活上的問題了，比如在哪兒能買到小號的電褥子？有沒有特別薄的毛襪、毛褲等。她過去從來不談這些生活瑣事，現在身體的不適讓她不得不操心這些瑣事了。

1986 年七媽在大連過夏天，回京後我去看她。第一次感到 82 歲的七媽有點老態龍鍾了，走路挪動小碎步，起身時要用手扶著椅把緩緩地站起來，但興致挺好，手裏轉動著石頭做的健身球，正在看日本電視連續劇《阿信》。

1992 年 7 月 11 日七媽去世後，我翻看我過去的記事本，發現剛好在十年前的這一天，她老人家對我和秉鈞所做的對她自己後事問題的口頭交代。

七媽生前曾留下兩份遺囑，一個是在她逝世時公開發表的遺囑，另一個是 1982 年 11 月 5 日，即在她第一份遺囑隔四個月後，寫下的未公開發表的遺囑，這份遺囑是七媽親筆寫在兩頁普通的信紙上的。遺囑內容如下：

委託下列幾位同志辦的幾項事

由楊德中、李琦、趙煒、張佐良、高振普、周秉德組成小組，請楊德中同志負責主持，趙煒同志協助。

關於我死後簡化處理，已報請中央批准外，對以下幾件事，由小組辦理：

一、在我患病急救時，萬勿採取搶救，避免延長病患的痛苦，以及有關黨組織、醫療人員和有關同志的負擔；

二、未用完的工資，全部交黨費；

三、我和周恩來同志共住的房子，原由公家分配，應仍交公處理，周恩來同志和我歷來反對搞我們的故居；

四、所有圖書、出版物，除由中辦給恩來的大字理論和歷史書籍，仍退還原機關外，其他的交由共青團中央酌分給青少年集中閱讀的單位用；

五、我的文件，來往通訊、文書之類的文件交中央文獻辦公室清理酌處，我和周恩來同志所有的照片也交中央文獻辦公室保存或酌處，關於我的講話、談話錄音交中央文獻辦公室存處；

六、有些遺物均交公或交有關單位

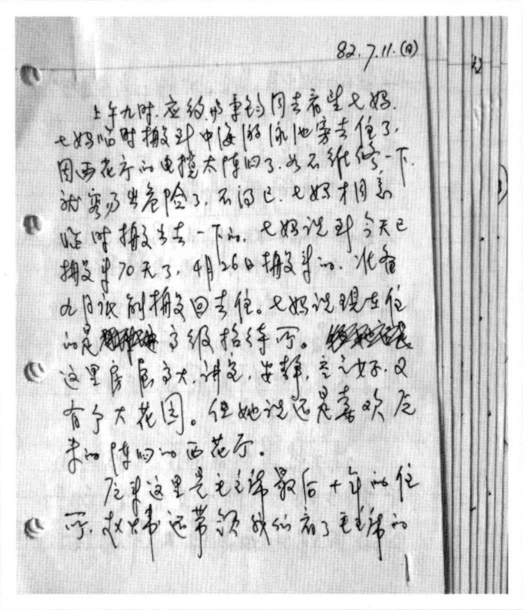

82.7.11.(日)

上午九时，应约和秉钧同志看望七妈。七妈临时搬到中海游泳池旁去住了。因西花厅的电线太陈旧了，如不维修一下，就容易出危险了，不得已，七妈才同意临时搬出去一下的。七妈说到今天已搬出70天了，4月26日搬出的。准备九月底前搬回去住。七妈说现在住的是高级招待所。这里房屋高大，讲究，安静，空气好，又有个大花园。但她说还是喜欢原来的陈旧的西花厅。

原来这里是毛主席最后十年的住所。赵炜还带领我们看了毛主席的

◀ 鄧穎超談遺囑的記錄稿

▼ 鄧穎超的第一份遺囑手跡

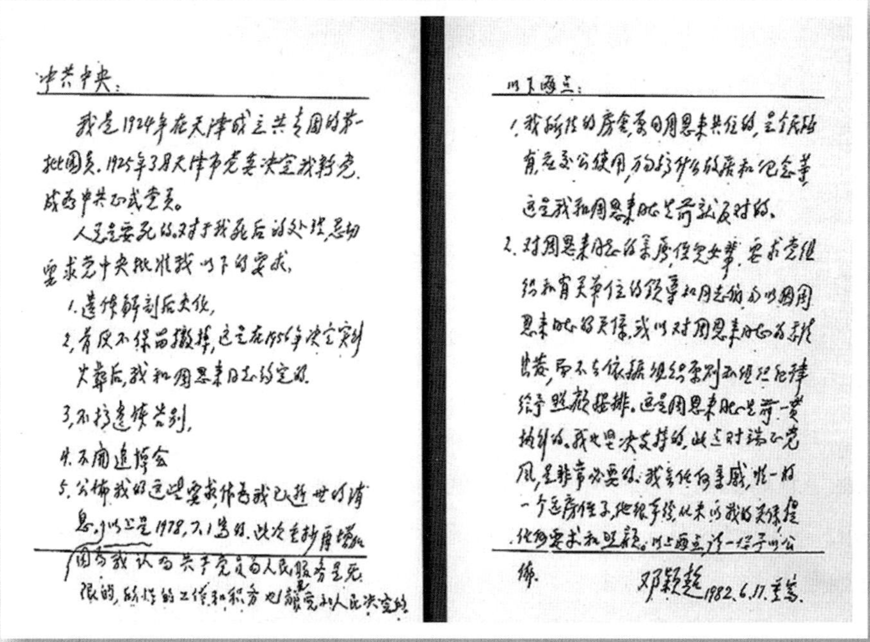

中共中央：

我是1924年在天津成立共青团的第一批团员。1925年3月天津市党委决定我转党，成为中共正式党员。

人总是要死的。对于我死后的处理，恳切要求党中央批准我以下的要求：

1、遗体解剖后火化，

2、骨灰不保留撒掉，这是在1956年决定实行火葬后，我和周恩来同志约定的。

3、不搞遗体告别，

4、不开追悼会

5、公布我的这些要求作为我已逝世的消息。以上是1978、7、1写的。此次重抄再增加

因为我认为共产党员为人民服务是无限的，所作的工作和职务，也都是党和人民决定的。

以下两点：

1、我所住的房舍，原是同周恩来共住的，是公家所有，应交公使用，万勿搞什么故居和纪念等。这是我和周恩来同志生前就反对的。

2、对周恩来同志的亲属，侄儿女辈，要求党组织和有关单位的领导和同志们，勿以因周恩来同志的关系，或对周恩来同志的怀念，而不去依据组织原则和组织纪律给予照顾安排。这是周恩来同志生前一贯执行的。我也坚决支持的。此点对端正党风，是非常必要的。我无任何亲戚，唯一的一个远房侄子，他很本分，从未因为我的关系提任何要求和照顾。以上两点，请一律予以公布。

邓颖超 1982、6、17、重写。

使用；

七、我個人的遺物、服裝雜件，交
分配合用的及身邊工作同志、有來往的
一部分親屬留念使用。

以上諸事，向委託辦理的同志，先
此表示謝意！在以上範圍以外的其他物
品統由小組同志酌處。

鄧穎超

1982.11.5

從時間和內容看，這主要是對第一
份遺囑的補充或具體化。平心而論，作
為伯伯和七媽的親侄女，能成為七媽所
指定的六個遺囑執行人中唯一的親屬代
表，我感到這是七媽對我的最大信任，
也是我的一份沉甸甸的責任。

這以後，只要不是七媽住院或我出
差，我都經常去西花廳看望七媽，陪她
老人家說說話。

7 七媽首次同意裝修西花廳

1984 年 9 月 23 日是個禮拜天，七
媽約我全家去看看為迎接國慶 35 周年
而新粉刷、油漆的西花廳。

伯伯自從 1949 年 11 月搬進西花
廳居住、辦公後，一直不准對房屋進行
維修。因磚地潮濕，老人腿得了關節
炎，經常疼痛，祕書何謙記在心中。

1960 年的一段時間，伯伯七媽到
外地多日，祕書何謙找工程隊前來將舊
磚地改為木板地面，木門窗做了油漆，
白布窗簾改成白綢，木床也換了軟麻
的。伯伯從外地回家一看，家中煥然一
新，大發雷霆，批評祕書為何不向他報
告，那要花多少錢？得由自己工資出。
但計算結果，伯伯的工資遠遠不夠。因
他多年來，工資除自用外，許多都資助
了我們家和許多親友及老下屬，且每存
夠 5000 元，都交了黨費，他根本付不
起這個裝修費用。

國家還很困難，自己家裝修怎麼能

花國家這麼多錢？於是，伯伯不肯住在家裏，到釣魚台招待所暫住，讓人將床換回、將白布窗簾換回，祕書做了檢討才回來住。而伯伯自己在國務院會議上兩次做檢討：「我這個總理沒當好」，「你們可別跟我學」。

這次因為是粉碎「四人幫」、改革開放後的 35 周年國慶，要好好慶祝，有關單位與七媽商議，從為保護古建築、古文物角度出發，多次相勸，她才同意裝修、油飾一下。那天七媽的祕書高振普為我們拍了留影。

到了 1984 年 10 月 1 日是中華人民共和國 35 周年國慶日，七媽邀我和人驊攜子沈清（次子沈桐參加學校集體活動）陪同婆母張絢到西花廳相見，這是我婆母第一次去西花廳。之後，七媽到天安門城樓參加檢閱人民羣眾大遊行。我們一家則去了人民大會堂的樓北廳，觀看 35 周年國慶羣眾遊行場面。

8 第一次也是最後一次為七媽過生日

在我的印象中，伯伯和七媽從來不過生日。

說來奇怪，1988 年 2 月 6 日是個星期六，我們去看七媽時，她老人家說了一句令我吃驚的話：「人說七十三、八十四，今年我也 84 歲了。」秉鈞後來回憶說，當時他真沒想到七媽說出這樣的話來，心裏還暗自發笑：「難道七媽也落入俗套了？」認為這是七媽開個玩笑，便說：「這是民間的說法，我認為，說多了，人到了這個年紀心裏就形成一種壓力，反而不好。」七媽說：「你說得對。」

而在前天，我們剛為七媽過了生日。也不知為什麼，這一年七媽身邊的工作人員變得「膽子大了」，他們出主意為七媽辦個生日聚會，通知我們幾個孩子和媳、婿，2 月 6 日（周六）去七

媽那兒聚會。

那天天氣特別冷，四弟秉華和妻子李玉樹穿著厚厚的棉大衣，坐了幾站公共汽車，手腳還凍得不行。他們比要求的時間早一刻鐘到達，一進後院驚奇地發現，迎面和西側房子的走廊都加裝了玻璃窗，也就是說原來的外走廊變成了內走廊！還沒等他們納過悶來，七媽的祕書趙煒已從自己的辦公室裏走出來，招呼他們先到她的辦公室休息。她大概看出了他們的驚奇，就開始解釋：「你七媽年紀大了，特別怕冷，為了保持室內溫度就把走廊封上了。你們先在這屋裏坐一會兒，等會兒人到齊了一起進去見七媽。」趙煒接著又說：「今天給你七媽過生日，我們已經準備了壽麵和蛋糕。凡是今天來的，每人交五塊錢，就算是給你七媽買蛋糕了！」李玉樹這才注意到，辦公桌上有一個大盒子，裏面有一些錢，幾乎都是五元十元一張，看來有人已經先交了錢。這時，我和人驊、秉宜等人也都陸續進了屋，兄弟姐妹們爭先恐後地把錢放到盒子裏。

人到齊了，我們沿走廊走進客廳。遠遠就看到七媽在一位護士的攙扶下站在那裏等我們了！我們一一上前，和七媽握手問候。七媽顯然是怕冷了。以往這個季節來，七媽都是穿一件毛衣，而那天卻穿了一件薄棉襖。看著七媽，我們明顯感到七媽老了！說話的底氣不如以前足了，走路的動作比以前慢了，只是精神沒有明顯變化，頭腦思路還是那樣清晰。再就是，七媽身邊的工作人員也有了變化。除了原來的老同志，還有年輕的大夫護士。看得出來，他們都非常認真地履行著自己的職責，特別精心地照顧著七媽的健康！

七媽見到我們這一羣人，顯得很高興。雖然有的人是多年不見，也還是迅速地叫著名字，還能準確地說出誰是幾年沒見了！看著我們的臉，七媽還不住地評論，這個胖了那個瘦了。握著人驊的手，七媽照例詢問沈媽媽的身體情況，還請人驊轉答她的問候。見到拉蘇榮上前，馬上問他來北京的任務是什麼？能在北京待多久？秉華笑著和七媽握手，七媽也笑著問道：「小四啊，兒子上學好吧！」提起兒子，秉華笑得顧不上回答，玉樹趕緊說：「上學了，已經二年級了，他就在您任過教的實驗一小上學！」七媽聽了連聲說好！老人家

▶ 1984 年 10 月 1 日，
鄧穎超、張絢、周秉德、
沈人驊、沈清在西花廳

▶ 1988 年 2 月逢鄧穎超 84 歲壽辰，
在西花廳客廳，前排左起：李玉樹、
周秉宜、鄧穎超、拉蘇榮、周秉德、
劉軍鷹，後排左起：周秉鈞、周秉華、
沈人驊

▶ 鄧穎超在客廳的沙發上

一手拉著玉樹一手拉著秉華。看著秉華的笑臉，七媽也受到了感染，對大家說：「你們看看，一提兒子小四笑的！」二弟秉鈞的妻子劉軍鷹當時在位於文津街的 305 醫院工作，工作單位是離七媽家最近的。她那天剛好下夜班，交接班後才匆匆趕來，沒想到還是遲到了！她不好意思地和七媽握手，似乎也想對七媽解釋一下。七媽從她略帶疲倦的臉上已經明白了她遲到的原因，還沒等她開口，就拉著她伸過來的手，心疼地看著她，感慨地說：「近在咫尺，比若天涯。」在場的人都笑了。大家都被七媽這深情的話語所感動！我們惦記著七媽，七媽也牽掛著我們哪！老人家工作忙難得和我們團聚，想見我們了又不忍心讓我們請假耽誤工作。時間就這樣在各自的矛盾心情中悄悄流逝，無法割捨的親情只能伴隨著歲月深深藏在心裏。

我們在七媽的祕書安排下，簇擁著七媽站好合影留念，和以前一樣，集體合影後，七媽又與我們每對夫婦分別照相。

然後，在護士的攙扶下七媽慢慢走向客廳的沙發。這時有人發現，原本一圈同樣的沙發中，擺放了一個異樣的單人沙發。七媽就是慢慢地坐在了這個沙發上。從外表看，它的式樣、高度、靠背都與眾不同。沙發是全包的，可能與七媽怕冷有關；高度略矮，大概是出於七媽腿部放鬆的需要；靠背稍低，應該是與七媽頸部後仰相適應。就連沙發的靠墊也不盡相同，該是七媽腰部的需求吧。看來七媽真的老了，對環境的適應能力差了！七媽剛剛坐下，工作人員就去看室內的溫度計，很快從臥室取來一件馬甲給七媽套在棉襖外面。七媽自己把馬甲抻平，慢慢繫上扣子，又高興地接受了拉蘇榮獻上的祝壽哈達！

看看我們都已坐好，看著放在餐桌上的蛋糕，七媽開始發言了。工作人員打開了事先準備好的錄音機。很顯然，七媽已經知道了今天聚會的主題。我想，作為一位八十多歲的老人，七媽非常理解身邊工作人員的良苦用心，作為一位長輩，她也為孩子們的到來感到異常欣慰。但是，伯伯和她幾十年堅持不過生日的原則，七媽更是絕不含糊。看起來，七媽接受了身邊工作人員的安排，也邀請我們在這樣一個特殊的日子

裏來到她身邊聚會，但是談話中，七媽還是嚴肅地向我們再一次重申了黨中央《關於不許給領導同志祝壽的規定》。七媽堅決地說：「你們的伯伯在世時就從不過生日，這一點我和伯伯是一致的。今天是第一次，也是最後一次。」今天回憶起來，七媽那威嚴的目光，堅定的語調，不容置疑的口氣，仍然在我耳邊迴響。七媽那天讓工作人員把她的講話錄音，為的是保留下來，不僅讓我們永遠記住，也要讓子孫後代銘記在心。七媽的講話持續了二十多分鐘。看得出來，談到原則問題，七媽有些激動。她講講停停，又停停講講，像是讓我們邊聽邊思考，邊理解邊接受。客廳裏只有她的聲音在迴響。

看看時間差不多了，當我們和七媽齊心協力將蛋糕上的蠟燭吹滅時，七媽的臉上露出了微笑，接著親手為我們切了蛋糕。

我們擔心七媽累了，勸她回臥室休息，七媽笑著同意了。她囑咐在場的工作人員，每人帶一份蛋糕回家與家人分享，叮囑我們配偶的父母在北京的一定要多帶一份蛋糕，讓全家的男女老幼都能吃到這第一次也是最後一次七媽的生日蛋糕。離開時，七媽還為不能多和我們坐一會兒表示遺憾！

吃完蛋糕，我們來到廚房吃七媽的生日壽麵。一進廚房門，我們就看見安師傅正忙著呢！爐灶上煮麵的大鍋正冒著熱氣，顯然鍋裏的水已經開了！灶台的西頭放著安師傅剛剛做好的麵鹵。興許是安師傅廚藝高超，普通的黃花木耳雞蛋打鹵，也讓屋子裏飄散著陣陣撲鼻的香味兒。在我們面前，沒有真正的餐桌餐椅，安師傅平日的工作台上擺放著四盤小菜：一盤清炒荷蘭豆，一盤炸花生米，一盤廣東香腸，一盤醬牛肉。顯然，操作台就是我們的餐桌了。操作台上還放著一個大托盤，托盤上安師傅用麵盤了一座「小山」，「小山」的一面用山楂糕片擺了一個醒目的「壽」字，使人一看就聯想到民間壽比南山的說法！白白的麵條，紅紅的壽字，紅白相間，格外漂亮。有人忍不住問：「安師傅，這都是您的手藝吧」？安師傅笑笑，謙虛地說：「麵條是在中南海小賣部買的，我就擺了個壽字。」看看人都到齊了，安師傅利索地端起盛麵的托盤，麻利地揭掉壽字，麵條就下鍋了。十幾個

人一起進到平時只有安師傅自己工作的廚房，明顯有些擁擠。大家只能相互穿插著走動，有序謙讓著夾菜。我們吃著安師傅做的小菜，讚美著安師傅的手藝，紛紛向安師傅致謝。安師傅一邊攪拌著鍋裏的麵條，一邊樂呵呵地說：「不謝，不謝。大姐過生日，難得呀，難得呀！」不用問，安師傅和我們一樣，從未經歷過這樣的事情，確實如七媽所說「這是第一次，也是最後一次！」可惜那天留下的照片還是太少了。因為當時黨中央還沒有批准七媽的

退休報告，我們不敢隨便照相，就連七媽與我們一起吹蠟燭切蛋糕的鏡頭都沒有留下，這成了我們很大的遺憾！

記得那天大家到後，趙煒囑咐我們，對七媽只問好，別提生日的事，但中午吃麵條，安師傅還是為七媽蒸了壽桃。七媽特別高興，和大家照了很多相，拉蘇榮還為七媽和大家唱歌助興。其實七媽心裏明白我們為什麼都去了，但誰都心照不宣，直到為七媽端上一盤大壽桃時，氣氛達到了高潮。

還有一個高潮就是午飯時，七媽

◀ 1989年2月5日除夕之夜（鄧穎超85歲生日的第二天），沈人驊夫婦到西花廳看望鄧穎超

因年事高，吃飯時說話就會吞咽障礙，容易噎著，就一人安靜就餐。我們大家則都去了廚房，拿碗的拿碗，端鹵的端鹵，挑麵的挑麵。因麵條特長，拿筷子的手舉過頭頂，麵條還有一截在鍋裏，弄得大家哈哈大笑。說是來給安師傅幫忙，卻把原來寬敞的廚房擠得水泄不通，反而弄得安師傅顧不過來了，看著大家也在一旁笑！

若干年後，兄弟姐妹們見面，回憶和伯伯七媽相聚的日子，成為一個永久的話題。這種難以忘記的回憶，常常令我們感到太多太多的遺憾。特別是伯伯的最後十年，不要說照相，就是見上一面都很難。以至於兄弟姐妹都少有成年以後與伯伯的合影。伯伯生病住院以後，當時的黨中央對探視伯伯有非常嚴格的規定。七媽自己嚴格遵守的同時，也非常理解我們，探視中總是傳遞著我們和伯伯之間的相互思念。那時家中沒有電話，聯繫只能在上班時間，一旦錯過就很難找到我們。在伯伯僅有的兩次回家時，七媽都想方設法及時通知在北京的兄弟姐妹，遺憾的是前一次只見到了我，後一次只見到了秉華，和我及六妹秉建各通過一次電話。半年以後，伯伯就永遠離開了我們。伯伯那次與秉華談話，充滿了無法割捨的親情，又寄託著對孩子們的殷切希望。談話的內容至今回憶起來都令我們熱淚盈眶，刻骨銘心。伯伯談話的聲音常常在耳邊迴響，伯伯談話的樣子在腦海裏常常重現。失去和伯伯這次見面的機會成為了兄弟姐妹一生中最大的遺憾！

普通的親人見面，普通的家庭合影，普通的醫院探視，這些在常人看來不能再普通的事情，為什麼在周家就那麼不容易呢？為什麼就一次又一次成了兄弟姐妹們的終生遺憾呢！我想了好多，也想了許久，答案只有一個：因為我們是周恩來和鄧穎超的侄兒侄女。

這一天在西花廳的熱鬧，當是新中國成立後西花廳絕無僅有、空前絕後的一次。重要的是，七媽當天特別開心！我們覺得她老人家是享受了一次難得的、普通老百姓都會過的、為家中最長者辦的一次生日大聚會。真應為出此主意者記上一功、鞠上一躬。

母親帶我們去看七媽

　　1990 年 5 月 13 日，母親王士琴帶領在京的孩子們，又去看望了七媽。這時七媽身體已大不如前，體態消瘦，動作遲緩，但精神愉快，反應靈敏，與我母親王士琴妯娌兩人談天說地的，說不完的話題，與大家談得也很開心。下面一組照片就是當時的情景。

進入 20 世紀 90 年代，86 歲高齡的七媽基本在輪椅上度日，精神容易緊張。1991 年 3 月 30 日我去看望她，七媽這時身體已很虛弱。我將她的辦公桌及床鋪拍下了照片。

她辦公桌的一角擺著一張張學良與侄女張閭蘅的合影，還有幾份報紙，其中有一份《華聲報》。這個華聲報社是我當時所工作的單位，看來七媽也牽掛著我的《華聲報》啊！

1991 年 7 月她因高燒肺炎住進北京醫院，院方下了病危通知。我和媽媽王士琴、妹妹秉宜趕到醫院看她。病床上的七媽極度衰弱，骨瘦如柴。醫生說，現在最大的問題是她不能吞咽，無法進食，也無法用藥。曾經給伯伯做過手術的吳蔚然大夫，提出為七媽實施一項特別的手術 —— 造一個胃漏。這個手術成功了，於是延長了七媽一年的生命。

後來我去醫院看七媽時，她告訴我，她曾經瘦到 77 斤，現在 82 斤，有進步了。「手術是在我不省人事時做

的。如果我醒著，就不讓醫生做了。」七媽還挺幽默地對我說，「現在我不能吃，也不能喝，嘴都換了地方了。」

後來有一段時間，七媽恢復得不錯。我去看她，用輪椅推著她到處轉轉，散散步，聊聊家常。想起往事，她的記憶力還很好，在病榻上她還關心著別人。我的婆婆有一段時間生病也住在北京醫院，七媽惦念著，要我帶話給她：「你和奶奶說，我們是同病相憐，都沒有丈夫了，是孤老太婆，要互相關心。」並請她的醫療組長去了解和關照我婆婆的病情。

1992 年 3 月 7 日，我在七媽住院的病房內，拍下了幾張照片，沒想到竟成了最後的留念！

到了 1992 年夏天，她的病情開始惡化，又經常處於半昏迷狀態。我去探望，祕書們說：「大姐坐輪椅的時間少了，躺著的時候多。」她一清醒過來，就要聽祕書們讀鄧小平南行的報道。她愛聽，聽了 40 分鐘也不累。這是七媽一輩子的習慣，她畢竟是職業革命家，

▶ 鄧穎超辦公桌上放著
《華聲報》

◀ 鄧穎超生前
用過的床

▶ 1992年3月7日，
周秉德與輪椅上的
鄧穎超聊天

一位政治老人。即使在半昏迷中，她仍關心國內外大事，不失職業革命家的風範。

1992年6月23日早晨，七媽的祕書高振普給我打來電話，説22日晚上七點多，七媽突然呼喊：「秉德，秉德！」高振普説：「我打電話讓她來吧！」七媽輕輕地回答：「那就太麻煩她了。你告訴她，我快要不行了。」

七媽有預感！我急忙來到北京醫院，伏在七媽的耳邊向她問好，並轉達親屬們的問候。她説：「唔，秉德，你好，都好，都好吧！」她説話很吃力，我明白她的意思，她在問候我們這一大家子親戚。從那天以後，每星期二我都去醫院看望七媽，我知道她所剩的時間已經不多了。她經常處於昏睡狀態中，我和她説説話，她睜開眼，過一會兒又閉上了。我摸摸她的手，她攥攥我的手，只能在這無言的交流中傳達我和七媽依依的親情。

7月7日，我帶了兩箱軟飲料和些紀念品到醫院去，感謝祕書們和醫護人員。我先去看七媽，她閉著眼睛，我叫她，她「嗯」了兩聲，還想睡，我就坐在屋角的沙發上和護士們聊天。我説：

「你們工作這麼辛苦，我和我們全家都感謝你們。你們替我們大家盡了孝心。我帶了些飲料和紀念品，你們大家隨便用吧。」未想到的是這時突然聽到七媽説：「下次別……了！」我沒聽清楚，趕忙走到她身邊問：「是不是讓我下次別來了？」「來！別帶東西了！」她説話聲音挺大，顯然鼓足了力氣。我很心疼她這麼用力，也很奇怪，她怎麼知道呢？平時湊在她耳邊大聲嚷嚷也都聽不清楚，我小聲説話，她卻聽到了。我很不安，又讓七媽操心了。

果然，七媽不僅當面囑咐我，第二天又託季大夫打電話來：「大姐今天挺清醒，説秉德昨天帶什麼東西呀，你給她打電話，下次不要再帶東西了！」唉！我的七媽呀！

7月10日上午，我剛到辦公室，電話就響了。季大夫通知我：「今天情況不好，病危告急。」我趕到醫院時醫生們正在會診。七媽心力衰竭，呼吸很慢，還有低燒。她一直在昏睡之中。我在那兒守候了一天。我出席了專家們的會診，看著他們搶救，到晚飯前症狀有所緩解。我準備走了，到七媽的床邊，問她「疼不疼？」她説「不疼」。我請

她睜開眼睛，她睜一睜，又合上了。這是我和七媽最後的一面！

7月11日凌晨六點多，我接到告急電話，趕快騎車6點50分趕到醫院。一進走廊，就看到走廊上原先所設的隔斷已經全部撤掉，大敞其門。我的眼淚不禁奪眶而出。人來人往，衛生部長、醫院院長率醫護人員還在搶救，江澤民、李鵬等中央領導人接到通知也都趕來看望她最後一面，準備著向七媽告別。7點15分，搶救措施停止，七媽的心臟停止了跳動。7點40分，開始在病房裏告別，擺上了鮮花。我一面強忍悲痛，一面還要承擔著向親戚們報喪的責任……告別延長到上午10點鐘。

10點鐘，當七媽的遺體從病房推送到太平間時，一位老師傅和兩個護士小心翼翼地移動著輪車。我趕上前來，和他們一起推車，撫摩著七媽體溫尚存的遺體，心中默默地說：「讓我和七媽再走最後的這一段路程吧！」

冥冥之中自有天意。十年前的7月11日，七媽向我和秉均交代了她的後事。十年後的這一天，她與世長辭了……

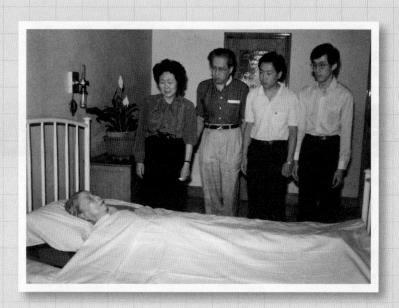

▶ 1992年7月11日，周秉德一家守望鄧穎超遺體

11 送別七媽

1992 年 7 月 18 日，在天津海河送別了七媽骨灰之後，7 月 19 日是周日，母親帶領我們全家又來到了西花廳，重溫與七媽相處的歲月。

七媽生前留下遺囑，骨灰不保留，撒入她第二故鄉天津的海河。7 月 18 日在天津海河「新海門號」輪船上，舉行了隆重肅穆的骨灰安葬儀式。當輪船行駛至海河口時，汽笛長鳴，河水滔滔。我含著眼淚把一捧捧的鮮花瓣，隨著七媽的骨灰緩緩撒下。花瓣追逐著波浪，我永遠地送走了可敬可愛的七媽。

1949—1976 年，我和伯伯相處 26 年。

1949—1992 年，我和七媽相處 43 年。

如今，伯伯已經離開我們四十多年，七媽已經離開我們二十多年。照片可以發黃，記憶卻不曾淡去，時間愈久，二老的風骨音容愈加清晰。每當凝視這些老照片，憶及這些舊事，作為後人的我們，總能汲取前進的勇氣和力量，並在紛繁的時代中給自己一份固守和堅持！

12 送別婆婆和丈夫骨灰入海

在七媽病逝後不到半年，1992 年 12 月 30 日，我的婆婆張絢以 97 歲高齡病故。捧著婆婆的骨灰，我又一次來到了寒風凜冽的海河入海處……

這幾次的骨灰播撒，對我來說，都是感情和理智的搏鬥，但最終總是理智佔了上風。同時我和丈夫沈人驊也互相約定：我們也要向先輩學習，走他們的

在西花廳設置的鄧穎超靈堂裏，周家六姐弟與鄧穎超最後一張合影

先后盛放过周恩来、邓颖超两位伟人骨灰的骨灰盒

周恩來與鄧穎超共用的骨灰盒

新海門號

路，向舊習俗挑戰！

但萬萬沒有想到，我的丈夫沈人驊會走得那麼快……

我與丈夫沈人驊相濡以沫 34 年，彼此相親相愛，互相呵護、體貼、理解、支持，從未紅過臉，吵過嘴，有了矛盾總是先替對方著想，感情真摯而深切，很為周圍親友和晚輩們所羨慕。

1997 年後，人驊身體明顯衰弱，我想法設法尋醫問藥，到處陪他看病、住院。對他的病情、用藥以及醫院、醫生、藥物、偏方等都做詳細記錄，做出表來對照。我相信他一定會康復起來，我們又可以一道散步、旅遊、嬉笑，享受生活的種種樂趣。誰知天不遂人願，在他住院的後期，突然發現患了絕症，並昏迷得不省人事。醫生說：太晚了，無救了，只能千方百計拖延、維持一段時間。我盡了最大努力去護理他，孩子們也都去護理他，照料他。但他還是在 1999 年 1 月 5 日撇下我和孩子們遠行了。我痛不欲生，無法接受這殘酷的事實：他才 68 歲呀！他還有許多事要做，還有幾部書要編寫，還有許多美好時光等待我們共享，怎麼他就這麼匆忙地走

了呢？！

他走後，大量的人羣、鮮花和淚水湧進了我家，為他悲痛，為他惋惜。我體會到了他的人生價值，也想到了在他生前，我們共同的心願：向伯伯、七媽學習，死後將骨灰撒進大海，回歸自然。

又該送我最親愛的丈夫人驊走上這條路了！儘管這是我們事先約定的，但這次我要下更大的決心，才能這樣做。終於我還是毅然帶著孩子們，由一些親友陪同，租了條快艇，第四次走上送別親人骨灰的水路。這條路走得多麼悲烈啊。直到此時，我才真切地體會到當年七媽心中那份沉痛。

為了寄託哀思，我在家中設置了一個簡單又莊重的祭台，掛著伯父、伯母、父親、母親、公公、婆婆和丈夫的照片，每當清明或他們的祭日我會祭奠他們，與他們天地溝通！

附　錄　永遠的懷念

面對全國各地對伯伯隆重的紀念，我的心情也很複雜。作為人民的一員，我總是內心激動、感慨「歷史是人民寫的」，「歷史的確鐵面公正」。伯伯以整個生命向黨、祖國和人民表達的真誠，對新中國外交和世界和平的特殊貢獻，被歷史所承認。然而，回到侄女的角色，又希望大家多尋找他的一生對整個民族的精神啟示，少搞一些有形的紀念品。

1 周同宇口述：周總理的家族和幼年、青少年時代

偉大的無產階級革命家、傑出的共產主義戰士、中國人民敬愛的周恩來總理，生於 1898 年（清光緒二十四年戊戌）3 月 5 日（陰曆 2 月 13 日），卒於 1976 年 1 月 8 日九時五十七分，終年 78 歲。

周恩來出生於江蘇省淮安縣城內駙馬巷，祖籍是浙江省紹興縣寶玉橋。周家聚族而居，祖宗祠堂名「百歲堂」，因十代前有一祖先活到一百歲故名。祖墳在紹興鄉間之鳳凰山。周恩來於抗戰開始後之 1939 年途徑紹興時，曾到鳳凰山祭掃祖墓，彼時該山尚有周家祖墓十餘座。在紹興周氏宗譜上，周恩來和魯迅（周樹人）同宗，他比魯迅小一輩。周恩來 1939 年在紹興周氏宗譜上，見到在「恩」字輩上，列有周恩夔（周恩來的大伯父之子，周恩來堂兄）、周恩來兩個名字。在同一時代中，在浙江紹興周家這一族裏，竟奇跡般的（地）出現了周恩來和魯迅這樣兩位輝耀在世界歷史上的偉大人物。

周恩來又名周翔宇，行七（這是曾祖父系統下的男孩，按同輩年紀大小排序），筆名和別號是伍豪，這是因為 1919 年他參加天津覺悟社時，社內同志用數目字號抓鬮命名，他抓了五號，故用諧音「伍豪」。在中國共產黨內，他又常用「少山」這一名字作為化名與代號。

曾祖父周光勳，字樵水，是舉人，卒後葬在紹興鳳凰山。

祖父周攀龍，字雲門，行四（祖父輩兄弟五人）。官至江蘇省淮安縣知縣，五十餘歲歿於任上。祖父輩兄弟五人中，除老五外，四人都做過縣知事。淮安城內駙馬巷的房子，是二祖父與四祖父（及親祖父）合買的，約有平房三十間，約分為十個院落及一個小花園，其中有大客廳、有書房、有走廊和月門。大門向東為「駙馬巷」，後門向南為「曲巷」。這所大院從東往西轉南。周恩來就出生在這裏。

父親名劭綱，號懋臣。生於 1874 年，卒於 1942 年，終年 68 歲。行七（以曾祖父系統叔伯兄弟一起排序），

父輩親兄弟四人，為老四、老七、老八、老十一。父親在親兄弟中實際是老二，即周恩來有親伯父一人（老四），親叔父二人（老八、老十一）。

父親年輕時做幕僚（師爺），但一生只是做職位較低的辦事員、事務員一類的工作。他先曾住於北京交道口西邊京兆府尹（北京）衙門的外收發（傳達室），1921 年左右，到黑龍江省會齊齊哈爾市煙酒事務局（收煙酒稅）做辦事員。一直幹了約十年，到 1931 年「九‧一八」事變後，因政局和人事的變動而賦閒，失業閒居吉林市兩年。1933 年回到關內，先在河北省深縣縣政府當辦事員，後又在安徽省的一些小縣當辦事員。年近六十，曾回淮安老家一趟。抗日戰爭爆發，1938 年因周恩來到漢口，他到漢口往依恩來，時年 64，此後就由周恩來贍養，一直到 1942 年病死於重慶。他為人老實忠厚和氣，人緣很好。三十歲喪妻（恩來之母），後即未再娶。平生愛小酌而不酗酒，以讀詩書自娛。

四伯父名貽賡，號曼青。貢生出生，有文名，文筆簡練而善表達，為幕僚中之佼佼者。先亦在山東、天津等地當一般職員，1914 年到瀋陽，在奉天度支衙門作幕友時為該衙門長官劉尚清（此人後來曾在國民黨政府任內政部長）所賞識，升為主稿（即科長），文名愈振，文稿流傳為眾所讚揚。1924 年，東省特區（哈爾濱）行政長官王維宙向劉尚清商調了周貽賡到縣長官公署任總務科長。1925 年，吉林財政廳長榮厚（旗人）亦聞周貽賡文筆佳好，向王維宙制用周貽賡至該廳任專用科長，管財政開支，此職務比較重要，1932 年日本侵略者進駐吉林，遂離任。此時，有一新民縣人名魏鍵，在新民錦州一帶抗戰，因聞周貽賡在吉林理財有方，在東北三省中唯吉林財政有富餘〔吉林省自力修建了一條長 180 公里的吉海（海龍）鐵路〕，故魏鍵到天津任民政廳長時，即於 1932 年夏邀請周貽賡至天津民政廳任賑災科長。貽賡在天津任上一年餘病歿。

他是周恩來青少年時代實際的撫養人，恩來 12 歲時即由伯父帶到瀋陽讀小學。1913 年小學畢業後，因伯父之續弦妻家住天津，恩來就到天津往依伯母，上南開中學住校，生活費主要靠伯父寄錢，不足時亦靠伯母做手工（編織

銅板線袋）資助。

老八周煥臣是周恩來父親的大弟弟，實際是恩來的叔父，因恩來自幼過繼給了父親的二弟老十一，故恩來稱老八為伯父。老八是偏癱殘廢人，小時就有一條腿不能動，只一條腿可動，用一小凳子移動走路，三十多歲亡故。有一子一女，女早死，子當小學教員，曾在抗日戰爭時期參加蘇北解放區打遊擊，遇發大水，被淹死；他生有兩個兒子，均參加了工作。

老十一是恩來的小叔，約1878年生，1899年病故，終年甫及二十歲，無子女。時恩來一歲，即過繼給十一嬸為子，是以恩來有生母和過繼母兩個母親。

生母姓萬，高矁身材，聰明伶俐。外祖父原籍江西，在江蘇淮陰縣當了三十多年的知縣，為人正派，有清名，善應對。他有大小兩房妻子，生子18人、女14人。母親為女孩中之行十二，稱十二姑，幼即聰穎美慧，得父之偏愛。外祖父延師課讀子女。每（宴）集賓客及出外拜會辦事，獨帶十二姑在身邊。生母自六七歲到十二三歲不離外祖父左右，廣見世面，耳濡目

染熟諳世務。十二三歲後轉而主管外祖父大家庭之收支家務，故至十幾歲始纏足，至二十歲左右始出嫁。她為外祖父之老生女，時外祖父已約九十歲高齡，家事悉委十二姑。十二姑有賢名善排解糾紛，族中家內凡有紛爭，事無大小，無不爭相請十二姑奶奶公斷。嫁至周家後，祖父亦以家事相委，周家亦為大家族，生齒日繁，素無田產，祖父病故後，迅即敗落。生母竭力支撐門面，心勞交悴，患肺癆加劇，年甫三十即不治病逝。時恩來九歲，恩來之幼弟三歲。

恩來有兄弟三人，恩來居長；二弟小恩來一歲，因乃兄過繼出去，嬌慣任性；三弟恩壽，字同宇，小恩來六歲。

恩來之過繼母親姓陳，熟諳詩文。因早寡，以全副精力教養恩來。四歲即教其背誦詩詞、寫字作畫，課讀嚴格、絲毫不苟。恩來幼穎悟，幼年甚得兩母嚴格教導之力，在德、智、體幾方面都打下了堅實的基礎。

九歲，生母與過繼母相繼病逝。恩來不勝哀痛，他在19歲在天津因參加「五四」運動被警察廳拘留期中，寫過一篇《念娘文》陳述兩個母親對自己無微不至的撫養和嚴格的教導，寄託

▶ 1916 年周恩來在南開學校

▶ 1912 年周恩來在瀋陽

▶ 1918 年南開校董嚴修、校長張伯苓為改革教育赴美考察，途經日本時受到周恩來等南開留日校友的歡迎。前排左三為周恩來；二排左二是張伯苓，左三是嚴修

哀思。

兩母接踵病逝後，因伯父及父親均在外地任上，家中負債累累。作為長子，恩來以九歲的髫齡不得不肩負起料理兩母後事、清理及償還債務之重任。整整兩年，變賣東西，清償債務，安排家人生計，還在兒童時代的恩來表現了驚人的辦事和組織才能。

1910年，伯伯回鄉攜帶12歲的恩來往山東、天津至瀋陽任上，送其至陸軍小學就讀。作文、書法均為全班第一，此是更多得利（益）於過繼母親，因她有文學素養，教恩來作文時竭力要求文字周密、字跡工整。

初進陸軍小學時，有些大同學因恩來是南方口音，欺他人生地疏，罵為「南蠻子」並多次結夥打他。恩來看到當地別的小同學也有被打受欺辱的，於是他和受屈辱的小同學交朋友，在受欺辱被打時，互相聲援集體抵抗，小同學人多，聯合起來，使大同學以後再也不敢欺辱他們。恩來晚年回憶兒童時代說：「這是我交朋友，受欺辱壓迫者聯合起來，團結和反抗的初次勝利！」

他保存著一張13歲在瀋陽上小學時的照片，鵝蛋似的臉面，眉清目秀，戴瓜皮帽，留辮子，穿著對襟高領棉襖。

在瀋陽，就是他和伯父兩人寓居，生活是清苦的。

1913年，15歲。到天津，入南開中學。先住伯母家，後住校。生活要靠伯父寄錢，不足時靠伯母做手工編織銅板線袋資助。後因做了一篇文章，為一老師所賞識，經老師推薦成為南開中學唯一一個公費生。在南開中學讀了四年，這時他接受了孫中山的民主革命思想的洗禮，成為熱情的愛國民主主義者。他積極參加該校的學生會組織「敬業樂羣會」，成為該會的學生領袖，並擔任該會的文藝部長，用文藝化妝形式宣傳民主科學思想。他發揮了文藝和戲劇的特長，演出文明戲《一元錢》《華娥傳》《一念差》等劇。他身材修長苗條，扮演了女主角——因當時還沒有男女同台演出的習慣。在南開中學時的照片，有一張站立全身照，一張半身坐照，均為留平頭，穿夏布長衫。

1917年，19歲，以學業優異畢業於南開中學，經校長張伯苓支持，校董嚴範孫和同學李某資助，東渡日本留

▶ 1914年3月，周恩來與幾位同學共同發
起成立敬業樂群會。該會宗旨是「辦難析
疑，軼出於課程之外，研究各種學識」，
探求救國救民的途徑。周恩來歷任該會的
智育部長、總幹事、副會長、會長、《敬
業》雜誌總編輯。這是敬業樂群會職員的
合影。二排左起第一人是周恩來。

▶ 1918年周恩來在日本

▶ 五四時期的周恩來

學。東渡時作詩云：「大江歌罷掉頭東，邃密羣科濟世窮。面壁十年圖破壁，難酬蹈海亦英雄。」表現了青年時代的凌雲壯志和濟世雄心。

他到日本東京，住在早稻田大學附近的一家金島家具店二層的一個房間裏，同一姓陳的留學生同住。他到日本後進了神田區高等預備學校補習日文，據日本的國木隆三所寫的《周恩來》一文記載，他平時是到革命派機關報發行所去寫傳單，所以大學基本就沒上。他在 1918 年夏在神田參加和領導了抗議日本政府壓迫中國留學生的留學生歸國運動。他到早稻田大學去旁聽過河上肇的課，開始接觸到馬克思主義。他在日本忙於革命活動，未考取大學。1919 年 4 月，周恩來結束了留日生活回到中國。

（按：這篇回憶是我父親周同宇在 1976 年 9 月口述，由黨史專家胡華記錄的。）

② 伯伯誕辰 100 周年、110 周年紀念活動

在伯伯誕辰 100 周年的紀念活動中，我時刻能感受到發自人民內心的思念仍然那麼強烈。1998 年的 2 月和 3 月近六十天中，除了參加全國政協會議，我的記事本上的活動日程被排得滿滿的。從南到北，從東到西，幾乎趕場在各個城市、各個單位隆重紀念伯伯的多種多樣的活動中。

在幾個月內，我收到或買到了十數座伯伯大大小小的鍍金的立像、座像、頭像；數十本回憶伯伯的厚薄不一的書刊雜誌、數十枚大小不同的紀念封及色彩凝重典雅的紀念郵票；數十塊金光閃閃的紀念幣 —— 其中一種製作精良、由上海金廠鑄造、天津周恩來鄧穎超紀念館發行的用 6 克足金、18 克白銀鑄

造的《周恩來誕辰 100 周年紀念珍藏像》。在我的書櫃裏顯現出一片金光，這是我們姐弟六人每人掏了 2680 元錢，由大妹秉宜在寒風中排了三次長隊才為每人買到一份的。

都說時間是醫治心傷最好的醫生，可伯伯於我彷彿是個例外。

1998 年，江蘇文藝出版社根據大型藝術專題片《百年恩來》對近二百位國內外同志和朋友回憶周恩來的訪談編寫成的《周恩來 —— 百人訪談錄》一書中，有一位中國人民的老朋友岡崎嘉平太的兒子岡崎彬先生的回憶，讓我久久不能忘懷：

問：我們知道您的父親與周總理有很深的交往。1988 年他已經是 90 高齡，還不遠萬里趕到天津出席了周恩來國際研討會，並在會上作了精彩的發言。我們有兩位同志都親耳聆聽過，十分動情。能否請您談一談您本人和您父親與周恩來的交往。

答：好。我第一次見周總理是 60 年代。1963 年在人民大會堂。周總理接見我們的時候。因為我跟貿易訪華團無關，所以我排在訪華團的最後，總理與來訪的每一個人一一握手後，站在我面前。第一句話用中文問我：

「會不會說普通話？」

我説：「不會。」

他第二句用法語問我：「會不會法語？」

我説：「也不會。」

他又用英語問：「會說英語嗎？」

「英語會說一點兒。」我回答後又接著反問：「您會日語嗎？」

他兩手一攤，笑著用日語說，「我的日語忘光了。」

我知道總理曾在日本住過一年，可是「我的日語忘光了」，清清楚楚的日語，使我吃驚。他說完哈哈笑了一聲。這是我和周總理的第一次會面。當時，我父親是站在周總理身後，他顯得特別高興，為什麼呢？因為他最尊敬的、最喜歡的人正在和自己的兒子交談。他那帶點兒羞澀的天真的臉，說實話是我有生以來第一次看到。就在這一刹那，我明白了父親之所以要我請假陪他到北京的用意。

周總理對我說：「你父親不會自己說，他為我們、為我做了什麼樣的工作。我們中國對他怎樣評價的，所以我

來替他說一說。我非常信賴你父親，這種信任體現在犧牲自己利益為他人盡力的行為之中，你父親為了日本和中國，犧牲自己，盡心盡力，所以我們非常信任他。」當時我還是三十多不到四十歲，可算是青年人，因為生平見過很多地位高的人，在國外如總統，在美國也見過國務卿等人，可是周總理卻是和那些人不一樣。首先他不給人以威嚴，那炯炯有神的眼睛，放射著柔和的視線，他對我這樣的年輕人，也像和朋友說話一樣親切。畢竟是十億人口中的拔尖人物，與眾不同。這雖然是短暫的時間，卻是難忘的初次見面。晚上開了一個盛大的宴會，會上聆聽了總理的講話。那次講話，對我來說是影響深遠的講話，成為了解中國的基礎。周總理講話的大意是：

日中邦交的歷史，在史籍記載的就有兩千多年，沒有記載的恐怕更悠久，這期間，日中之間保持著良好的關係。一般說來，鄰國之間的摩擦是正常的例子，但是日中關係一直保持了良好關係，只是在近代的七十多年，從日清戰爭開始形勢變得惡劣。這幾十年比起良好關係的歷史，只不過是一瞬間。因此我們的任務就是把關係恢復到良好的關係，走共同繁榮的道路。保持良好關係是天理，是天的意願，我們所做的努力只是執行天的意志而已。

我從小就知道，日本的文化源泉在於中國文化。那次聽了總理的講話後，使我認識到日中兩國的友好關係也是天理，這是我看中國時的基礎。和周總理的接觸中，我父親受到很大的影響。

我從父親嘴裏聽說過很多和周總理之間的故事，其中常常提到的是「周總理聖人論」。父親可能只對我說過：「世界上有四大聖人：基督、釋迦牟尼、孔子、穆罕默德，以上四人稱之為世界四大聖人。周總理應列入聖人之中。」父親這時候笑著這麼說，如果聖人中有兩個是中國人，可能別人會有意見的，只好委屈一下孔子，這個地位應該讓給周總理。

我聽父親說：他和周總理的正式會談就有 18 次，但非正式的會見，不計其數。有時候到周總理的辦公室裏會見過。正式會談時中國總理穿著筆挺的中山服，在日常工作時，他穿著有補丁的衣服。

這件事對我父親的衝擊很大。從此

我父親再也不添置新衣服了。年紀大了以後衣服顯得肥大，但他照舊穿著舊的直到去世。我想父親這樣做，是為了使自己更接近於周總理吧。我母親看著父親那肥大的衣服，幾次勸他做新衣服，可他怎麼說也不聽。

從生活細節中我父親看到了總理的為人。他還經常說，人一般來說，得到權勢後，不管這個人如何嚴格要求，總不免在某些方面會流露出來，表現在態度上。不管是哪一個國家的人，地位高了就會流露出來的。可是在周總理身上半點兒都找不出來。

聽到周總理去世的消息時，我父親的悲痛難以形容，我從來沒見過父親如此悲痛的情景。說一句不該說的話，我甚至懷疑，恐怕我死了，我母親死了，他也不會這樣悲痛欲絕。去參加周總理追悼會，我們離開東京到北京機場時，看著窗外的景色，我父親自言自語地說：「一想到周總理已不在了，心裏總是快活不起來。」

我父親是1989年發病住院後八小時，安然去世的。他是拿著準備整理的材料從樓梯掉下來死的。當然父親的突然去世，對我們是打擊。整個葬禮結束後，包括母親在內，我們幾個弟兄圍坐在一起交談時，母親就說：「不要太悲傷。」我們都驚呆了。這是為什麼？我母親心平氣和地說：「活到了92歲，又能到周總理身邊了。我倒是高興他能夠去周總理的身邊。這怎能說是悲？是高興！」我們兄弟也覺得這話有道理。看著父親的遺容，看不出痛苦，似乎看到一絲笑容。當時我忘了是誰提醒的，反正不約而同地，將周總理相片放在父親遺體的胸上，送去火葬場。骨肉之死當然是悲痛的，但想到父親到了周總理的身邊，無拘無束地交談，他們在天上保佑著我們，這樣，心情緩和了許多。當母親談到在天國，你父親和周總理在交談時，我一下子回想起1963年第一次見到總理時的情景，父親那種帶著羞澀地站在總理身後，看著我和總理交談時的天真的情態。想到這一切，彷彿他們在天國看著我們這次的採訪活動。

我從中國朋友那裏聽說的，在淮安，在周總理的故鄉，有父親留下的字跡。那裏寫的是：「訪問周總理的故鄉淚流不止。」落款是「弟岡崎嘉平太」。那裏常有很多中國友人去採訪，常常問起，總理哪來日本的弟弟，我也盡力

說明。

問：你父親和總理的生日差不多吧？

答：不，我父親大一點。今年（1997年）是我父親誕辰百周年。總理是明年的3月。

問者感慨：實際上你父親應該說是哥哥。

答：但是從人格來說只能是弟弟。我看，我父親是把自己看成比總理小一半的弟弟與周總理交談的。在周總理面前，只能認為自己是比他小很多的弟弟。一生中，能遇到這樣的朋友，總算是沒白活在世上，很可惜我是沒碰上。

我家裏沒有周總理的筆跡。因為當時想反正隨時可以要到，沒料到，總理這樣匆忙離開了人間，我父親很後悔。每當談起總理的事兒，我父親幾乎成了少年。不僅跟我是這樣，跟辦公室的人談起周總理，臉色就變了，沉醉在美好的回憶之中……

是的，岡崎嘉平太先生因視伯伯為知己，把自己一生的軌跡確定在促進日中友好的事業上，而且影響了他的兒子，使中日人民之間的友誼代代相傳。

我接觸過許多國內外的同志和朋友，大家都難忘伯伯的細心、平易、可親，都永遠忘不了他是如何對待每一個人的，他總是給人以尊重和希望，給人以細緻入微的關懷、周到至極的愛護——不管這個人多平凡、多普通，或者過去犯過多大的錯。人們對伯伯也有過各種讚頌，但是，過去從來沒聽說把他與中秋的明月相連。

日本朋友小山五郎，他只是在1974年9月30日的國慶25周年宴會上見過我伯伯一面，那也是伯伯生前最後一次主持國慶招待宴會。宴會結束之後，當他走出人民大會堂的宴會廳時，立即就把高懸天空的那輪明月與伯伯的形象聯繫在一起，因為當天正好是中國的傳統佳節中秋節。這一幕就在他心裏面留下了深刻的印象。所以當《百年恩來》專題片的有關人員採訪他時，他給攝製組一個題詞，稱周恩來是「人類的明月」。這滿含真情的表述，讓我不禁心頭一亮：是啊，伯伯留在人間的愛，確實像中秋的明月。伯伯給所有見過他、愛著他的人們留下的印象，確實是一家團圓後的那種溫馨、甜蜜、幸福的感受。伯伯，好一輪中秋明月，好一輪

永遠為天底下百姓和友人喜愛的中秋明月！

記得 1998 年 2 月 13 日，在由浙江省委、省政府和紹興市委、市政府在紹興舉辦的「周恩來同志誕辰 100 周年紀念大會」上，我弟弟秉鈞有一個發言，道出了我們姐弟的心聲。他說：

在周總理誕辰 100 周年之際，家鄉舉辦紀念活動，反映了廣大人民羣眾和廣大共產黨員對周總理的敬重之情、懷念之心。

無論走到哪裏，凡聽到談周總理，無論幹部、羣眾，無論中國人、外國人，包括港、澳、台同胞，無不表達出對他的敬重之意。

為什麼會這樣？我想，歸根結底，是因為他是一位真正的人民公僕。他一生捨生忘死地為民族求解放，全心全意地為人民服務。他為人民辦了那麼多好事，為國家做了那麼大的貢獻，卻從不居功，仍極自然地嚴格律己，體現了一種偉大的人格和純潔的獻身精神。

從我七歲第一次見到我們的這位伯父，幾十年間的眼見耳聞，我的感覺集中到一點就是：他是一個純粹的人，一位純粹的共產黨員，共產黨員就應該是他這樣的人！

最近在全國各地陸續播映的電視專題片《百年恩來》中，有一句解說詞說：「周恩來就是廉政的同義語」，這是一個非常貼切的比喻。

在他誕辰 100 周年，逝世 22 周年的今天，我們紀念他，倡導他的這種大公無私的精神，我想這正是這個紀念大會最重要的現實意義所在。

作為周恩來的親屬、晚輩，我們將同全國人民一起，窮一生之努力，學習、發揚周總理的這種精神，繼承他的遺志，為我們國家的富強，為人民的富裕而努力奮鬥。

龔自珍的詩中說：「落紅不是無情物，化作春泥更護花。」伯伯當年撒了骨灰，就是鄭重宣告，他身後什麼都不要，什麼麻煩也不給人民留下，他願意回歸大自然，化為一捧泥土，深埋下去，回歸平凡。同樣，這也是 16 年後去世的七媽的心願。

面對全國各地對伯伯隆重真誠的紀念，我的心情也很複雜，我作為人民的一員，總是內心激動，感慨「歷史是

人民寫的」,「歷史的確鐵面公正」。伯伯以整個生命向黨、祖國和人民表達的真誠,對新中國外交和世界和平的特殊貢獻,被歷史承認。然而,每當夜深人靜,我單獨面對自己與伯伯的合影,回到侄女的角色,書櫃玻璃門內眾多伯伯紀念塑像的金光一片,又讓我心裏有些忐忑:如果伯伯在天有靈,看到全國各地一座座聳立起的塑像,看到家鄉土地上再造的「西花廳」,看到我書櫃裏這些金子化成的他的座像、頭像,他一定不高興;他若看見後人在回憶他的同時卻又編造出許多不真實的細節來神化他,他一定不高興⋯⋯

還有,我永遠忘不掉伯伯生前說過的一些未曾實現的心願。

伯伯曾說過:「巴金寫了長篇小說《家》,等我退休後,我要寫一篇小說《房》。」我想,以他從小的切身經歷,以他的生動的文筆,以他性格的那份執著和毅力,如果他能正常退休,他一定會給後世留下一本精彩紛呈的長篇小說《房》。

伯伯還說過:「以後我要退休了,我就去演戲,誰說總理退休不能演戲?我就要開創一個!」「我演戲還行,學導演向你學習(對孫維世講)。」這絕非杜撰,有信為證!

我媽媽喜歡收藏東西,20世紀90年代末期她老人家交給我一些幾十年前我寫的信件,其中有一封1957年2月21日我給在無錫療養的爸爸寫的信,白紙黑字,是真實往事的記載:

親愛的爸爸:

⋯⋯

伯伯的身體還很好,我已看到他,見他臉被曬得成了褐色了。他告訴我他長了兩公斤呢。他還風趣地說,這兩次到了十一個國家,走了十萬八千里,孫悟空一個筋斗十萬八千里。我也是孫悟空了!溫度是零下40度到零上50度,上下九十度。這是一次多麼偉大、艱苦的旅行啊!而他完成的使命是多麼高貴、在國際上起的影響作用是多麼偉大啊!星期天我和維世姐都來看他了。他談到在重慶時,與老朋友去吃飯館。到一家小飯館,樓上只有三桌,正好閒一桌。他們佔用了。別桌人們都去看他,他與那桌的人都握了手。他說:我和他們都握了手,都滿足了,我又告訴他們請他們不要下去嚷,惹得很

多人來。結果他們也都不嚷出去。我們說：你在北京就不行了，人這麼多！他一聽，立刻說：為什麼不行？今天我就可以請你們到外邊去吃午飯。我們有些不敢，他說，沒什麼關係。我們就商量了到個較小的僻靜一些的小館子去吃。我們坐車到了東單新開路的一家「康樂」，據維世姐和張元阿姨都說那裏不壞。但那裏滿座，還有人站著等著呢。我們又出來，伯伯臨時想起東華門的「萃華樓」。他說1946年三人小組談判時，與馬歇爾等到這裏吃過一次，有了印象。去年吳努來，他說「請你去吃飯館」，就請他到這兒來了。今天他又想到了這兒。說，我第三次在這兒吃是請你們！我們吃的是簡單的菜飯，五個人五菜一湯，米飯、饅頭一共是十元零二角。他說：這可比重慶貴，重慶六人，六菜一湯有酒。菜還較好。只有三塊四角六分，物價是低。我們回來，小虎（注：伯伯在抗戰時期的副官龍飛虎之子）站在門口。他有趣地問小虎：「你猜我們一人吃了多少錢？」這天可真不容易，他說：「今天陪你們玩了三個鐘頭！」是呀，他的時間很少如此。回來他馬上又開會了。

在談話中。他說他發奮讀《家》。已讀了三十六頁了！大家都笑了。他發奮讀只讀了三十六頁，他的時間太少呀！他準備先讀巴金的原著，再讀劇本。伯伯很愛好藝術，他對文藝界的很多人、劇目都認識、都懂得。他看了《家》電影。說：「演三少爺的就是過去演連長的。他沒有生活。他說，我要去演覺新，也要比他演得好。」（這時七媽提出說：「讓周同宇去演覺新才好呢，一定好。」）他又說：「以後我要退休了，我就去演戲，誰說總理退休不能演戲？我就要開創一個！」「我演戲還行，學導演向你學習（對孫維世講）」他是很活潑的，他現在也仍注意運動，身體真算健康的！他的身體好是全國人民、全世界人民的幸福！我首先非常高興，您也一定高興吧？爸在那很悶，我平常也沒故事講給爸聽，今天的故事，我想爸是願知道這些內容的。

女兒秉德

1957 年 2 月 21 日

可惜，用伯伯的話說：「『文化大革命』讓我少活十年！」直至去世，他也沒能正常退休，沒有一個休閒幸福的

晚年，當然就沒有寫長篇小說《房》和演戲的機會。為了整個國家和民族，他實踐了自己的人生準則「我不入虎穴誰入虎穴，我不入地獄誰入地獄」、「黨讓我活多久我就活多久」，死在了總理的崗位上。只是我用常人的眼光看，他畢竟也有屬於自己的一個個小小的心願未了⋯⋯

我不知道自己是不是猜透了伯伯的心聲。但是我憑我一個共產黨員又是伯伯親人的良心，真誠地希望在今後紀念伯伯誕辰之時，多尋找他的一生對整個民族的精神啟示，少搞一些有形的紀念品。願伯伯如中秋的明月，永遠溫馨著人間！

轉眼又到十年後的 2008 年，在伯伯誕辰 110 周年之際，我再次重複了他誕辰百年時連軸轉參加各種紀念活動的日子，深切感受到人們對他的熱愛之深和歷久彌新。讓我記憶猶新的是，在一位熱愛周總理的年輕企業家贊助下，我帶領由周恩來鄧穎超親屬、身邊工作人員和老一輩革命家子女組成的一百多人的代表團前往伯伯的出生地淮安，同時還有許多熱愛周總理的民間人士也自發前來，共同參加了紀念活動，那熱烈的

場景讓人無不動容！

2008 年 3 月 28 日晚，在人民大會堂舉辦了《你是這樣的人 —— 懷念敬愛的周總理大型情景音樂會》。熱心的觀眾們冒雨前來觀看，不少人甚至是不遠千里從外地趕來的。演出當天我在家裏就接待了一些外地來的愛周人士，所以至今印象深刻。這場紀念伯伯誕辰 110 周年的音樂會上演了很多精彩紛呈的節目，其中最感人的一幕，則是老藝術家郭蘭英再次獻唱《繡金匾》。

據任遠《中國電視 50 年的風風雨雨》記載：1976 年 12 月 21 日，《詩刊》編輯部主辦朗誦音樂會，晚會的主旋律是「懷念周總理」。歌唱家郭蘭英演唱《繡金匾》為紀念周總理改動了歌詞。當唱到「三繡周總理，人民的好總理。鞠躬盡瘁為人民，我們熱愛您」的時候，台上台下失聲痛哭，人們任憑對周總理的懷念之情洶湧奔放。1977 年 1 月周恩來逝世一周年的紀念活動中，電視播放的懷念節目又一次達到高潮。1 月 8 日晚，北京電視台播出了文藝專題《我們懷念你啊，敬愛的周總理》。郭蘭英又一次演唱了《繡金匾》，當她唱到「三繡周總理」一段，在末尾幾乎

泣不成聲，只有那板鼓在急速擊打著，在延續一刻之後，郭蘭英拚盡全身的氣力和感情唱出了最後一句歌詞。這時，全場掌聲雷動，夾雜著哭聲和呼聲。人們的激情像火山爆發那樣，整個劇場似乎都在震撼著。

30 年後，已經年屆八旬的郭蘭英站在人民大會堂的舞台上再次演唱《繡金匾》。當她登台時，不少人還為年邁的她能否真唱擔憂，然而只見她身著黑色服裝上台，先是對著大屏幕上我伯伯的照片深深地鞠了一躬。隨後，在交響樂隊的現場伴奏下她剛一開口，熟悉的旋律伴著久違的歌聲從舞台上傳來，韻味依然那麼熟悉而親切。當唱到「三繡周總理」這一段的時候，她的歌聲已經有些發顫，淚水控制不住地從眼眶溢出，許多觀眾也都跟著泣不成聲。大約停頓了半分鐘，郭蘭英才高聲唱出最後一句「我們熱愛您」，在演唱這句高音旋律時，她幾乎是用盡氣力唱出飽含深情的「您」字，頓時全場掌聲雷動，經久不息。情緒過於激動的郭蘭英在雷鳴般的掌聲中，被工作人員攙扶著有點跟蹌地走下舞台，但她的歌聲似乎依然縈繞在觀眾耳畔，在人民大會堂久久迴蕩。

還有，進入新世紀以來，隨著互聯網的發達，許許多多熱愛周總理的人都聚集在網上，通過發帖和跟帖表達了對我伯伯的懷念。在伯伯的誕辰和祭日，不少網站還製作了紀念專題。作為親屬，我與你們的心情是一致的，我也在此表達對你們由衷的敬意！

③ 七媽誕辰 100 周年、110 周年紀念活動

2004 年 2 月 4 日是七媽的百年誕辰，中央文獻研究室和天津周恩來鄧穎超紀念館聯合在政協禮堂舉辦了《永恆的媽媽 ——紀念鄧穎超同志誕辰 100

周年文藝晚會》。我們親屬受邀觀看了演出。2月8日，周家兄弟姐們六人又在政協禮堂共同舉辦了《紀念鄧媽媽百年誕辰座談會》。座談會由我主持，十屆全國政協副主席、中央統戰部部長劉延東和曾在伯父伯母身邊工作的楊德中將軍、周家鼎中將等出席。部分與會者深情回憶了與七媽交往中感人的點點滴滴，會議很成功。2月10日，中共中央在北京人民大會堂舉行紀念鄧穎超誕辰一百周年座談會，中共中央總書記、國家主席胡錦濤發表重要講話，高度評價了鄧穎超的一生。我作為親屬參加了座談會，深受鼓舞。

回想起來，從我住進中南海，接觸最多的人就是七媽。建國後，由於伯伯擔任了國家總理，七媽心甘情願地退居幕後，最大程度地支持他的工作，並在生活上無微不至地照顧他。有時她隨同伯伯到外省市考察，只要與自己的工作無關，她和其工作人員的費用，就都由自己承擔。同時，因為周家是一個大家族，找上門來的親戚不可勝數，但伯伯實在分身乏術，七媽就自覺為他排憂解難，積極地承擔起了料理周家家事的重任，並在教育周家子侄上傾注了很多

心血。而七媽之所以能在工作外擠出這些時間來，則與她和伯伯的君子協議有關，即兩個人不能在同一個部門工作。伯伯鐵面無私地堅決不許七媽在政府中任職，後來在定工資時還盡量壓低她的級別，她也就一直留在婦聯工作。而且，七媽謹言慎行、以身作則，平時生活非常低調，從不給伯伯添麻煩。

伯伯在世時，七媽雖未擔任重要領導職務，但仍為中國婦女兒童事業的發展以及科教文衛等工作做出了大量貢獻，並力所能及地積極促進中外友好交流和世界和平，在統戰和外交等方面有力地配合了伯伯的工作。

伯伯逝世後，七媽化悲痛為力量，繼承遺志，永遠向前，晚年仍堅持為黨和人民的事業而不懈奮鬥。她相繼擔任了全國人大副委員長、中紀委第二書記、中央政治局委員、全國政協主席，並利用早年同國民黨方面的接觸、聯繫和影響，以及她在統戰工作中的人脈和聲望，全面主持中共中央對台工作，兼任新成立的「中共中央對台工作領導小組」組長，並提出了對台工作要做到寄希望於台灣人民，既要抓緊，又不能操之過急，要「細水長流」「見縫插針」。

這番對發展兩岸關係的真知灼見，至今依然具有現實意義。

作為侄女，我時刻都以伯伯和七媽為榜樣，希望能繼承他們的遺志。我作為中國和平統一促進會的常務理事，又積極參加黃埔軍校同學會的活動，多次參與兩岸有關交流活動，就是想為祖國統一大業貢獻綿薄之力，以告慰二老在天之靈。

2014年1月19日上午，在全國政協文史館舉辦了紀念鄧穎超誕辰110周年美術作品展，一幅幅精彩的作品表現出文藝界對七媽的愛戴與懷念。下午，在中央文獻研究室指導下，周恩來鄧穎超研究中心在人民大會堂天津廳舉辦了鄧穎超音樂故事分享會。我們親屬參加了這兩場紀念活動。在音樂故事分享會上，七媽原警衛祕書高振普、天津市紅橋區原服裝二廠的職工代表楊敏、伯伯銀幕特型演員王鐵成、中國兒童電影製片廠原廠長于藍、七媽原護士謝淑華、大妹秉宜、七媽侄孫鄧友平、七媽原祕書趙煒等先後深情講述了和七媽在一起的點點滴滴，讓大家深受教育。李光曦、蔣大為和韓芝萍等藝術家還現場演唱了七媽生前喜愛的一些歌曲，以表達懷念之情。

同時期，我也收到了不少關於紀念七媽誕辰的文藝作品，不論水平如何，都是飽含深情，讓我看後十分感動！

4 憶伯父伯母多年來對我們的教育與要求

這是我和弟弟妹妹們共同簽字蓋章存在周恩來故居管理處的文稿：

我們從小在伯父、伯母身邊長大、成人，幾十年來，兩位長輩對我們生活上的關懷、思想上的啟迪、品格上的培養，以及作風的錘煉，都付出了大量的關愛與心血，視如己出，使我們感到親

切、溫暖，也促使我們不斷地努力、上進與自強，處處以他們為榜樣，做好自己的本職工作，不辜負他們對我們的培養與教育。

伯父、伯母對我們的教育與要求，都是在日常生活中，點點滴滴，隨時隨地而為，並沒有集中起來訂出若干條家規，現將這些教育與要求回憶歸納如下：

一、在外面不要講與他們的親屬關係，「要做個普通學生、普通勞動者」。

二、「不能因為伯父是國家總理，你們就有任何特權思想，更不能要求特殊照顧。這是我們共產黨與其他政黨的不同所在。」「無論上學、工作和生活，都要靠自己的努力，要自我奮鬥，革命要靠自己。」注意培養我們的自立能力，防止產生對家庭的依賴思想。「公家的汽車不能接送孩子。」

三、「要充分認識我們的封建沒落官僚家庭的思想觀念，對我們家庭每一個成員在思想上潛移默化的影響，要隨時隨地主動改造自己，人要活到老、學到老、改造到老，思想上要不斷地嚴格要求自己。」

四、要求我們選擇學業和工作，都要從國家利益出發，以國家需要為標準。教育我們盡量到基層、到邊疆、到最艱苦的地方去。

五、教育我們要艱苦樸素，刻苦工作，不能講吃講喝，更不能追名逐利。他們常說：當年我們幹革命，隨時準備犧牲，從未想到過取得政權後當什麼官，想起幾十年來犧牲的那麼多戰友與同志，我們是幸存者，還有什麼權利不全心全意地為人民服務呢？

六、不能在伯父伯母這裏解決家庭以外的任何問題，不要替人帶信，更不能替人告狀。不該看的不要看，伯伯的辦公室，不可隨便進；不該聽的不要聽，有人來談工作，孩子們一律迴避。

七、中南海周末常有電影，凡有內部（尚未公開放映）電影，孩子們都不要去看。住校的孩子星期天應回學校上晚自習，家裏有多麼精彩、難得的戲票，也不許不回學校，要養成遵守紀律的良好作風。

八、教育我們兄弟姐妹之間，要互相幫助。當幾個大孩子參加工作後，伯母與這幾人分工，分別資助經濟上尚未

獨立的弟弟妹妹。

九、要求我們晚婚晚育。在擇偶問題上，囑我們除考慮人品、性格外，更要考慮有共同的政治目標。鼓勵在內蒙古插隊的秉建找一蒙古族青年，成家立業，共同改變邊區的落後面貌，促進民族團結。

十、要求我們對祕書、工作人員要有禮貌，見面主動打招呼。

十一、伯父最後病重住院時，因當時「組織上」的規定而不讓侄輩們前去看望，只能通過電話交談，仍念念不忘教育我們做好本職工作，為完成黨的事業，為國家的強盛，為民族的興旺而努力奮鬥。

周秉德　周秉鈞　周秉宜
周秉華　周秉和　周秉建
2003 年 10 月

5 李文娜對我回憶她與伯伯的偶遇

2005 年 10 月 22 日，我與李文娜女士在一偶然場合相遇。她激動地對我談起一件往事：

1956 年的一天，我與一位同學來到中山公園的來今雨軒，一進門看到周恩來鄧穎超坐在那裏喝茶，他們招呼我們與他們同桌坐，與我們聊天，問我們生活、工作、學習、家庭等。還說：「這麼小你就做教授了！」我說是助教。就這樣聊了一個小時。

臨走時，總理要買山楂糕，那裏沒有，他買了話梅，送了我們一人一包。我過去接時被絆了一下，總理馬上扶著說：「當心，當心！」我當時是既激動又緊張，有幸遇到國家的總理，又感到自己太渺小。過後遺憾當時沒能留下照片！

其實我父親當時正在秦城監獄，他是 1975 年被特赦的，黃維第一人，我父李九思（國民黨十三兵團副司令，

五十九軍副軍長）是第二人。我當時沒有向總理說。但事後有人對我說：如果我當時向總理說了，說不一定會有好結果呢！總理對普通年輕人，這麼平易近人！我印象太深刻了，一輩子忘不了！

⑥ 香港赴展見聞 —— 蔣經國先生曾稱讚伯伯

　　2007 年 2 月 26 日我應邀出席了在香港浸會大學舉辦的《為中華之崛起 —— 周恩來生平事跡展》開幕式，所見所聞使我印象深刻，很受感動。出於對周恩來總理的崇敬與熱愛，為紀念周恩來總理誕辰 109 周年，並使香港的青年學生能夠系統地了解周恩來總理的偉大人格，銘記他為祖國的繁榮、民族的興旺所做出的傑出貢獻，更好地學習他的崇高精神，香港滿威利基金會及何東舜銘國際文化基金主席何東舜銘先生、副主席陳復生女士積極與天津周恩來鄧穎超紀念館聯繫。經過近一年周到細緻的籌備，與中華人民共和國外交部駐香港特派員公署、周恩來鄧穎超研究中心、香港浸會大學及大公報社等六個機構共同舉辦了這一展覽。

　　滿威利基金會將筆者拙作《我的伯父周恩來》一書在香港印製出版繁體字版，也在展覽開幕儀式前召開了出版新聞發佈會。

　　出席展覽會開幕式的主禮嘉賓：除主辦方領導人員外，還有中國人民對外友好協會會長陳昊蘇、中聯辦副主任鄭坤生、96 歲高齡的德高望重的全國僑聯副主席莊世平老先生、何東國際關係問題學會主席何東、何鴻章大使等。此外還有中央文獻研究室副主任陳晉及第二編研部主任廖心文女士，周恩來鄧穎超研究中心顧問、伯父生前祕書紀東，衛士高振普等。

　　展覽現場，首先看到的是一塊弧形

淡綠色屏風，上有周恩來筆體「為中華之崛起」六個蒼勁有力的大字，百塊展板美觀精緻，內容分六部分，包括《少年立志追求理想》《為求解放不懈奮鬥》《開國總理功蓋千秋》《心繫百姓與民同樂》《模範夫妻摯愛情深》《鞠躬盡瘁死而後已》。

參加開幕式並觀看展覽的學生、市民極為踴躍，絡繹不絕。我看到有幾名八九歲的小學生，跟隨爸媽參觀展覽後，又各自買了兩本《我的伯父周恩來》一書，排隊來找我簽名。經詢問才知，他們都還要給自己的學校送上這本書。這讓我很受感動，畢竟這書要150元一本呀！

還有件我未想到的事：九十高齡的粵劇老藝術家紅線女，在女兒紅虹陪同下，專程從廣州趕來參觀這個展覽。當她看到我時，高興地對我說：「周總理的展覽我當然一定要來！我今天還要趕回廣州。」她對記者說：「我對周總理十分尊敬，他是領導，我是子民，他是老師，也是朋友。」

開幕式後，主辦方還安排了紀東、高振普和我三人與百多名學生座談，名為「周總理與我——分享會」，共同回顧伯伯的偉大精神和人格魅力，談他如何鞠躬盡瘁、如何顧全大局，談他待人誠懇、生活儉樸等，與會者爭相各抒己見，氣氛熱烈。

這一展覽還給我帶來了另一個收穫，認識了前國民黨陸軍少將蔡省三先生，蔡老先生與我講起了封存62年的一段往事：1945年9月蔣經國先生對我伯父周恩來的一次稱讚。

蔡先生是1975年第七批也是最後一批被中央人民政府特赦的國民黨戰犯，當時政府對他們的政策是：可留大陸，可去台灣，也可另擇居住地，並來去自由。蔡先生一心想去台灣，因他曾是蔣經國的部下，1941年蔣經國在江西城州創辦《江西青年日報》時，23歲的蔡省三擔任總編輯，他們之間曾共事十年。被特赦後，蔡省三等十人經停香港，等待台灣批准入境，但時任台灣最高領導人的蔣經國卻拒絕他們進入台灣。於是這十人只得各奔東西，自謀出路。蔡省三留在了香港，以寫作為生，並於當年得周總理關照，特批其原配夫人到港與其團聚，使他深受感動。

尤令蔡先生感動的是，1975年9月1日至4日，新華社的《參考消息》

報連續四天轉載了香港雜誌的一篇文章《訪蔣經國舊部 —— 蔡省三》。周總理當時雖病重在床，但他堅持看完四篇連載文章，並在最後一篇連載旁用顫抖的手寫下了批示：「請羅青長、家棟將蔡省三四篇，對四篇評論的真實情況進行分析，最好找王崑崙、于右任女婿屈武等人，弄清真相，以便 **（二字模糊）。周恩來，九月四日，託託託託。」

事隔 32 年，在這次展覽會的一塊展板上，就選用了這張伯伯生平最後一份有關兩岸關係批示的《參考消息》影印件，反映出伯伯對兩岸和平統一大業的殷切期望與堅定信念！

89 歲的蔡老先生看到這塊展版後，既激動又感慨，立即在《新報》上發表文章，回憶往事，懷念總理。

展覽的主辦人陳復生女士看了這篇文章後，想辦法找到了蔡老先生，使我得以在香港會晤了蔡省三先生夫婦。在敘談中有一件事使我印象深刻，他說：

1945 年 8 月 28 日，毛澤東偕周恩來、王若飛諸位飛到重慶，展開國共會談。我也到機場看熱鬧。有二百多位民主人士如沈鈞儒、郭沫若等人到場歡迎。9 月 1 日晚，中蘇文化協會設宴歡迎毛澤東，孫科、宋慶齡、馮玉祥將軍一起迎接毛澤東一行到二樓貴賓廳。

我在樓下出於好奇，想上樓看個究竟，擠到樓梯口時，周恩來發現我了，站起來向我招手，示意我過去。我毫無思想準備，走上前去說：「只想見見毛主席。」周恩來便讓我走到毛澤東座前，我恭敬行禮。毛澤東起身，周介紹說：「這是蔡希曾（我的原名）先生，是蔣經國先生的助手，我們陪都青年界的精英。」毛澤東同我握手，用相當濃厚的湖南口音對我說：「好哇！好哇！全國青年大團結呀！」我有些激動，反覆地說：「是呀，大團結，大團結！」就急忙告辭下樓了。

下樓後覺得自己有些失態，連一句禮節性的話都沒說。第二天我同蔣經國先生一起吃早餐，把昨天見到毛澤東、周恩來的情形跟蔣先生說。蔣先生哈哈大笑，問我：「你見過周恩來多次了吧？」我說見過好幾次，有一次我還對他提過不同意見。

蔣先生沉吟一會，說：「周恩來對人那麼誠懇，這不全是做作，是出於他確有素養。周恩來做人的工作是第一流

愿望"

张海萍说，他们返回大陆后有公费治病，他有肠胃炎。杨南邨有关节炎及有过疟病。

张海南表示，不习

"愿意回台湾的，可以回台湾，给足路费，提供方便，去了以后，愿意回来的，我们欢迎"的政策来到香港转回台湾的。到现在已经一百四

问：蒋经国先生的民族情感怎么样？

答：谈到民族情感，他当时还是有的。他的母亲毛夫人是被日本飞机炸死的，我曾经带着宣传大队到了他的家乡溪口去过一趟，就住在他的家里，悼念了毛氏。后来他还为他母亲开了追悼会，最初怕宋美龄不高兴，所以不敢公开举行，后来大概是取得宋美龄的谅解，在赣州举行了盛大的追悼会。但是有一件事情，直到现在仍然令人费解，当年，我们以为赣州一定会遭到日本的轰炸，但是却没有。

问：您可不可以想象，蒋经国先生对您的印象怎么样？

答：我觉得，最低限度，他这点应该知道我：蔡某人不是奴才型，我不盲目附和人家。包括我对他也是一样。比如说当年我为了反对马克思主义，而把马克思的《资本论》全部啃完。这事情蒋先生是知道的。我不是没有头脑、没有思想的人。在赣南，就有人送给我一个外号，叫做"小钢炮"，言下之意就是天不怕地不怕。一九四五年，为了宣传蒋先生在上海"打老虎"的功绩，我专为蒋先生写了一本书，书名叫《蒋经国在上海》。我写这本书虽然是受国民党中宣部委托的，但也可说明一个问题，就是我对蒋经国先生比较了解，热忱支持，他也表示满意。

问：外界有些人推测，蒋经国先生是长期留苏的，他可能不会跟大陆和谈，而终于会靠找苏联，依靠苏联力量继续同中共敌对，你想有这种可能吗？

答：这个问题，因为我没有经过调查研究，不可以代替蒋经国先生发言，况且对他这二十多年来的情况，也很不了解。但是我自己有个看法，就是如果他跟苏联走，绝对没有什么出路。

香港《七十年代》编辑部专稿《访蒋

照我想。如果蒋经国先生验教训的话，他不会这联打过交道的。一九四身份到东北去问苏联搞示友善。宋美龄也以蒋第一夫人去慰劳在东北单的事情。但是，蒋经好处吗？如果他善于总训，他不会跟苏联跑的说，苏联倒是很想利用的。不过，苏联要是公棵棵地暴露了苏联的面不利。其结果只会促使完成祖国的统一。我站说，我们决不俯仰由人容许外国人来指手划脚。

问：最后我们想问生活有什么打算？您还这三个多月来发生的事经国先生对于你们回台对他的认识有什么不同堂。对于回台湾的声明不要我去看朋友们步骤了。对于这三个多很多的。将来有机会再生，我想来还是从哲学得最能概括蒋介石先生己常说的一句话。"以

周恩来 九月四日

的……」

蔡先生還說：「當年，周恩來與我們這些『蔣幫分子』可說是政治上的『死敵』，但我們對周恩來的風度是很佩服的。」

我想，作為政治上的另一陣營，蔣經國在評價任何一位中共領導人時，首先會以敵對視角，給以輕蔑或貶低。在他說來，對於中共人士，儘管他有所佩服，也不可能給予全面的肯定和讚揚。因此，從他口中說出的「這不全是做作」，就是很高的評價了。

聽了蔡先生講起 62 年前蔣經國對周恩來的這一評價，使我更加崇敬伯父周恩來，更加感到應該使青年們多了解周恩來為中華之崛起、為中華之騰飛而忘我工作、不懈奮鬥的一生，更加期盼廣大青少年了解周恩來、學習周恩來，樹立健康的人生目標，努力學習、認真工作，使我們的民族更加興旺、使我們的國家更加繁榮，使我們人民的生活更加美滿幸福！

7 朱汲老先生對我談伯伯

2008 年 6 月，我在南京和朱汲老先生等人會合，準備一起去淮安參加伯伯的紀念活動。在路上，朱汲老先生談了很多。

朱汲（即原國民黨少將朱衡義），1917 年初生於浙江湖州，據稱是國民黨高級將領胡宗南的侍衛官。他說自己是西北軍官學校出身，曾任蔣介石侍從室軍官、宋美齡侍從官。西安事變後，任西安城防司令三年，與當時八路軍辦事處葉劍英打交道多，一有八路軍、共產黨人不見了，葉就找他要人。

朱老先生回憶說：

每次周恩來往返於延安重慶，路經

西安時，我要保證他的安全，並曾護送他由西安到廣元。路上有一座張良廟，他在這廟裏停留半個多小時。當時我就想，這人會做宰相。有時周恩來與夫人鄧穎超共同行走，上下車時，周都要攙扶鄧⋯⋯周待人好，記性好，知道得多。剛見到我，就知道我是胡宗南的外甥，知道我原來的職務。黃埔的學生都敬重他。抗日初長沙大火，當局保密不許說，但還是有人告知他，他馬上撤離，不然來不及了。

胡宗南是黃埔軍校一期。一天，上午蔣介石找他談話，下午周恩來找他談話，他就跟隨了蔣。如果周恩來上午找他談話，他就會到這邊來了，只差半天，胡宗南是窮苦出身啊。

朱老先生說的這一家之言，我並不很清楚是否都屬實，但因為對涉及伯伯的事情都十分關注，就記錄了下來。至於實情到底是什麼樣的，我當然還是希望能見到更多的證據來說明。

8 伯伯「人民外交」的又一傑作

應泰國常媛女士之邀參加她次子常念廖的婚禮，2009 年 1 月 3 日午夜，我和六妹秉建搭乘泰航班機從寒冷的北京到達炎熱的曼谷，開始了我們在曼谷的三日行。

4 日上午，我們來到了常媛家。好大一個庭院，有籃球場大，草坪上十來個白色長方形涼棚，下面都擺放著餐桌

餐椅；庭院北面一棟約七八百平方米的兩層白色現代樓房；東面一個不小的泳池；再往東，是一座柚木搭建的精巧泰式兩層小樓，據說已有百多年的歷史。下午 1 點半，在白樓中廳正式舉行了婚禮。

在婚禮後的自由交談中，聯合國駐北京代表馬力克（美籍巴基斯坦人，夫

人是美國人）夫婦，知道我們姐妹是周恩來的侄女，主動過來用不很熟練的中國話對我們說：1961 年周恩來總理到巴基斯坦，有一百多萬人上街歡迎，他在巴基斯坦被稱作英雄！他還很榮耀地說，他的祖父見過陳毅，認識陳毅。談得多了，他又把他那兩米高的兒子從別處找過來做翻譯。我一看，這不就是中午在一個餐桌吃飯的小夥子嘛，這時似乎已經是老朋友了，談得當然很開心。

常媛的丈夫安東大使來找我們，把我們帶到另一處人羣中，介紹我們認識中國駐泰國大使張九桓。張大使見了我們非常高興，還激動地說，特別崇拜周總理，在別人家和網上看過我的書《我的伯父周恩來》，對我很敬佩。我急忙糾正他說：對周總理我們大家都敬佩，對我可絕不能「敬佩」！我可不敢當！他又堅持請我們 5 日中午到中國大使館享用午餐。

第二天，我們拜訪了中國大使館，感到很親切，並與張九桓大使互贈著作。

我們和常媛一家的緣分

為什麼我們被邀請參加這樣一個有意義的泰國民族婚禮活動呢？用常媛女士的話說：是周家和常家最尊重的長輩周總理把我們穿連成了一家。所以，我們是以家庭長輩的身份受邀請來參加此活動的。

常媛女士於 1956 年八歲時，與她 12 歲的哥哥常懷，由泰國當時的總理祕密送到中國讀書，受到周總理親切關照，並交由廖承志負責關照他們日常生活。他們在中國上了小學和中學、大學。1969 年她與一位英國留學生結婚離開了中國。兩個兒子取名為「常念周」「常念廖」。他們一家人五十多年來同中國建立了長久的友誼。她很想念周總理，也把她懷念總理的心情，集中在與周家後代的聯繫上。這是中泰人民友誼的象徵，又是周恩來總理幾十年前就已進行的民間外交的一部傑作。

常媛的父親乃汕，在 20 世紀 50 年代，是泰國政府最高顧問。當時泰國貧窮，依賴美國經濟援助，美國不准泰國與共產黨新中國交往。乃汕先生是當時為了泰國國家安全的反共總策劃者，是社會上非常有影響的人物。1954 年乃汕到日內瓦參加國際聯工會議，在報紙上看到中國政府代表周恩來的儒雅風

初到中國的常媛（八歲）

20世紀60年代，周恩來、鄧穎超、廖承志與常懷、常媛兄妹等人合影

度，一點不像美國所宣揚的那樣，說共產黨野蠻、粗魯、破衣爛衫，很感意外。回到泰國，他開始懷疑自己的反共策劃，私下買了些有關中共、馬克思的書籍看，聽中國的英語廣播，看法有所變化。1955 年印尼萬隆會議前夕，乃汕與總理塞波文商議：「我們雖然不是萬隆會議正式成員，但我們可以派人去旁聽，當面了解了解中國人。」當時決定派旺懷親王出席萬隆會議旁聽。在萬隆，周總理對泰國政府這一小動作非常敏感，找一切機會同泰國親王接觸，並邀請他到自己住的官邸共進晚餐。周總理那短短的會見，留給旺懷親王無比深刻的印象，引發泰國對中國政策的反省。親王回到曼谷，直接到乃汕家中，大談中國總理周恩來的文質彬彬、熱情友善，特別是周總理在會議上提出了「求同存異」、「和平共處五項原則」，使與會者耳目一新，在會議上起到了不容忽視的重要作用，說周恩來是「公爵」，我們應該去聯絡。泰國背著美國與中國的祕密聯繫，就此啟動。

乃汕與總理塞波文又進一步商議：共產黨中國並不像美國宣揚的那麼可怕，而且中國是我們的近鄰，是個大國，如果有什麼衝突，美國的遠水可救不了這近火，我們應該與他們建立聯絡。但又不能公開，只能祕密進行，想到中國歷史上有「和親」「人質」的傳統做法，乃汕表示可將自己 11 歲的兒子和七歲的女兒祕密送往中國請周總理收養，以此表示對中國的信任，也從而讓中國理解泰國自身難度。在祕密疏通聯絡過程中，中國政府周總理表示，我們現在不是過去舊時代，我們不會用對人質的態度對待他們，我們歡迎他們來，會真誠地愛護他們，保護他們，教育他們，讓他們了解中國，但又不能忘記泰國，將來做中泰友好的使者。

1956 年 8 月，常媛兄妹二人在四名保鏢陪同下，經過緬甸等祕密渠道來到北京。住進了周總理事先安排好的三進四合院，內部陳設都是中國風格，還配備了翻譯、廚師、司機。兄妹二人在北京讀了小學、中學、大學，交接了許多朋友。周總理和鄧媽媽來看過他們，對他們說，將來你們可是要做大事的！還曾把他們接到中南海西花廳家中去做客。總理又請負責外事的廖承志經常關

照他們兄妹，廖承志的母親何香凝老人，根據他們泰國名字的讀音為他們分別取了「常懷」「常媛」的中國名字，周總理給予批准，他們也喜歡，都感到非常親切。

由於政治的原因，在社會上一直不能公開他們的真實身份。常媛說順了中國話，又不肯說泰語了。周總理告訴他們不可以忘了自己的母語，又專門派老師來教他們泰語。

1966 年，「文化大革命」中，常懷正在北大讀書，卻被無理驅逐出境！回到泰國。他說：在中國十年，正式見到周總理不下五次。

「文革」中，常媛又下鄉，又到工廠，在讀書時，與日本一位名流之子很要好，但迫於日本極左派的壓力，不能允許他們結合。這時，一位英國留學生又一再積極追求這位風華正茂的二十歲女孩兒。

▲ 1972 年，周恩來與常媛合影

▼ 1972 年，周恩來在北京接見常媛

▼ 20世紀70年代末，
常媛帶兒子常念周
來北京看望鄧穎超

▼ 1978年，鄧穎超、廖承志等
人會見常媛母子時合影

常媛告訴我:「1969年,周總理自知無法控制當時的混亂局面,擔心我處境危險,告訴我:不管你願意不願意,你趕緊跟著這英國人離開中國吧!由於我是祕密入境,沒有護照,周總理親自給英國使館寫信,證明我的身份,請英國使館接受我,去往英國。

「1972年,美國總統訪問中國後,我父親很敏感,認識到泰中建交時機成熟,讓我從英國來北京找周總理。周總理乘機又一次開展乒乓外交,在北京組織一場『亞洲乒乓球賽』。泰國政府第三號人物,以泰國乒乓球隊顧問身份,祕密來到北京,一下飛機,就被我、我哥哥和周總理所派的人員,把這位政客祕密接走,與周總理商談建交事項。泰國團這次歷史性突破的訪問,安排和會見,給我父親帶來了無限的榮譽和幸福感。

「現在我的兩個兒子都有中國名,1975年生的叫常念周,1978年生的叫常念廖。他們都曾在第二實驗小學讀書一年半。他們與老師校長感情很深,長大後,還請幾位小學老師校長到曼谷、巴黎幾個地方去旅遊,來北京時也常去看望他們。」

後來我在曼谷常媛家中,見到念周的繼父安東大使,很高的個頭,一看就感到是北歐人。他用中文告訴我,他1982年到1984年在北京做荷蘭駐中國大使,這剛好是兩個孩子在北京讀書的時期。難怪這兩個孩子北京話如此地道!

常媛一家在北京安了家,在巴黎、曼谷都有家,經常來往各地。

常家的第三代,常念周從事中國與泰國及歐美的友好關係和金融諮詢工作,常念廖是英國政府的國家專項協調員,負責英中兩國可持續發展跨部門的合作。他們都對中國很有感情,跟著老一輩的腳步,會把常家和泰國人民對中國的友好在21世紀裏繼續發展下去。

當今,中國與泰國之間,無論是政府還是民間,無論在政治、經濟、文化、科技領域,還是醫學、體育、旅遊事項,都交往密切,這正是60年前周恩來總理在人民外交上,不失時機、誠懇相待、周詳安排、巧妙佈局,所取得的必然結果。

9 伯伯在國民革命政府擔任的首個職務

自 2010 年以來，每年我都會參加輪流在台海兩岸舉辦的《中山·黃埔·兩岸情》論壇，會晤了許多國民黨退役將領並與他們進行交流，還去台北的國民黨黨史館查閱過關於伯父的資料。此外，也看了一些其他史料，才知道 1924 年伯伯從歐洲回國後，在廣東國民革命政府擔任的第一個重要職務不是黃埔軍校政治部主任，而是廣東全省副政治委員。

在郭廷以編著的《中華民國史事日志》中，1924 年 10 月 14 日第二條記載如下：

10.14（九.一六）

（2）廣州革命委員會會長由胡漢民代理，廖仲愷為祕書，蔣中正為軍事委員長，又委廖仲愷為軍事委員長所屬各部（黃埔學校、航空隊、甲車隊、工團軍、農民自衛軍、兵工廠衛隊、吳鐵城所部警衛軍等）之政治委員，汪兆銘為廣東全省政治委員（廖仲愷、周恩來、譚平山副之），並決定今晚十時以武力解決商團，蔣中正任指揮，吳鐵城（直接由革命委員會管轄）、李濟深、張民達、李福林、范石生等部均參與攻擊。

這個史料佐證了伯伯曾參與指揮平定商團叛亂，這也是黃埔師生的第一仗並初戰告捷。此外，在東征勝利後，伯伯還曾奉廣東國民政府之命，擔任東江各屬（下轄 25 個縣市）行政委員，成為共產黨人主持地方政權的先驅，當時年僅 27 歲。

10 在光山參觀七媽的祖居

　　2011 年 5 月 20 日，我們周家的部分親屬和伯伯、七媽生前身邊工作人員的子女們在河南信陽尋訪紅色革命遺跡，下午到達七媽的祖籍地光山縣，參觀了鄧穎超祖居紀念館。

　　大妹秉宜寫了一篇《回光山縣憶伯母鄧穎超 —— 寫給光山縣穎超中學的同學們》，文中生動地介紹了祖居：

　　七媽的祖居位於光山縣司馬光中路貢院街白雲巷，是一座具有清代徽派風格的民居。其房屋佈局中規中矩又富於變化，無論格扇門窗還是桌椅床櫃都刻有精緻的雕花。後院不大，卻花木繁茂、活潑有生氣，碑廊的牆上依次展示的，有毛澤東、周恩來給鄧穎超的手書，有鄧穎超本人的一段講話，還有李瑞環、李鐵映等國家領導人和幾位文化名人的題詞。其中最精彩的一副則是毛澤東在 1965 年 9 月 25 日寫給鄧穎超的信：

鄧大姐：

　　自從你壓迫我寫詩以來，沒有辦法，只得從命。花了兩夜未睡，寫了兩首詞，改了幾次，還未改好。現在送上請教，如有不妥，請予痛改為盼。

　　　　　　　　　毛澤東 9 月 25 日

　　毛澤東送給七媽的那兩首詞是《念奴嬌·鳥兒問答》和《重上井岡山》。「鄧大姐」是七媽生前全黨全國人民對她的敬稱，年紀比七媽大 11 歲的毛主席也稱七媽為「鄧大姐」，幾十年革命戰友的情誼、領袖的認真與幽默躍然紙上，令人不禁會心一笑。

　　因為曾學過幾年美術，我注意到了這棟房子中有一處設計別致的角落，那是在繡樓前的天井內有一方小水池，水是活水，清澈透明，波光點點，正映著頭頂上方的一小塊天空。恍然間，似乎有一柱霧氣正從池中緩緩地直直地向上升飄，穿過一樓的廊柱，穿過二樓的閨房，直抵高高的藍天。這樣的建築景觀，在中國目前僅存的古民居中怕是也不多見了。

　　當天，我們還和光山縣穎超中學的同學們舉行了一場紀念伯伯和七媽的

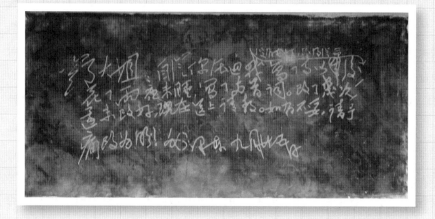

活動。穎超中學是光山最大的中學，有四千多名學生，有兩個「鄧穎超班」。「鄧穎超班」的同學們全都參加了活動，在操場上站成幾排，前面的同學手捧鮮花和「鄧穎超班」的牌匾，後面的同學則高舉十幾幅介紹「周恩來與河南」的圖片一字排開。那感人的場景和他們對伯伯、七媽的愛戴之情，讓我印象深刻，至今難忘。

可惜的是，七媽生前沒能回到家鄉看一看，我們的光山之行也算是幫她老人家完成一個心願吧。

11 緬懷伯父伯母

2012 年 7 月 17 日下午，我帶領周家親屬們來到南開中學，參觀了佈置一新的校史館、周總理銅像、總理住過的宿舍、學生藝術中心和科技體驗中心等，還觀看了藝術團同學們表演的合唱和樂曲演奏。在接受記者採訪時，我說：「每次來到伯父伯母曾經生活和戰鬥過的天津，我都覺得無比親切和感動，親眼目睹到這裏發生著日新月異的變化。」

7 月 18 日上午，為紀念伯母逝世 20 周年，我們親屬及伯父伯母生前身邊工作人員一行 80 人，乘坐當年執行伯母骨灰撒放任務的「新海門號」遊輪，在海河入海口舉行撒放花瓣活動，以表達深切緬懷之情。

7 月 11 日是伯母逝世 20 周年紀念日。就在 20 年前的 7 月 18 日，遵照她生前遺囑，她的骨灰全部撒在了第二故鄉——天津的海河。20 年後的這一天，我們沿著當年撒放伯母骨灰的航線，一路撒放花瓣，表達思念之情。五弟周秉和告訴記者說：「這些花瓣裏有我們今年春天特意從西花廳的海棠樹上收集的海棠花瓣，希望伯母能再次聞到那熟悉的海棠花香。」

三年後的 2015 年 7 月 7 日，南開中學舉行敬立鄧穎超青少年時期雕塑和南開中學被侵華日軍轟炸紀念雕塑揭幕儀式。我們部分親屬和伯父伯母生前身邊工作人員，還有中央文獻研究室的領導、南開中學理事會成員、南開中學老校友們應邀出席活動。

　　此次敬立的鄧穎超青少年時期雕塑和南開中學被侵華日軍轟炸紀念雕塑，均是由南開中學和天津美院共同設計並製作完成的。敬立鄧穎超青少年時期雕塑，是南開中學堅持「以周恩來為人生楷模」主線教育的延續和拓展。

　　為什麼要給我七媽立這個像呢？南開中學的校領導告訴我，鄧穎超年輕時在天津從事愛國學生運動時就經常來南開，在我伯伯逝世後，她還曾於 1983 年 9 月 6 日視察過南開中學。

　　回首往事，感慨萬千；斯人已逝，海棠依舊……

　　2015 年 10 月，我隨團前往俄國莫斯科，在俄羅斯國家政治檔案館查閱了伯伯和七媽的資料，其中有一篇 1940 年 2 月七媽向共產國際彙報所寫的《關於周恩來同志》，讓我印象特別深刻。伯伯在歐洲勤工儉學時，就曾寄給七媽一張印有李卜克內西和盧森堡像的明信片，並在上面寫了「希望我們兩個人，將來也像他們兩個人那樣，一同上斷頭台」這樣英勇的革命的誓言。他們對自己的信仰矢志不渝，並為之奮鬥了終生。七媽和伯伯真不愧是志同道合的夫妻，又都是老革命，她對伯伯的了解非常全面、深刻，而且客觀。當然，限於寫作時的時代背景等，文中有個別地方不一定都符合事實，例如根據中央黨史辦材料，伯伯算是 1921 年入黨，文中寫的是 1922 年。

　　為幫助讀者更好和更深地了解我的伯父伯母，現將伯母向共產國際彙報周恩來的有關情況附錄於此：

　　遠在 1919 年，中國「五四」運動開始時，我在天津就認識了周恩來同志。在廿年來及十五年同居的生活和工作過程中，我所知道的周恩來同志，茲簡述於下：

　　他是一個已破產的官僚世家子弟，祖籍是浙江紹興，但他在 1898 年的 2 月 13 日（中國農曆）生於中國江蘇省淮安縣。十歲時死去了母親，而父親又流離在外謀生，他便開始了獨立生活，

管理家族。後來得到第四伯父的幫助，才到奉天的小學去讀書，未畢業就於1913年轉到天津南開中學讀書。由小學直到中學畢業的時期內的學膳用費，都由伯父和朋友幫助，和最後一個時期自己尚兼工作來輔助不足。由於他的資質聰穎，學習成績優良，有工作能力，學校的校長、先生和朋友都很器重他，不僅供給他到中學讀書，而且1917年在中學畢業後，又繼續得到幫助赴日本去求學。在1919年「五四」運動起後，遂離日回國，仍到天津入南開大學，並參加天津的學生運動。他是天津學生聯合會的代表，並主編天津學生聯合會報月刊，是「五四」運動中天津學生界有名的領導者之一。當時，由於蘇聯十月革命的影響，馬克思主義思想的傳播，他已開始了對於社會主義、

▶ 周恩來在南開中學上生理課。前排左一為周恩來

▶ 1915年，周恩來和
南開中學童子部的李
福景合影，二人後來
曾同赴歐洲留學

▲ 1917年，周恩
來在中學畢業
前夕，和同級
四年一組同學
陳汝閱（左）
合影

▶ 1918年周恩
來在日本

共產主義研究的興趣，並和當時天津學生界中最前進的廿多個男女青年組織研究的小團體，名字叫「覺悟社」，過去在北京 1927 年犧牲的馬駿同志，1931 年在山東犧牲的郭林一（按：即郭隆真）女同志，以及我，都是這個社的社員。

「五四」運動繼續擴大、發展到 1919 年末，天津學生界為了反抗當時當局的壓迫，要求言論、集會、出版、結社的自由，組織了廣大的羣眾示威遊行，並包圍省政府請願。在軍警武裝襲擊的壓迫中，開始了大的流血慘劇，恩來同志是學生代表之一，當即和其他三代表均被捕入獄。拘押半年以後，經審判辯護和羣眾的壓力，才宣告無罪釋放。這已是 1920 年的夏天。

出獄後，即籌備到法國去勤工儉學，在一方得到戚友的幫助和給國內三家報館做特約的通訊員而解決了旅費和留法學費，遂在 1920 年冬赴法。

1922 年在德國柏林加入了中國共產黨。開始放下了他的學業和職業，完全為了黨而工作。他是中國共產主義青年團旅歐支部發起人和負責人之一，主編過《赤光》雜誌。1924 年秋即回國工作，中央派他到廣東擔任黃埔軍官學校政治部主任。同時是兩廣區委（等於省委）委員之一兼軍委書記。1924 年末出席黨的全國第四次代表大會。1925 年兼任國民革命軍第一師黨代表，師長是何應欽，在廣東參加春秋兩次討伐陳炯明等的東征，並留在汕頭工作一時期。那時，他任國民革命軍第一軍黨代表兼東江行政委員。他就在這年的 8 月和我結婚。

1926 年 3 月 20 日事變以後，他就離開國民革命軍的工作，中央調他到上海擔任中央軍委的工作，他組織和指揮了上海第二、第三次暴動，以響應國民革命軍的北伐，佔領上海。

1927 年 4 月 12 日，蔣介石已叛變，屠殺共產黨。他不能久留在上海，中央已遷到武漢，他遂轉到武漢工作。直到 7 月汪精衛又叛變，他又離漢而轉到南昌，組織和指揮南昌暴動。

1927 年黨的第五次全國代表大會在武漢舉行，他因為留在上海工作，雖被選為代表，而未能出席。但他在這次大會中被選為中央委員和候補政治局委員。

1927 年末，南昌暴動在汕頭完全失敗以後，他又回到上海中央工作，在組織局負責，並曾到廣東巡視工作。

1928 年到莫斯科出席黨的全國第六次代表大會和共產國際世界第六次大會，他繼續被選為黨的中委委員和政治局委員兼常委，並擔任組織部長。

1930 年代表中國黨又到莫斯科來解決並商討問題，回國後，出席黨的三中全會，犯了對立三路線的調和錯誤。在揭發了李立三路線和對其調和主義的錯誤以後，在反立三路線的鬥爭中，他是最早和坦直承認錯誤並積極領導鬥爭的一人。他出席黨的擴大的四中全會，並仍被選為中央政治局委員兼常委。

1931 年中央決定派他到江西中央蘇區工作，因顧順章被捕叛變，受阻未能成行。接著不久向忠發又被捕，上海白色恐怖環境日益惡劣，而到江西蘇區的交通路線，又被三次圍剿的軍隊所隔斷，仍無法前去。為了保護恩來同志的安全，共產國際代表提議他和王明同志到莫斯科來。但他覺得自己剛犯了錯誤以後，更應該到實際工作中去鍛煉和改正，仍以去蘇區為好，所以他沒有來，

而待到 1931 年末，仍照中央原決定到江西蘇區，擔任蘇區中央局的書記。1932 年的夏天就由任弼時同志（陳林）代理他的書記，而他完全加入到前線的工作，擔任紅軍一方面軍的總政治委員，和朱德同志共同在前線指揮，勝利的粉碎了敵人第四次圍剿。直到 1933 年末，中央調他們回後方江西瑞金。1934 年 1 月出席黨的擴大的五中全會，被選為政治局委員和書記處的書記，同時擔任軍事委員會副主席，主持軍委的經常工作和指揮前線作戰，一直繼續到長征中，在和紅四方面軍會合以後，1935 年 6 月的時候，在張國燾的脅迫黨的行動中，才改變了他的工作職位，將總政治委員讓給張國燾擔任。

在紅軍粉碎五次圍剿及長征中，他亦執行了博古和李德同志所犯的單純防禦路線的錯誤，在遵義的黨中央政治局的擴大會中，他亦表示了負責的態度和承認錯誤。

1935 年末，結束了長征而到達陝北，毛澤東同志留前方指揮和領導紅軍，而他則到後方，仍主持軍委的經常工作，及一部分軍隊的作戰，參加中央

政治局和書記處的工作，同時，亦就開始負責領導統一戰線的工作。

1936年西安事變起後，他就到西安，代表黨去主持最複雜艱難的工作，使得西安事變得到和平解決，建立了國共兩黨上層的關係和合作的基礎，直到統一戰線形成，發動抗日戰爭以及抗戰以來，他都是參加這一方面的工作。經常的代表黨和國民黨蔣介石談判，交涉，建議及解決糾紛問題。經常的往來於西安、武漢、江南、桂林、延安之間。在武漢失守以前，他擔任黨中央長江局書記及中共代表團主任。武漢失守後，改兼任南方局書記。從1938年3月在黨中央的批准下，擔任國民革命軍事委員會政治部的副部長。1939年6月由重慶回延安開會，於七月十日晚墜馬受傷右臂骨折，八月底來莫斯科治療。

他有很多長處，自然亦有缺點。

他的長處是：他的為人和個性真摯謹嚴，克己自律，他有堅定堅決的意志和自信心，對黨和階級忠誠，嚴格的遵守黨的紀律和軍事紀律，保守黨的祕密（例如凡是我不應當知道的事他從來沒有告訴過我）。他對工作的態度，不管任務大小，不管是黨的還是黨員個人的，不管是政治性和技術性的，他都是非常精細、認真、負責去執行。他有組織的才能，有高強的記憶力。他執行黨的任務和工作，從來不計及危險，不怕困難，不知疲倦，亦從來沒有看見過他稍有悲觀失望的情緒，從來沒聽他發過牢騷，總是一貫堅持的、積極的、緊張的為黨工作，而且常常是站在最危險和最困難的崗位。他解決黨的問題，黨員和幹部個人的問題，以及家庭親屬之間的問題，總是把黨的利益放在第一位，決然而不徇情的。他的生活和行動，舉凡一切，都注意到要在群眾中起好的影響，而勿使之發生壞的影響。他對幹部非常愛護關心，在工作上具體耐心的領導，大公無私，從無感情偏袒作用，所以他很能團結幹部，在幹部中亦有很好的信仰。在幾次犯錯誤中，他都能誠懇坦白地承認，不掩飾自己的錯誤，在改正錯誤中，他是在進步著。

他的缺點，在於工作領導方式，事無巨細，都要親自去過問，這樣是會妨礙一些幹部獨立工作能力的培養和發展的。在黨內反傾向鬥爭中，某些問題

的爭論上，雖具有正確的意見，但頑強的鬥爭性有時還不夠，以及實際工作的繁多，使他在理論方面的學習和研究不夠。我想這就是他過去曾經犯了對李立三路線調和的錯誤和及執行了博古、李德同志單純軍事防禦路線錯誤的根源了。他對於不必要而應避免的危險，是常常表現著不應有的疏忽而不加以注意。

鄧穎超 1940.2.22 於莫斯科

12 海外華人對伯父伯母的紀念

伯伯 1976 年 1 月 8 日去世後，第二年以後每年的 1 月 8 日，我們周家親屬和伯伯、七媽身邊工作人員都自發來到天安門烈士紀念碑前祭奠伯伯。多年以後，毛主席紀念堂設立了周恩來革命業績紀念室，紀念堂領導同志建議我們可以到這裏來祭奠伯父伯母。

2016 年 1 月 8 日是伯伯逝世四十周年，前來紀念堂悼念的人特別的多。我照例在會上作了發言，回顧和總結了過去一年有關研究和紀念伯伯的各種活動，並展示了九十多歲高齡的葉嘉瑩先生送給我的悼念伯伯的對聯和詞作。

這是 2015 年 12 月，我應邀到南開大學參加「周恩來獎學金」頒獎儀式，遇到了享譽海內外的詞壇宗師葉嘉瑩先生，她當場將 40 年前在我伯伯逝世當年製作的輓聯複印件贈送給我，使我深受感動。輓聯的內容是：

革命為人民求解放，盡瘁忘身，不恤憂勞終一世；

運籌為世界拓新機，折衝樽俎，長留功業在人間。

我回京後，葉先生又將自己在我伯

伯逝世一周年時寫的一首詞作親手書寫後，寄給了我。

詞為《金縷曲·周總理逝世周年作》：

萬眾悲難抑。記當年、大星殞落，漫天風雪。佇立街頭相送處，忍共斯人長訣。況遺恨、跳樑未滅。多少憂勞匡國意，想臨終、滴盡心頭血。有江海，為鳴咽。

而今喜見春風發。掃陰霾、冰澌蕩盡，百花紅綴。待向忠魂齊獻壽，悵望雲天寥闊。算只有、姮娥比潔。一世衷懷無私處，仰重霄、萬古懸明月。看此際，清光澈。

2017 年春，我認識了一位美籍華人臧英年先生，他在 40 年前和 1992 年分別寫過悼念我伯伯和七媽的英文文章，經其授權，譯錄於下：

致敬周恩來

（1976 年 1 月 21 月發表於《西雅圖郵報》的「人民之聲」）

近期周恩來總理的去世，對中國和全世界來說，都是一個巨大的損失。

他不僅會被銘記為一位中國人民的偉大鬥士，也將會被視為名至實歸的一代偉人。

作為一個顯赫的官僚家庭的後裔，周恩來堅決奮鬥，致力於推翻忽略中國人民利益的古老而腐敗的社會體制。他成為了一個偉大的革命家，對新中國的建立貢獻卓著。

我們希望，由他開創的中美兩國之間的友好溝通的成果和精神能夠進一步發展成熟。

凡人固有一死，死後萬事皆空。惟世間卻有極少數的人可以名垂青史，永恆不朽。周恩來就是其中的最佳例證。

格雷戈·臧　西雅圖

紀念鄧穎超

（1992 年 7 月 17 日發表於《中國日報》的「給編輯的信」）

編輯：

16 年前，為緬懷逝世的的周恩來總理，我寫了一封信給西雅圖郵報，我的信被刊登，並冠以「人民之音：致敬周恩來」的標題。

在文章最後一段，我寫道：「凡人

固有一死,死後萬事皆空。但是,一個非凡的人卻可以留下一些永恆不朽。周是提醒我們有這種可能性的最好的人之一。」

我認為,這個描述同樣適用於 7 月 11 日去世的周恩來的夫人 —— 鄧穎超。

作為一個偉大的革命領導者,她確實把自己的每一分每一秒都貢獻給了新中國的建設。

有一封她致中共中央的信,寫於 1978 年、修改於 1982 年,這封信深深地打動了我。

她在信中講述了她對自己後事的安排,表現出她作為一個優秀的政治家的精神風範。她提出:

1. 去世後不搞遺體告別,不開追悼會。她的高瞻遠矚,超越了其他有所成就的人所看重的、也是理所應當的「最後的榮耀」。

2. 遺體解剖後火化。根據傳統的價值觀,很少有中國人願意進行遺體解剖。她勇敢而富有意義的決定,是對中國未來發展有重要意義的科研事業的貢獻。

3. 對她和周恩來的親屬不要給予特殊照顧安排。在裙帶關係泛濫之際,她的這一做法帶來了極為清正之風。

4. 我原同周恩來共住的房屋應交公使用,萬勿搞故居和紀念等。這個傑出而無私的行動,充分體現了她「先天下之憂而憂」的價值觀。

畢竟,中國需要更多的這樣的領導人,帶領大家走向更加光明的未來。

北京　格雷戈·臧

葉先生的詞和臧先生的文章,都讓我深切感受到,海外華人對我伯父伯母的熱愛與國內民眾同樣真摯深厚,他們熱盼著中華民族屹立於世界之林。

後　記

今年的 2 月 4 日有些特殊，這一天既是立春也是我親愛的七媽誕辰 114 周年；而再過一個月的 3 月 5 日，則是我親愛的伯伯周恩來誕辰 120 周年。儘管時光飛逝，可那些不滅的記憶卻總是浮現在腦海，他們的音容笑貌過往細節時時閃現在眼前，彷彿就在昨天 …… 我無時無刻不在懷念他們。

這本書的出版，是我敬獻給親愛的伯伯和七媽的一份心意，作為對他們的紀念。

書中對一些史實做了還原與澄清，這包括一些過去未公開的內容。在此之前我的一些文章，大都是回顧我與伯伯相處的情節和感受，對七媽的回顧不夠詳盡，她就像有位年輕人比喻的那樣，儘管是一顆躲在月亮身後的星星，但她依然璀璨無比。當然，我所能表達的不足他們光輝形象之萬一！

伯伯在的時候，由於公務繁忙，極少對我們講他的革命經歷，更顧不上對我們的照應。平日都是由七媽照料我們的生活和學習等。伯伯逝世後，我常去陪伴七媽，她常常回憶起過去的人和事，甚至是一句話、一個細節，然後娓娓道來。對七媽的這些珍貴口述，我大多及時做了追記。多年來，我也收集了若干有關伯伯和七媽的資料，這次連同口述記錄一併出版，以饗讀者。

周秉德
2018.1.

我的伯父伯母
周恩來
鄧穎超

□ 責任編輯：黃嗣朝
□ 裝幀設計：高　林
□ 排　版：賴艷萍
□ 印　務：劉漢舉

著者　　周秉德

出版　　開明書店
　　　　香港北角英皇道 499 號北角工業大廈一樓 B
　　　　電話：（852）2137 2338　　傳真：（852）2713 8202
　　　　電子郵件：info@chunghwabook.com.hk
　　　　網址：http://www.chunghwabook.com.hk

發行　　香港聯合書刊物流有限公司
　　　　香港新界大埔汀麗路 36 號
　　　　中華商務印刷大廈 3 字樓
　　　　電話：（852）2150 2100　　傳真：（852）2407 3062
　　　　電子郵件：info@suplogistics.com.hk

印刷　　深圳市彩之欣印刷有限公司
　　　　深圳市福田區八卦二路 526 棟 4 層

版次　　2020 年 4 月初版
　　　　© 2020 開明書店

規格　　16 開（230mm×185mm）

ISBN　　978-962-459-183-5